CASE STYUDY OF
AVIATION LAW
Jurisprudence Volume

航空法案例教程

法理学卷

卢刚◎编著

知识产权出版社
全国百佳图书出版单位

图书在版编目（CIP）数据

航空法案例教程．法理学卷／卢刚编著． -- 北京：知识产权出版社，2018.9
（航空法学案例教学规划丛书）
ISBN 978-7-5130-5799-8

Ⅰ.①航… Ⅱ.①卢… Ⅲ.①航空法—案例—中国—高等学校—教材
②法理学—案例—中国—高等学校—教材 Ⅳ.①D922.296.5②D920.0

中国版本图书馆CIP数据核字（2018）第196989号

策划编辑：齐梓伊　　　　　　　　责任编辑：叶　雪
责任校对：王　岩　　　　　　　　封面设计：久品轩
责任印制：刘译文

航空法案例教程：法理学卷
卢　刚　编著

出版发行：知识产权出版社 有限责任公司	网　　址：http://www.ipph.cn
社　　址：北京市海淀区气象路50号院	邮　　编：100081
责编电话：010-82000860转8173	责编邮箱：yexue2018@outlook.com
发行电话：010-82000860转8101/8102	发行传真：010-82000893/82005070/82000270
印　　刷：北京嘉恒彩色印刷有限责任公司	经　　销：各大网上书店、新华书店及相关专业书店
开　　本：720mm×1000mm 1/16	印　　张：16
版　　次：2018年9月第1版	印　　次：2018年9月第1次印刷
字　　数：275千字	定　　价：58.00元

ISBN 978-7-5130-5799-8

出版权专有　侵权必究
如有印装质量问题，本社负责调换。

航空法案例教程丛书总序

案例教学模式的改革与创新是当代法学教育教学改革的重要内容，已获共识并被广泛采用。案例教学模式以问题为中心，以实务为导向，以理论与实践相结合为教学目的，是培养应用型、创新型人才的有效途径。自最高人民法院发布建立和完善案例指导制度以来，判例研究作为一种教学组织模式的重要性更加日益彰显。在信息化和智能化的时代，案例教学的资料收集与检索获得前所未有的便利，但也给如何创新法学案例教学的形式和内容提出新挑战。

推进案例教学必须要与相应的案例教材配套，教材（特别是案例教材）建设是深化教学改革，全面推进素质教育，培养卓越法律人才的重要保证。教材是体现教学内容和教学方法的知识载体，是进行教学的基本工具，是学科建设和课程建设成果的凝结和体现，加强教材规划与建设是提高教学质量的重要基础性工作。

目前，案例教学虽然在法学教育中推广较快，以案例分析为内容的各类图书或参考书也汗牛充栋，但因其选择的相关案例过于零散和随意，或过于简单和浅显，较多图书在规则阐述方面存在系统性和逻辑性不足，尤其是特色化、个性化的案例教材严重短缺，不能发挥案例教材应有的作用。

近年来，中国民航大学的法学学科专业建设取得重大进展。2001年法学本科专业面向全国招生，2012年获批法学一级学科硕士点，2014年获批法律硕士专业学位点，2017年获批天津市高等学校"十三五"综合投资规划"应用型"专业建设项目。天津市人文社科重点研究基地——航空法律与政策研究中心、天津市级实验教学示范中心——航空法学实验教学中心已均获批。

中国民航大学法学专业为有效实现专业特色化发展，围绕应用型航空法律人才需求特点，以学校为本位，自我设计开发和确定了大量凸显航空法特色的"校本课程"，意在通过校本课程教学实现专业人才培养目标。多年来，法学院持续构建以任课教师为主体的研究团队，积极开展对航空法教学内容的研究，有计划地推进分层分类、立体化的特色教材建设，开发和编撰作为校本课程实施的媒介——"校本教材"。其中《航空法学原理与实例》《航空运输合同法》《航空保险法》和《航空恐怖主义犯罪的防范与控制》等教材，已在教学中投入使用，获得良好效果和较大反响。

为进一步促进中国民航大学航空法案例教学的发展，避免航空法案例教材的无序、重复编撰与出版，根据航空法律人才培养教学计划，特别开展《航空法案例教程》系列丛书的编写，统一规划和设计案例教程的体系和内容，强化案例教材建设的过程性管理。

本套丛书注重特色性、研究性和实用性。每部教程所选案例均为航空领域的典型案例和现实问题，突出强化对案例的深度研究和法理阐释，不局限于对既有案例的单纯评述，也非对臆造案例的学术构造，而是意在通过总结法律适用的经验和技术，探讨司法裁判的妥当性，切入航空业发展对法律规范和法学理论的真需求，研究理论和实务良性互动的现实问题。每部案例教程的编著均以法学课程的案例教学为指引，在教程体例设计上注重科学性、逻辑性和教学规律，在案例选择上注重精准性、代表性和可接受性，充分发挥案例教程对航空法学案例教学的作用。

郝秀辉

2018 年 3 月

前 言

一、教程的目的

法理学是法学专业的专业基础课程，被安排在法学专业的第一学年第一学期授课。做好法理学的教学工作对于开启学生心智、启蒙法治思想、提高学生作为法律职业者的理论思维能力具有重要的意义，同时，也为学生今后各个部门法的学习打下坚实的基础。然而，由于法理学的理论性较强，法理学教材均以相关理论介绍为主，缺乏具体的法条与现实相关联，再加之法理学安排在大一上、下两个学期，因此对于初次接触法律的法学新生来说显得教条、枯燥、不易亲近，常常显得面目可憎，被学生视为畏途。针对这一状况，法理学的实践化教学改革必不可少。同时，我校是以民航特色为重的院校，在教学工作中体现民航特色，融民航于法学的教学之中，也是学校的要求。为此，针对法理学教学内容并结合我校特色，编写相适应的民航案例教程有益于落实我校法学教学的实践化、民航化要求。从而使得学生能够将法理学课本内容与实际案例相印证，对知识的掌握更为清晰牢靠，而且能够调动学生学习的积极性，避免课堂上空洞灌输的缺陷。此外，使学生在学习法律知识的同时，也逐渐了解民航运行及管理相关事务，为培养既懂法律，又懂民航的专业化人才服务。

二、教程对学生的期望

本教程的对象是中国民航大学法学专业学生，基本内容是结合法理学的知识体系，选取相关适当的民航案例并作细致的分析解读，作为学生学习的辅助。学生在运用本教程的过程中，需要注意以下三个方面。

首先，做到理论知识与实践的结合。法学是一门以实践为指向的社会学科，它建立在坚实的社会基础之上，同时也运用于社会实践。只有在实践中，才能真正了解并理解法律的功用及存在的问题。因此，笔者希望学生能够结合本教程提供的案例以及现实中发生的民航案例，学习、理解并审视课本知识。

其次，实现理论法学与部门法学的结合。法理学是部门法学的一般理论、基础理论与方法论。学生在学习过程中，应当结合相关案例，了解相关部门法知识，尤其是民航法律方面，使得理论法学与部门法学互为参照，加深对理论法学的理解，同时为部门法学的学习奠定基础。

最后，实现理论法学与民航实际的结合。作为民航院校的学生，在法理学的学习中，也应当着重关注民航特色。把本教程作为了解我国民航业的一个窗口，关注民航实际相关法律制定、实施以及执行，逐渐建立起对民航法律的学习兴趣。

三、教程一些问题的说明

首先，本教程并没有涵盖法理学教材的所有章节内容。由于本教程以案例为主要内容，主要目的在于使得学生熟悉法律本身及其运作，因此编写重点放在了法的本体论与运行论。一些理论性较强、不适宜或者无法与民航案例相关联的章节没有纳入本教程的编写之中，如第一编法学导论、第三编法的起源和发展、第六编法与社会，及其他各编的一些章节就没有纳入本教程的编写内容。

其次，由于本教程目的在于与法理学课本配套使用，重点突出案例，因此各章节内容一般仅作提纲挈领的描述之用而没有展开，学生应将本教程作为课本的补充、配套材料使用，而非替代课本。

再次，教程中的案例均来自实际案例，个别案例可能非常复杂而枯燥。我们要知道，这是法律事务的常态。法律人的生活并非每天生活在刺激的案件之中，也不可能凭借着一时灵感解决法律问题。相反，大多的法律事务是枯燥的，需要的不是灵感，而是踏实、认真。仔细研读案例，就让我们把它当作今后法律工作的"预习"吧。

最后，尽管教程中的案例均来自于实际发生的案例，均有法院的生效判决，但切不可将判决作为标准答案或者唯一答案，我们提倡并鼓励学生质疑并推翻法院的既定判决。这既是学生努力学习的表现，也是对我国民航法律发展的贡献。

当然由于作者本人学识、文字表达等方面能力有限，本教程定会有大量不足之处，希望各位同学及老师提出宝贵意见，以使本教程更为完善。

目 录

第一章 法的概念 ... 1
第一节 法的概念 ... 1
第二节 法的基本特征 ... 4
一、法是调整社会关系的行为规范 ... 4
二、法是由国家制定或认可的行为规范 ... 7
三、法是规定权利和义务的社会规范 ... 9
四、法是由国家保证实施的社会规范 ... 11
第三节 法的本质 ... 13
一、法的现象和本质 ... 13
二、法的本质的两个层次 ... 14
第四节 法的作用 ... 18
一、法的作用释义 ... 18
二、法的规范作用 ... 18
三、法的社会作用 ... 21
四、法的局限性 ... 22

第二章 法的渊源、形式和效力 ... 25
第一节 法的渊源 ... 25
一、法的渊源释义 ... 25
二、当代中国主要法的渊源 ... 26
第二节 法的形式 ... 27
一、法的形式概述 ... 27

二、法的形式和法的渊源界分 ································· 27
　　三、当代中国主要法的形式 ··································· 27
　　四、规范性法律文件的规范化和系统化 ······················ 32
第三节　法的分类 ··· 34
　　一、法的分类界说 ··· 34
　　二、法的一般分类 ··· 34
第四节　法的效力 ··· 40
　　一、法的效力释义 ··· 40
　　二、法的效力范围 ··· 41
　　三、法的效力冲突和协调 ····································· 42

第三章　法的要素 ··· 50
第一节　法的要素释义 ·· 50
　　一、法的要素定义 ··· 50
　　二、法的要素分类 ··· 51
第二节　法律概念 ··· 51
　　一、法律概念释义 ··· 51
　　二、法律概念分类 ··· 52
第三节　法律规则 ··· 55
　　一、法律规则释义 ··· 55
　　二、法律规则的分类 ·· 56
第四节　法律原则 ··· 61
　　一、法律原则释义 ··· 61
　　二、法律原则与法律规则的区别 ····························· 61
　　三、法律原则的分类 ·· 61
　　四、法律原则的适用 ·· 61

第四章　法律体系 ··· 68
第一节　法律体系的释义 ··· 68
　　一、法律体系的概念 ·· 68
　　二、法律体系的特点 ·· 68

目 录

第二节　法律部门及其划分标准　72
一、法律部门释义　72
二、法律部门的划分标准和原则　72

第三节　当代中国的法律体系　75
一、当代中国法律体系划分　75
二、具体法律部门　76

第五章　权利和义务　80

第一节　权利和义务概念　80
一、权利和义务是法学的核心范畴　80
二、权利和义务释义　80

第二节　权利和义务的分类　89
一、根据权利和义务的存在形态分类　89
二、根据权利和义务所体现社会内容的重要程度分类　89
三、根据权利和义务对人们的效力范围分类　89
四、根据权利之间、义务之间的因果关系分类　89
五、根据权利主体实现其意志和利益的方式分类　89
六、根据权利主体分类　89

第三节　权利与义务的关系　94
一、结构上的相关关系　94
二、数量上的等值关系　94
三、功能上的互补关系　94
四、价值意义上的主次关系　94

第六章　法律行为　102

第一节　法律行为的概念　102
一、法律行为的界定　102
二、法律行为的基本特征　102

第二节　法律行为的结构　108
一、法律行为的内在方面　108
二、法律行为的外在方面　108

第三节　法律行为的分类 …… 110
一、法律行为分类的标准 …… 110
二、法律行为的具体分类 …… 110

第七章　法律关系 …… 115
第一节　法律关系的概念和分类 …… 115
一、法律关系释义 …… 115
二、法律关系的分类 …… 116
第二节　法律关系的主体和客体 …… 126
一、法律关系的主体 …… 126
二、法律关系的客体 …… 127
第三节　法律事实 …… 132
一、法律关系形成、变更与消灭的条件 …… 132
二、法律事实的种类 …… 132

第八章　法律责任 …… 141
第一节　法律责任释义 …… 141
一、法律责任的语义 …… 141
二、法律责任的构成 …… 144
三、法律责任的种类 …… 151
第二节　法律责任的认定与归结 …… 156
一、法律责任的认定与归结的含义 …… 156
二、法律责任的认定与归结的原则 …… 156
第三节　法律责任的承担 …… 159
一、法律责任的承担与法律责任的实现 …… 159
二、法律责任承担的方式 …… 159
三、法律责任的减轻与免除 …… 163

第九章　法律程序 …… 167
第一节　法律程序概述 …… 167
一、法律程序释义 …… 167

二、法律程序对法律行为的调整方式 ………………………………… 168
　　三、法律程序对于法律适用的作用 ………………………………… 168
　第二节　正当法律程序 ……………………………………………………… 173
　　一、正当法律程序的构成要件 ……………………………………… 173
　　二、正当法律程序的价值 …………………………………………… 173

第十章　法的制定 ……………………………………………………………… 182
　第一节　立法的概念 ………………………………………………………… 182
　　一、立法释义 ………………………………………………………… 182
　　二、立法的特征 ……………………………………………………… 182
　第二节　立法体制 …………………………………………………………… 183
　　一、立法体制释义 …………………………………………………… 183
　　二、中国现行立法权限划分体制 …………………………………… 183
　第三节　立法过程和立法程序 ……………………………………………… 183
　　一、立法过程 ………………………………………………………… 183
　　二、立法程序 ………………………………………………………… 184
　第四节　立法的原则 ………………………………………………………… 185
　　一、立法原则概念 …………………………………………………… 185
　　二、中国立法的基本原则 …………………………………………… 185

第十一章　法的实施 …………………………………………………………… 191
　第一节　守法 ………………………………………………………………… 191
　　一、守法的概念 ……………………………………………………… 191
　　二、守法的根据和理由 ……………………………………………… 192
　　三、守法的主客观条件 ……………………………………………… 192
　第二节　执法 ………………………………………………………………… 194
　　一、执法的概念 ……………………………………………………… 194
　　二、执法体系 ………………………………………………………… 194
　　三、执法的原则 ……………………………………………………… 195
　第三节　司法 ………………………………………………………………… 197
　　一、司法的概念和特点 ……………………………………………… 197

二、司法体系 ……………………………………………………… 199
　　三、司法的原则 …………………………………………………… 200

第十二章　法律职业 …………………………………………………… 204
第一节　法律职业概述 …………………………………………… 204
　　一、法律职业的概念 ……………………………………………… 204
　　二、法律职业的特征 ……………………………………………… 204
第二节　法律职业技能与伦理 …………………………………… 217
　　一、法律职业的语言 ……………………………………………… 217
　　二、法律职业的思维 ……………………………………………… 218
　　三、法律职业的知识 ……………………………………………… 218
　　四、法律职业的技术 ……………………………………………… 218
　　五、法律职业的伦理 ……………………………………………… 218

第十三章　法律方法 …………………………………………………… 221
第一节　法律方法概说 …………………………………………… 221
　　一、法律方法的概念 ……………………………………………… 221
　　二、法律方法的内容 ……………………………………………… 221
第二节　法律推理 ………………………………………………… 222
　　一、法律推理的概念 ……………………………………………… 222
　　二、形式推理：运用形式逻辑进行推理 ………………………… 222
　　三、辩证推理：在两个相互矛盾的、都有一定道理的陈述中
　　　　选择其一的推理 …………………………………………… 223
第三节　法律解释 ………………………………………………… 226
　　一、法律解释的概念 ……………………………………………… 226
　　二、法律解释的原则 ……………………………………………… 227
　　三、法律解释的方法 ……………………………………………… 228
第四节　法律论证 ………………………………………………… 232
　　一、法律论证的概念 ……………………………………………… 232
　　二、法律论证的方法 ……………………………………………… 233

第一章

法的概念

法的概念是法学的核心问题。法的概念不仅是对"法"下一个简单或者复杂的定义,更重要的是界定法学的研究对象与范围,由此将法学与其他学科区分开来,为法学作为一门学科奠定基础。同时,法的概念也是区分不同法学流派的主要依据和标准。通过本章的学习,学生应当了解法的内涵与外延,把握法的基本特征,熟悉法的作用,从而为法理学以及整个法学的学习打下良好的基础。

第一节 法的概念

古今中外不同的国家由于不同的社会形态、法律文化等因素,形成了自己关于法律的本质以及概念的认知。根据马克思主义基本原理,法的本质是多层的:统治阶级的意志是法的"初级本质",社会物质生活条件是法的更深层次的本质。基于这一认识,我国学界普遍认为法是由国家制定、认可并由国家保障实施的,反映由特定物质生活条件决定的统治阶级(或人民)意志,以权利义务为基础,以确认、保护和发展统治阶级(或人民)所期望的社会关系和社会秩序为目的的行为规范体系。

在日常生活情境下,我们经常以"法律"来指称"法",比较而言,"法"更具抽象性,更着重于规范体系的共性;而"法律"则更具具象性,常用来指称具体的规范性法律文件。一般来说,"法律"有广义与狭义之分,前者指构成我国法律体系的法律的整体,包括宪法、全国人民代表大会及其常务委员会制定的法律、国务院制定的行政法规、地方国家权力机关制定的地方性法规、民族自治地方的人民代表大会制定的自治条例和单行条例、国务院各部委和地方政府制定的行政规章等。

而在学术研究领域，则基于不同的学术观点与研究视角，对"法"的概念也作出了各自不同的界定。为此，我们也在"法"前面加上不同的定语，如"客观法"与"主观法"、"自然法"与"实证法"等，以示区别。

【案例】胡某某与珠海航空有限公司、珠海市南方人力资源服务有限公司劳动合同纠纷案[①]

【案情介绍】胡某某与南方人力公司于2010年5月18日签订了期限为2010年5月18日至2012年5月17日的"劳动合同书"和"补充协议"，约定胡某某由南方人力公司派遣至珠海航空有限公司（以下简称珠海航空）工作，工作内容为货车司机，负责机场与市区间货物运输。双方实行综合计算工时工作制，试用期满工资960元/月，工作时间为半年不超过1000个小时，一年不超过2000个小时。关于胡某某的实际上班时间，据胡某某陈述，其每天早上8:00从机场货站装货至市区，11:00左右到市区，10:30～17:00现场待命，没有早班货的情况下开车回机场，柜台21:00左右下班，其提交了自己记录的工作时间明细，早上最早为6:20左右，晚上最晚为23:40左右，统计2010年5月18日至2012年4月30日共计上班6727小时47分钟，并提交了车辆行驶记录本。珠海航空公司认为胡某某每天的工作时间包括早上从宿舍到机场到市区三点之间的时间单边为1个小时左右，行车本是公司车辆使用情况的记录，不能代替考勤，并提供了胡某某签名确认的《货运室司机岗位职责》规定："（1）市区司机在无早班货情况下，8:30～10:30上班，17:30～21:00在单位待命，晚上有接货任务时，必须尽早到接货地点接货。（2）市区司机在有早班货情况下，早上7:00必须到达货站进行卸货。"《关于营运部货运市区营业室工作时间调整的通知》（2011年1月30日）载明："因市区营业室晚间值班安全问题以及晚间业务量较小的原因，特调整货运市区营业室的工作时间：货运司机人员工作时间调整为8:30～10:30，14:00～18:00

[①] 珠海市中级人民法院二审（2013）珠中法民一终字第268号民事判决书。

单位待命。"珠海航空认为胡某某等司机的工作时间是2010年5月至2011年1月期间，8：30～10：30上班，10：30～17：30自己支配，17：30～21：00（晚至22：00）待命，2011年2月至2012年5月上班时间为8：30～10：30上班，14：00～18：00待命。珠海航空提交了"考勤统计表"（2010年5月22日至2012年5月17日）记录的时间与上述陈述相符，统计胡某某2010年5月22日至2012年5月17日出勤时间共计1452小时，未超过合同约定。2012年6月20日，胡某某因加班工资事宜向珠海市劳动争议仲裁委员会提请仲裁，珠劳人仲案字（2012）557号终局裁决驳回了胡某某的仲裁请求。

  法院认为，珠海航空作为用工单位，应该按照法律规定承担用工单位的相关义务，胡某某申请追加珠海航空作为原审被告参加诉讼，符合法律规定，原审法院依法追加。本案争议的焦点在于胡某某工作期间是否存在加班的事实。劳动者主张加班费的，应当就加班事实的存在承担举证责任。但劳动者有证据证明用人单位掌握加班事实存在的证据，用人单位不提供的，由用人单位承担不利后果。双方通过劳动合同约定实行综合计算工时工作制，约定半年工作时间不超过1000小时，一年不超过2000小时。胡某某主张加班的事实提交的证据是出车记录本和个人的时间统计，但证据证明的是车辆一天的出行记录和胡某某早上出车和晚间收车的时间，针对胡某某综合计算工时的工作制度，不能作为确定胡某某每天工作时间的依据，胡某某依此统计每天的工作时间，原审法院不予采信。从珠海航空提供的证据来看，《货运室司机岗位职责》《关于营运部货运市区营业室工作时间调整的通知》中明确了货运司机的工作时段为2010年5月至2011年1月期间，8：30～10：30上班，10：30～17：30自己支配，17：30～21：00（晚至22：00）待命，2011年2月至2012年5月上班时间为8：30～10：30上班，14：00～18：00待命。其提交的考勤记录也印证了上述规定的工作时间安排。胡某某每天的工作时间大致在6～8个小时（上午2个小时，下午4～6个小时），以半年或一年作为周期计算与约定的1000小时、2000小时相符，不存在超时加班的情形。胡某某对于考勤记录的异议，依据的是出车记录，而该证据也不是珠海航空所认可的考勤记录，所以，在胡某某不能提供直接有效证据证明加班事实的情况下，原审法院综合本案双方的证据材料，结合胡某某的实际工作内容来分析认定，胡某某每天用于机场与市区之间收发货、运输的时间不超过8小时，珠海航空的主张更为符合客观实际。综上所述，胡某某主张2010年5月至2012年4月期间的加班工资证据不足，原审法院不予支持。依照《中华人民共和国劳动争议调解仲裁法》第6条，《最高人民法院关于审理劳动争议案件适用法律若干问题的解释（三）》第9条的规定，判决驳回胡某某的诉讼请求。案件受理费人民币5元，由胡某某负担。

【案例评析】不同的人基于不同目的，对法的认知是不同的，如学术研究领域中的自然法与实证法的区分，进而产生"恶法亦法"或"恶法非法"的古老法学命题。但是在法律实践领域，关于法的认知更多是在实证法的基础上，确认适用的法律，而一般不会涉及具体法的价值判断。

本案中诉讼各方的诉讼请求都要依照现时有效的法律提出，法院也要依照相关法律作出裁判。在这个过程中，各方都需要对"法"有正确的认知。如果不依照法律提出请求或者作出答辩，其主张是不会得到法院的支持的。

第二节　法的基本特征

法是众多社会规范之一种，法的特征使得法律与其他社会规范相区分。把握法的特征，是加深对法的本质的理解，正确认识法的价值，充分发挥法的作用的重要方面。法的特征主要包括以下几个方面。

一、法是调整社会关系的行为规范

在社会体系中，法属于社会规范的范畴。它通过规范人们的行为而达到调整社会关系的目的。法的规范性体现在以下三个方面：（1）法对人们如何行为提出了明确的指向；（2）法的内容具有一般性和概括性；（3）法是反复适用的。

在法律发挥作用的过程中，人的行为是法的调整对象。需要注意的是，法调整人的外部行为，不调整人的内心思想，但可以通过调整人的外部行为来影响人的思想观念。

【案例】 韩某某危险驾驶罪①

【案情介绍】 2013年11月10日20时许,被告人韩某某在成都市二环路一饭店饮酒后,驾驶一辆车牌为川A×××的灰色斯柯达明锐轿车送其朋友到双流机场。当晚21时15分许,被告人韩某某驾车返回,在行驶至双流机场T2停车场入口路段时,与道路左侧的隔离护栏相撞,造成川×××小型轿车及隔离护栏均大面积受损。经鉴定,被告人韩某某的血液中乙醇浓度为186.2mg/100ml,被告人韩某某于2013年11月11日在公安机关送达的鉴定结论告知书上签字予以确认。被告人韩某某的血液酒精浓度符合《中华人民共和国车辆驾驶人员血液、呼气酒精含量阈值与检验标准》关于"车辆驾驶人员血液中的酒精含量大于或者等于80mg/100ml的驾驶行为,为醉酒驾车"的规定,属醉酒驾车。

法院经审理认为,被告人韩某某在道路上醉酒驾驶机动车,侵犯了道路运输的正常秩序和公共安全,其行为已构成危险驾驶罪,依法应追究其刑事责任,四川省双流县人民检察院起诉指控成立,法院予以支持。

鉴于被告人韩某某系初犯,当庭自愿认罪,具有一定的悔罪表现,法院在量刑时酌情予以从轻处罚。据此,根据被告人韩某某犯罪的事实、犯罪的性质、情节和对社会的危害程度,并主要考虑被告人韩某某血液中乙醇的浓度、醉酒后驾车行驶的路程及区域、认罪悔罪的态度等情形,依照《中华人民共和国刑法》(以下简称《刑法》)第133条之一、第67条第3款、第42条、第44条、第52条、第53条的规定,判决被告人韩某某犯危险驾驶罪,判处拘役3个月,并处罚金人民币3000元(刑期从判决执行之日起计算,判决执行以前先行羁押的,羁押一日折抵刑期一日。罚金限于本判决生效之日起30日内缴纳,逾期则强制缴纳);如不服本判决,可在接到判决书的第二日起10日内,通过法院或者直接向四川省成都市中级人民法院提出上诉。书面上诉的,应提交上诉状正本1份,副本2份。

【案例评析】 被告人韩某某在道路上醉酒驾驶机动车,其行为已触犯了《刑法》第133条的规定,应当以危险驾驶罪追究其刑事责任,法院判决无误。

---

① 双流县人民法院一审(2014)双流刑初字第162号刑事判决书。

针对我国日益严峻的交通状况，《刑法》第133条第2、第3款规定："在道路上驾驶机动车追逐竞驶，情节恶劣的，或者在道路上醉酒驾驶机动车的，处拘役，并处罚金。有前款行为，同时构成其他犯罪的，依照处罚较重的规定定罪处罚。"① 这一修改对所有机动车辆驾驶人的行为提出了明确的规范，并且可以反复适用，这充分体现出法的规范性。与法律判决、行政决定等仅适用于特定对象、特定事项的法律文件区分开来。如本案例中的法院判决，该判决适用且仅适用于被告人韩某某，如其他人醉酒驾驶机动车辆，不可适用该判决追究其法律责任。因此，该判决本身不是法。

【案例】卢某某组织他人偷越国（边）境案②

【案情介绍】 2009年年底，被告人卢某某为帮助郭某偷渡到加拿大，事先通过网上了解到可采用转机第三国的偷渡方法。后被告人卢某某通过小广告找人用郭某某的照片与身份证伪造了一本编号为××的美国护照，同时被告人卢某某用自己的护照和郭某某的护照申请了马来西亚的旅游签证，又用郭某某的真实身份向不夜城旅行社订购了1张由上海经韩国转机去印度尼西亚雅加达的飞机票，被告人卢某某用自己的身份和郭某某的假美国护照向大韩航空公司分别订购了1张由上海经韩国转机去印度尼西亚雅加达和1张由上海经韩国去加拿大的飞机票。2010年2月25日，郭某某乘长途汽车至上海，由被告人卢某某安排住宿。同年2月26日，郭某某在被告人卢某某的陪同下到上海浦东机场，被告人卢某某协助郭某某用编号为××的中国护照办妥了由上海到韩国，再由韩国到印度尼西亚的登机牌，又用伪造的美国护照办妥了由上海到韩国，再由韩国到加拿大的登机牌。

2010年2月26日，被告人卢某某将郭某某带到韩国后，郭某某用伪造的美国护照登机偷渡去加拿大时被韩国警方查获。次日，被告人卢某某和郭某某被韩国警方遣返回国。

---

① 2015年11月1日实施的《中华人民共和国刑法修正案（九）》第8条规定：将刑法第一百三十三条之一修改为："在道路上驾驶机动车，有下列情形之一的，处拘役，并处罚金：（一）追逐竞驶，情节恶劣的；（二）醉酒驾驶机动车的；（三）从事校车业务或者旅客运输，严重超过额定乘员载客，或者严重超过规定时速行驶的；（四）违反危险化学品安全管理规定运输危险化学品，危及公共安全的。机动车所有人、管理人对前款第三项、第四项行为负有直接责任的，依照前款的规定处罚。有前两款行为，同时构成其他犯罪的，依照处罚较重的规定定罪处罚。"

② 上海市普陀区人民法院一审（2010）普刑初字第372号刑事判决书。

法院认为，被告人卢某某非法组织他人偷越国（边）境，其行为已构成组织他人偷越国（边）境罪，依法应予处罚。上海市普陀区人民检察院的指控成立。被告人卢某某的行为严重扰乱了国（边）境的正常管理秩序，影响了社会秩序的稳定，依法本应予以严惩。鉴于被告人卢某某到案后自愿认罪，公诉机关在求刑时建议判处3年以下有期徒刑并适用缓刑，庭审中，辩护人亦要求对被告人卢某某适用缓刑，综观控辩双方意见，可予以采纳。依照《刑法》第318条第1款，第72条第1款，第73条第2款、第3款及《最高人民法院关于审理组织、运送他人偷越国（边）境等刑事案件适用法律若干问题的解释》第1条的规定，判决被告人卢某某犯组织他人偷越国（边）境罪，判处有期徒刑2年6个月，缓刑2年6个月，并处罚金人民币10 000元。

【案例评析】法律调整的是人的行为。思想没有落实到行为上，则不是法律的处理对象。以上述案例来看，如果被告人仅有想法，而没有实施组织他人非法偷越国（边）境的行为，则法律不应适用。思想自由是现代文明国家的一项基本法律原则，推演开来，思想的表达也是题中应有之意。当然，这给司法实践带来了一些困惑：表达思想的行为与法律应予规范的行为的界限何在？这也是法学以及法律实践中一个饶有趣味的话题。

二、法是由国家制定或认可的行为规范

根据我们对法律本质与概念的界定，法律与国家相伴随而产生，并出自国家。在国家产生之前的社会或者不具有国家性质的一些社会组织，虽然也有一些以不成文或者成文方式存在的社会规范，这些规范与法有一定的相似之处，但由于其并非出自国家，因此不具有"法"的属性。国家创立法的方式有两种：（1）制定，即由有权创制法律的国家机关通过立法活动制定法律。（2）认可，即国家机关赋予某些既存的社会规范以法律效力，或赋予先前的判决所确认的规范以法律效力。

需要注意的是，现代国家立法的主要方式是制定，认可的对象则主要是习惯法。由于现代国家的发展，认可作为法的制定方式，已经很少被采用。即使立法中包括习惯法的内容，通常也是通过制定的方式将其纳入法律文件之中。

法由国家制定或认可，因此具有高度统一性和普遍适用性。高度统一性

首先指各法律之间的根本原则一致；其次指除特殊情况外，一国只能有一个总的法律体系，且体系内部各规范不能相互矛盾。普遍适用性则强调法作为一个整体在本国主权领域内具有普遍约束力，所有国家机关、社会组织和个人都必须守法。

法的国家性是法的重要特征，是否出于国家制定，是区分规范是否为法的重要标准。需要注意的是，我国立法体制存在立法多元的特征，法也呈现多种形式，如宪法、法律（狭义）、行政法规、地方性法规、行政规章等。具体到民航领域，相关法律主要有1995年制定的《中华人民共和国民用航空法》（以下简称《民用航空法》）、国务院制定的《民用机场管理条例》《中华人民共和国民用航空安全保卫条例》（以下简称《安保条例》）、《中华人民共和国飞行基本规则》（以下简称《飞行基本规则》）等30余部行政法规以及中国民用航空局（前民航总局）①制定的《定期国际航空运输管理规定》《公共航空运输企业航空安全保卫规则》《民用机场建设管理规定》等200余部民航规章和部分地方法规。②

【案例】天津航空机长飞错离场程序被局方暂扣飞行执照3个月③

【案情介绍】 天津航空机长××作为天津航空GS7582机组机长，违反操作规程，飞错离场程序的行为，违反了《飞行基本规则》第9条和《一般运行和飞行规则》（CCAR-91-R2）第91条、第103条的规定。

民航内蒙古监管局对天津航空GS7582机组机长唐某某下发行政处罚决定书。经查，××作为天津航空GS7582机组机长，违反操作规程，飞错离场程序的行为，违反了《飞行基本规则》第9条和《一般运行和飞行规则》

---

① 我国大部分现行有效的民航规章由民航总局制定。民航总局作为国务院直属机构，有制定规章的权力。2008年，民航总局由国务院直属机构改制为部委管理的国家局，同时更名为中国民用航空局。此后，民航局在规章制定方面，仍沿袭原有做法，自行制定规章。而随着交通部职权对民航局管理职能的不断加强，民航局的立法权也在向交通部转移。如2017年制定的《大型飞机公共航空运输承运人运行合格审定规则》《民用航空空中交通管理规则》等规章，都是由交通部部务会议通过，以中华人民共和国交通运输部令的形式发布。

② 中国民用航空局网站：http://www.caac.gov.cn/XXGK/XXGK/index_172.html? fl=12，2018年1月8日访问。

③ "天津航空机长飞错离场程序被局方暂扣飞行执照3个月"，http://www.ccaonline.cn/news/item/383901.html，2018年1月8日访问。

(CCAR-91-R2)第91条、第103条的规定。对此作出行政处罚：暂扣飞行执照3个月。

【案例评析】在民航领域，构成民航法律体系主体的是中国民用航空局（前民航总局，以下简称民航局）发布的民航规章。对于民航业内的违规行为，尤其是民航运营主体的违规行为，也大部分是通过适用民航规章来进行处理。因此，要了解、熟悉我国的民航法规体系，必须熟悉民航规章。同时，由于民航规章存在大量的技术性规范，对学习者对于民航知识的掌握也提出了更高的要求。

三、法是规定权利和义务的社会规范

法是通过规定人们的权利义务，以权利义务为机制，影响人们的行为动机，指引人们的行为来调整社会关系的。权利意味着人们可以作为或不作为，以及要求他人作为或不作为。法律通过规定权利，使人们获得一定利益和自由。义务意味着人们必须作为或不作为，分为作为义务和不作为义务，前者指必须为一定行为，后者指不得为一定行为。

正是由于法是通过规定人们的权利和义务来调整人们的行为的，因此人们在法律上的地位体现为一系列的权利和义务。法律也通过对权利、义务的分配，体现出国家的价值取向。

【案例】朱某某与中国国际航空股份有限公司航空旅客运输合同纠纷案[1]

【案情介绍】朱某某自中国国际航空股份有限公司（以下简称国航公司）公司处购买"深圳—北京—纽约—北京—深圳"航空客票，其中纽约到北京段朱某某原应乘坐2012年12月3日国航公司航班，后朱某某将该航班更改为2012年11月30日国航公司的航班。2012年11月30日，朱某某到达美国纽约肯尼迪机场并办理完乘机登记手续，国航公司在该机场值机柜台旁的座椅上等待国航公司提供轮椅期间，出现其自身携带的手提包丢失事件。随后，国航公司协助朱某某向美国警方报案，该案尚未侦破。朱某某主张国航公司应将其安全、准时运送到目的地，但国航公司没有保证其财物安全，导致其携带的财物被他人盗窃，而由于国航公司未能提供监控录像，导致该盗窃案

---

[1] 北京市第三中级人民法院（2014）三中民终字第02007号民事判决书。

至今未破，且由于国航公司长时间未能提供轮椅（等候轮椅一个多小时）致使盗窃事件发生，国航公司对其所受损失存在过错，应当赔偿。朱某某明确诉讼请求为要求国航公司赔偿经济损失109 284元，包括赔偿：丢失现金18 600元，2012年11月深圳—北京—纽约的往返联程机票款，2013年2月北京—纽约的往返机票款以及朱某某到美国主张权利所花费的住宿费、餐费、交通费等40 000元，2013年9月北京—纽约的往返机票款9284元，银行支票及7本证件丢失补办所花费的交通费及补办证件费用10 000元，精神损害抚慰金30 000元，在北京参与对国航公司诉讼的交通费及误工费1400元。国航公司提出答辩意见，不同意朱某某的诉讼请求，并称据其了解涉诉机场当天的监控录像并无事发角度的监控镜头，故无任何录像记录。双方同意本案适用《统一国际航空运输某些规则的公约》（以下简称《蒙特利尔公约》）。

法院认为，朱某某购买国航公司的机票，双方之间建立航空旅客运输合同关系。根据《中华人民共和国民法通则》（以下简称《民法通则》）第142条第2款规定："中华人民共和国缔结或者参加的国际条约同中华人民共和国的民事法律有不同规定的，适用国际条约的规定，但中华人民共和国声明保留的条款除外。"因中国系1999年《蒙特利尔公约》缔约国，该公约现已对我国生效，且朱某某所乘航班为国际航班，属该公约之适用范围，故本案应优先适用公约的规定。《蒙特利尔公约》第17条第2款规定："……关于非托运行李，包括个人物件，承运人对因其过错或者其受雇人或者代理人的过错造成的损失承担责任。"案件争议焦点在于朱某某携带的手提包丢失，国航公司对此是否存在过错。国航公司作为承运人，应当在约定期间或者合理期间内将旅客安全运输到约定地点，但其对旅客自带物品并不存在保管义务。朱某某作为完全民事行为能力人，对自己的财产应尽到谨慎保管的注意义务。从公平和经济角度考虑，将在公共场所对于个人财产的保管和注意义务分配给旅客本人，更有效率。旅客基于对自身财物安全的考虑，对自身财产进行妥善保管和注意，更容易防止盗窃等行为的发生。相比航空公司而言，旅客谨慎保管的注意能力更强，也更容易做到。本案中有关朱某某在诉讼中指称国航公司未能提供监控录像致使盗窃案至今未破，对其所受损失负有过错一节，鉴于相关法律、法规对机场配备监控录像并无强制性规定，一审法院对朱某某此项主张不予采纳。朱某某并未提交证据证明国航公司提供轮椅服务存在瑕疵致使其遭受财产损失，故法院对朱某某以此主张国航公司存在过错一节，也不予采信。另外，法律对于一般合同违约的承担民事责任方式并未规定有精神损害赔偿，朱某某在合同之诉中主张国航公司赔偿精神损害抚慰金，不符合法律规定。综上所述，朱某某未能提供证据证明国航公司对其手提包丢失存在过错，故对朱某某的诉讼请求，一审法院不予支持。据此，一审法院于2013年11月作出判决驳回朱某某的诉讼请求。

【案例评析】权利、义务是法的核心范畴，所有的法律活动，包括立法、执法、司法以及守法，均围绕权利、义务展开。本案争议焦点在于航空承运人对旅客自带物品是否有保管义务。法院认为，原告"朱某某作为完全民事行为能力人，对自己的财产应尽到谨慎保管的注意义务。从公平和经济角度考虑，将在公共场所对于个人财产的保管和注意义务分配给旅客本人，更有效率。"基于这一判断，作出了有利于被告的判决。

四、法是由国家保证实施的社会规范

任何一种有一定效用的社会规范，都具有一定的强制力作为保障。但强制力的来源则多种多样，强制程度也大小有别，如人自身的良知、社会舆论的谴责、社会组织的处罚等，不一而足。而法的强制性来源于国家，这也是区别于其他社会规范的重要特征。法的强制性体现在以下四个方面。

（1）法对违法行为的否定和制裁；
（2）法对合法行为的肯定和保护；
（3）国家机关依法行使权力；
（4）公民可依法请求国家保护其合法权利。

由于受我国传统法律文化影响，我国权力机关及民众对法律强制性的认知主要集中于第一个方面，而对其他三个方面则容易忽视，这也是缺乏权利意识的具体体现。我国在今后的法律宣传中应当着重强调限制公权力以及保护公民法律权利及其救济等方面。当然，随着我国民众法律意识的不断提高，在这方面也出现了一些可喜的变化。

【案例】夏某某诉中国民用航空局案①

【案情介绍】 2004年6月26日，中国民航总局②出台了《关于国内航空公司因自身原因造成航班延误给予旅客经济补偿的指导意见（试行）》（以下简称《指导意见》）。夏某某于2014年1月8日通过民航局网站在线申请系统向该局申请信息公开，要求民航局提供上述《指导意见》全文及该文件在被告网站公示的链接、网址。民航局于2014年1月26日作出答复，向夏某某提供了《指导意见》全文。2014年2月10日，夏某某再次向民航局提出信息公开申请，要求公开《指导意见》在民航局网站公开的具体位置、完整网址及链接等信息。2014年2月19日，民航局向夏某某作出《信息公开申请答复》，内容为："夏某某你好，你的公开申请收悉，现答复如下：《指导意见》是民航内部管理文件，依据《中华人民共和国政府信息公开条例》（以下简称《政府信息公开条例》）和《民航行政机关政府信息公开办法》，不属于主动向社会公开的文件范围。"夏某某将民航局诉至法庭。原告夏某某诉称：《指导意见》中明确了航空公司对于自身原因造成航班延误给予旅客经济补偿的具体原则和实施标准细则，是对于《民用航空法》第126条关于延误赔偿的具体细化，需要社会公众广泛参与和知悉。依据《政府信息公开条例》第9条第1款、第2款的规定，被告应该将其主动公开。但被告从2004年制定该文件至今，10年间均未履行此项法定义务，违反了广大旅客的知情权和合法权益，违反了《政府信息公开条例》第15条、第18条的规定。综上，请求：（1）判令被告拒绝主动公开《指导意见》的行为违法；（2）判令被告限期通过政府公报、政府网站、新闻发布及报刊、广播、电视等便于公众知晓的方式对《指导意见》进行公开。

法院认为，根据《中华人民共和国行政诉讼法》（以下简称《行政诉讼法》）第41条规定，当事人提起诉讼应当属于人民法院受案范围。根据《最高人民法院关于执行〈中华人民共和国行政诉讼法〉若干问题的解释》第44条的规定，对已经受理的起诉经审理不具备法定要件的，应裁定驳回起诉。

---

① 北京市高级人民法院二审（2015）高行终字第2号行政判决书。
② 2008年3月，中国民航总局由国务院直属机构改制为部委管理的国家局，同时更名为中国民用航空局。

《最高人民法院关于审理政府信息公开行政案件若干问题的规定》第3条规定:"公民、法人或者其他组织认为行政机关不依法履行主动公开政府信息义务,直接向人民法院提起诉讼的,应当告知其先向行政机关申请获取相关政府信息。对行政机关的答复或者逾期不予答复不服的,可以向人民法院提起诉讼。"本案中,夏某某要求民航局履行主动公开政府信息的职责,应当先向民航局申请获取相关政府信息,对民航局的答复不服的,可以向人民法院提起诉讼。而在民航局已经对夏某某要求获取《指导意见》的申请作出答复的情况下,夏某某仍坚持要求民航局履行主动公开政府信息的职责,不符合法定起诉条件,依法应予驳回。综上,依据《最高人民法院关于执行〈中华人民共和国行政诉讼法〉若干问题的解释》第44条第1款第11项的规定,法院驳回原告夏某某的起诉。

【案例评析】本案虽然法院判决民航局胜诉,但从此案件中,我们也可以看出在法律的要求下,包括行政机关的法律主体必须依法行使权利、履行义务。权利主体在其权利受到侵犯的时候,也可以依法请求国家保护其合法权利。国家通过司法、行政处罚、行政复议等方式,要求违法者承担相应的法律责任,从而对被侵害的权利进行救济,保证法律的实现。在这一过程中,国家对合法行为的保护、对违法行为的制裁,都体现了法律的强制性。尤其是前者,是法律强制性中重要而常受到忽视的方面。

第三节 法的本质

一、法的现象和本质

法的现象与法的本质是两个相对应的法的概念,它们分别从法的内部依据和法的外部显现两个方面把握法律现象。法的本质深藏于法的现象背后,是法存在的基础和变化的决定性力量,是深刻的、稳定的,不可能通过感官直接把握,需要通过抽象思维才能把握。

二、法的本质的两个层次

（一）法的阶级本质

法作为社会上层建筑，是统治阶级意志的体现。为理解这一论断，要把握以下四个方面：（1）法是"意志"的体现。意志作为人的一种心理状态和心理过程，是一种为了达到某种目的而体现于人的思想和行为的精神力量。法是意志的反映、意志的结果、意志的产物。意即法是立法者通过制定法律的方式，而达到一定目的的工具和手段；①（2）法是"统治"阶级意志的体现。在社会存在多元主体的情况下，不同主体的意志存在不一致。而法则是统治阶级意志的体现，这是由统治阶级在社会中的地位与作用所决定的。即使法律中有其他阶级意志的反映，也是在与统治阶级意志相一致或者不存在根本冲突的情况下存在的；（3）法是统治"阶级"意志的体现。阶级是一个社会中最为根本的利益主体区分方法，法律作为国家的统治工具，从根本上说，是一个阶级意志的体现；（4）法是"被奉为法律"的统治阶级的意志。统治阶级的意志不一定都体现为法律，统治阶级的目标也不见得都由法律来实现。因此，只有通过正式的立法程序制定出来的统治阶级意志才是法律。

【案例】吴某某受贿案②

【案情介绍】 被告人吴某某系中国民用航空东北地区管理局办公室调研员（正处级）兼中国民航东北地区管理局机关服务中心总经理，沈阳市大东区政协第十四届委员会委员，因涉嫌犯巨额财产来源不明罪于2014年5月23日被刑事拘留，同年6月10日被指定居所监视居住，因涉嫌犯受贿罪于同月21日被逮捕。丹东铁路运输检察院以丹铁检刑诉（2014）12号起诉书指控被告人吴某某犯受贿罪一案，于2014年11月3日向法院提起公诉。

丹东铁路运输检察院指控，1995年中国民用航空东北地区管理局（以下简称民航东北局）投资建设沈阳裕宁大厦（以下简称裕宁大厦），1995年至2008年，被告人吴某某受民航东北局委派先后担任裕宁大厦工程建设总指挥部财务

---

① 法律人经常讳言法的工具性质，担心"法律工具主义"的滥觞。笔者认为，认可法律的工具性质并不等同于认同法律工具主义，因此，这种顾虑实无必要。
② 丹东铁路运输法院一审（2014）丹铁刑初字第00012号刑事判决书。

处处长、副总指挥,并以诉讼代理人的身份代表裕宁大厦参与裕宁大厦与辽宁省第二建筑工程公司(以下简称省二建)的经济纠纷诉讼,裕宁大厦同时委托辽宁华昊律师事务所(以下简称华昊所)律师李某某(另案处理)代理案件诉讼。其间,被告人吴某某利用代表民航东北局从事裕宁大厦建设管理工作以及参与诉讼的职务便利,在代理费计算、代理协议签订及履行等方面,多次为李某某谋取不正当利益,并收受李某某给予的好处费合计人民币 4 051 650 元,其中于 2006 年 9 月 29 日收取 2 476 650 元;于 2006 年 11 月 27 日收取 19 万元;于 2006 年 11 月 28 日收取 1 085 000 元;于 2010 年 7 月 27 日、28 日收取 30 万元。2014 年 5 月 22 日,吴某某被辽宁省人民检察院沈阳铁路运输分院反贪局传唤到案。案发后,吴某某主动向检察机关上缴了赃款 3 751 650 元。

法院经审理查明,1996~2004 年,民航东北局投资建设裕宁大厦,并委派本单位工作人员被告人吴某某先后担任裕宁大厦工程建设总指挥部财务处处长、副总指挥。其间,吴某某和华昊所律师李某某(另案处理)作为沈阳裕宁房产开发有限公司(以下简称裕宁公司)的代理人参与了与省二建的经济纠纷诉讼。后因裕宁大厦项目产权变更,民航东北局与裕宁公司、中国民航物资设备公司(以下简称物资公司)间就返还建设投资款形成另一债务关系,吴某某同时还代表民航东北局负责向裕宁公司、物资公司追索债权。

2004 年至 2005 年年初,物资公司和裕宁公司拟以"与省二建纠纷案件的债权本息共计人民币 27 837 718 元和因该案产生的未偿付债务(律师费、咨询费)约 800 多万元全部打包转让给民航东北局,用以偿还欠该局的 1720 万元债务"为主要内容,与民航东北局签订债权债务打包转让协议(以下简称打包转让协议)。其间及此后至 2010 年,吴某某利用具体负责经办追索相关债权的职务便利,多次为李某某谋取利益,并收受李某某给予的财物。具体事实如下:

在民航东北局与裕宁公司、物资公司签订打包转让协议、与李某某签订风险代理协议期间,吴某某明知打包转让协议书中所列"800 余万元债务"不实,而予以掩饰、隐瞒;在风险代理协议履行期间,吴某某明知协议约定本单位债权优先受偿,而应李某某请托在债权尚未全部受偿时,向本单位财务部门出具违背协议内容的书面说明,要求支付代理和咨询费共计 2 090 400 元;明知所保管的房产证系李某某用于担保风险代理协议违约责任而提供,却在协议履行期间私自返还给李某某;明知风险代理协议约定李某某逾期履行应支付违约金,而予以掩饰;明知深圳市星竹财务咨询有限公司(以下简称星竹公司）未参与代理活动，而应李某某请托要求本单位财务部门向星竹公司支付代理费共计1755.5万元。此后，吴某某多次收受李某某给予的钱款计人民币4 051 650元。其中2006年9月29日收受2 476 650元，同年11月27日收受19万元，同月28日收受1 085 000元，2010年7月27日、28日共收受30万元。

法院认为，被告人吴某某身为国家工作人员，利用职务上的便利，非法收受他人财物，为他人谋取利益，其行为已构成受贿罪。公诉机关指控的罪名成立，予以支持。吴某某受贿所得赃款部分已被检察机关扣押，其余部分依法应当继续追缴。根据吴某某犯罪的事实、情节和对于社会的危害程度，依照《刑法》第385条第1款，第386条，第383条第1款第1项、第2款，第64条的规定，判决：（1）被告人吴某某犯受贿罪，判处有期徒刑11年。（刑期从判决执行之日起计算。判决执行以前先行羁押的，羁押一日折抵刑期一日，指定居所监视居住二日折抵刑期一日，即自2014年5月23日起至2025年5月27日止）；（2）被告人吴某某受贿所得赃款中已追缴的3 751 650元由扣押机关依法上缴国库，其余30万元继续追缴。

【案例评析】法所体现的统治阶级意志，并不是个别统治者的个人意志，也不是统治阶级内部每个成员的意志之和，而是统治阶级作为一个整体在根本利益一致基础上所形成的共同意志，是由统治阶级内部各个成员的意志相互作用而产生的，它对每个成员的意志都有所吸收又有所舍弃。

在理解法是统治阶级的意志时，需要特别注意以下四个问题。

（1）法律反映统治阶级的意志，并不意味着法律对统治阶级内部成员的违法犯罪就不加管束；

（2）法律反映统治阶级的意志，并不意味着法律就完全不顾及被统治阶级的愿望和要求；

（3）法律反映统治阶级的意志，并不意味着法律就不保护社会公共利益；

（4）法应当体现执政阶级的共同意志，并不等于任何法在实际上都能体现执政阶级的共同意志。

我国是人民民主专政的、以工农联盟为基础的社会主义国家。我国法律反映的是全体人民的意志，因此，对一些严重危害我国社会和公共安全的行为通过法律予以惩处，以维护国家、社会和公民的合法权益。

（二）法由统治阶级的物质生活条件决定

法的阶级性与社会物质生活条件制约性是统一的，这主要体现在以下几个方面。

（1）社会物质生活条件都是由统治阶级来代表的。

（2）社会物质生活条件只有通过统治阶级及其国家意志才能体现在法律中。

（3）马克思主义关于阶级和阶级斗争的学说正是通过分析社会物质生活条件得出的。

【案例】陈某某破坏电力设备罪[①]

【案情介绍】 经审理查明，2013年9月20日18时许，被告人陈某某持钳子窜至晋江市陈埭镇仙石村，剪断某机场东北远台导航站（为飞机提供方位和定点指示的导航信息）的变压器电缆线并欲将其盗走，致使机场东北远台导航站断电2个多小时，部分设备被损坏，设备被迫关闭，该机场被迫紧急启动应急措施，采用其他方式为飞机提供导航信息。后被告人陈某某被当场抓获。案发后，上述作案工具钳子1把被扣押。

法院认为，被告人陈某某盗窃正在使用中的电力设备，危害公共安全，尚未造成严重后果，其行为已构成破坏电力设备罪。公诉机关指控的罪名成立。被告人陈某某归案后如实供述自己的罪行，是坦白，因此予以从轻处罚。依照《刑法》第118条、第67条第3款、《最高人民法院关于审理盗窃案件具体应用法律若干问题的解释》第12条第2款的规定，判决被告人陈某某犯破坏电力设备罪，判处有期徒刑4年。

【案例评析】 法最终的根源是什么？马克思主义经典作家所指出的"每一社会的经济关系，首先是作为利益表现出来"和"法律应以社会为基础。法律应该是社会共同的，由一定物质生产方式所产生的利益和需要的表现"的表述是准确把握法的物质性根源的基本点。在此基础上，一定社会生活条件下的人们的利益及需要和对利益及需要的分配和协调是法产生、发展和变化的最终动因。其中，一定社会生活条件下的利益或需要的分化和存在是法产生的直接原因；一定社会生活条件下的利益或需要的变化是法发展、变化

---

① 晋江市人民法院一审（2014）晋刑初字第180号刑事判决书。

的直接动力和根源。法律是社会共同的，对于一定社会生活条件下所产生的利益及需要的确认，是为避免或协调相互冲突的利益而形成的国家标准。利益是法律的根本，协调一定社会生活条件下的利益及需要是法律的核心、灵魂、出发点和归宿。马克思主义的阶级分析方法的重心就在于分析各阶级的利益。我们分析和认识法律的性质，绝不可以离开利益这一根本视角。

某种意义上说，民航法律法规出现本身就是物质生活条件变化的结果。正是由于航空器的出现以及民航运输的繁荣，才导致对民航法律法规的需求。如果没有这样的条件，民航法律法规也就成了"屠龙之技"，而毫无用处。例如，我国1979年制定的《刑法》并未规定劫持航空器罪，其原因在于当时民航事业不发达，劫持航空器的行为极为罕见。本案也是由于物质生活条件的变化才会出现破坏电力设备的犯罪行为以及由此而来的刑法的规制。

第四节　法的作用

一、法的作用释义

从不同的角度看待法的作用会呈现不同的景象。总的来说，法的作用是统治阶级（在阶级对立社会中）或人民（在社会主义社会中）的意志影响社会生活的体现，是国家权力运行过程的体现，是社会生产方式自身力量的体现。

根据不同的角度对法的作用进行分类，可以分为预期作用与实际作用、积极作用与消极作用、规范作用与社会作用。把握这些分类可以加深我们对法的作用的认识。

在各种分类中，法的规范作用与社会作用的区分在对法律进行研究的过程中运用的最为普遍。两者是手段与目的的关系，即法通过其规范作用而实现其社会作用。

二、法的规范作用

法的规范作用可以理解为法律对具体的法律主体的行为所产生的直接影响，它是法律作用的微观体现。法的规范作用主要体现在以下几个方面。

（1）告示作用：法代表国家向整个社会传达人们必须如何行为的信息。

（2）指引作用：法通过规定人们的权利义务和违反法律规定应负法律责任来调整人们的行为。

（3）评价作用：法作为一种行为的标准、尺度，具有判断、衡量人们行为的功能。

（4）预测作用：根据法的规定，人们可以预知人们之间将如何行为，特别是国家机关及其工作人员如何对待人们的行为，以此作出行动安排。

（5）教育作用：法通过把国家或社会的价值观念和价值标准凝结成固定的行为模式和法律符号，向人们灌输占支配地位的意识形态，使之渗透于或内化在人们心中，并借助人们的行为进一步广泛传播。

（6）强制作用：法制裁违法行为，增强法的权威性，保护人们的正当权利，增强人们的安全感。

【案例】 陈某某编造虚假恐怖信息案[①]

【案情介绍】2013年2月20日，被告人陈某某因琐事和女友陈某甲发生争吵，当晚陈某甲至合肥骆岗机场，准备搭乘22时的ZH9786航班飞往深圳，后该航班因故晚点至24时起飞。陈某某得知消息后，随即驾车从蚌埠赶来合肥，试图挽留陈某甲。

在来合肥途中，陈某某分别于21日0时许、0时20分许拨打机场问询处电话0551-63401200，谎称ZH9786航班上有危险品，希望飞机不要起飞。0时40分许，机场工作人员通过电话0551-63401201向陈某某确认危险品的来源、位置等具体情况，陈某某再次告知工作人员危险品在该航班乘客陈某甲的行李里面，当工作人员说陈某甲没有携带行李时，陈某某又称危险品可能在陈某甲随身携带的挎包里，并一再表示不能让飞机起飞。为了确认陈某某的真实意图，机场工作人员告知陈某某飞机尚未起飞，让其立即到机场说明情况。

此时ZH9786航班已从合肥起飞二十多分钟，处于距地面7000米左右高度的南昌空域范围内。接到电话后，机场指挥中心启动2级应急反应程序，为了确保飞行安全，ZH9786航班于0时48分就近备降南昌昌北国际机场，南昌昌北国际机场对航班的160名旅客（注：应为158名）和94件行李重

[①] 合肥市包河区人民法院一审（2013）包刑初字第00322号刑事判决书。

新进行安全检查，排查后未发现危险物品。11 时 45 分该航班从南昌重新起飞，13 时 10 分抵达深圳。21 日 3 时许，陈某某到达机场，后至公安机关投案。

庭审中，出庭支持公诉的公诉人提出被告人陈某某案发后虽自动投案，归案后能如实供述主要犯罪事实，构成自首，依法可以从轻或减轻处罚，但其行为造成了恶劣的社会影响，犯罪后果严重，提请法庭在量刑时予以综合考虑，从严把握，不建议适用缓刑。

法院认为，被告人陈某某为挽留女朋友，故意谎称飞机上有危险物品，导致机场启动应急预案，航班中途备降，对乘客和行李重新进行检查，航班延误，影响了正常的航空秩序和安全，严重扰乱了社会秩序，并造成直接损失八万余元，其行为构成编造虚假恐怖信息罪。公诉机关指控的事实清楚，证据确实充分，罪名成立，法院予以支持。被告人陈某某案发后主动向公安机关投案，归案后能如实供述所犯罪行，系自首，当庭认罪悔罪态度较好，依法或酌情可予以从轻处罚；但其行为致使 ZH9786 航班备降，依法应予以从重处罚。综合本案被告人陈某某犯罪的事实、犯罪的性质、犯罪的情节和对社会的危害程度，以及其认罪态度和悔罪表现，决定予以从轻处罚。根据本案被告人陈某某犯罪的事实、性质和情节，不宜对其适用缓刑。辩护人提出与前述相同的意见成立，法院予以支持，提出与前述不同的意见，法院不予采纳。

据此，依照《刑法》第 291 条之一、第 67 条第 1 款、第 64 条，最高人民法院《关于审理编造、故意传播虚假恐怖信息刑事案件适用法律若干问题的解释》第 2 条、第 3 条第 1 项的规定，判决：（1）被告人陈某某犯编造虚假恐怖信息罪，判处有期徒刑 3 年（刑期自判决执行之日起计算；判决执行前先行羁押的，羁押一日折抵刑期一日，即自 2013 年 2 月 21 日起至 2016 年 2 月 20 日止）；（2）扣押在案的作案工具手机一部，予以没收。

【案例评析】被告人陈某某为达到个人目的，故意编造虚假的危险品威胁信息，严重扰乱社会秩序，其行为触犯了《刑法》第 291 条之一，应当以编造虚假恐怖信息罪追究其刑事责任。

近些年来，在民航运输过程中编造、传播虚假恐怖信息的行为层出不穷。而在实践的处理过程中则不尽统一。有些被作为犯罪追究刑事责任，有些进行了行政处罚，还有部分仅作了批评教育。2013 年最高人民检察院发布 3 个指导性案例，用以指导检察机关办理编造、故意传播虚假恐怖信息刑事案件。

最高人民检察院有关负责人表示，近年来，编造、故意传播虚假恐怖信息威胁民航安全的刑事案件时有发生，严重扰乱民航飞行和广大民众正常的生产生活秩序，给广大乘客的生命财产安全造成威胁，此类犯罪应从重、从快、从严打击。这表明了司法机关对于编造、故意传播虚假恐怖信息行为的处理态度，促进了广大人民对这一犯罪行为的认识，并在该行为发生时予以严厉打击。自此之后，我国司法机关对于编造、传播虚假恐怖信息行为的司法处理趋于一致，极大地起到了教育民众、震慑潜在违法者的作用，编造、传播虚假恐怖信息的行为大大减少。

三、法的社会作用

法的社会作用是法的作用的宏观体现，即法通过对作为个体的法律主体的影响，最终对社会整体所产生的影响。法的社会作用主要体现在以下几个方面：

（1）对物质文明的作用：法律通过制定财产法律制度、知识产权法律制度等法律规范，鼓励并保护民众创造财富的积极性，推动物质文明的进步。

（2）对精神文明的作用：法律通过法律规范的规定，对违法行为进行否定性评价，弘扬社会主流道德、价值观。

（3）对政治文明的作用：法律通过约束公权力的行使，保障公民的基本权利，创建良好的政治生态与政治文明。

（4）对生态文明的作用：法律通过环境与资源保护法等法律，保护自然资源，维护良好的人与自然的关系。

【案例】 龚某某盗窃案[①]

【案情介绍】 被告人龚某某于2014年5月23日8时许，在乘坐中国东方航空股份有限公司（以下简称东方航空公司）MU2101西安至北京的航班时，窃取被害人张某（男，50岁，陕西省人）包内现金人民币14 500元，被告人龚某某后被抓获归案。赃款已被起获、发还被害人。

法院认为，被告人龚某某无视国法，以非法占有为目的，采用秘密手段窃取他人财物，数额较大，其行为触犯了刑律，已构成盗窃罪，依法应予惩

[①] 北京市朝阳区人民法院一审（2014）朝刑初字第2666号刑事判决书。

处。北京市朝阳区人民检察院指控被告人龚某某犯盗窃罪的罪名成立。被告人龚某某因犯盗窃罪被判处有期徒刑，刑罚执行完毕后五年内再犯应被判处有期徒刑以上刑罚之罪，系累犯，依法应予从重处罚，鉴于被告人龚某某归案后如实供述主要犯罪事实，赃款已起获并发还被害人之情节，故对其所犯罪行依法予以从轻处罚。综上，法院依照《刑法》第 264 条、第 65 条第 1 款、第 67 条第 3 款、第 52 条、第 53 条及第 61 条的规定，判决被告人龚某某犯盗窃罪，判处有期徒刑 1 年，罚金人民币 2000 元（刑期从判决执行之日起计算。判决执行以前先行羁押的，羁押一日折抵刑期一日。即自 2014 年 5 月 23 日起至 2015 年 5 月 22 日止。罚金于本判决发生法律效力后 3 个月内缴纳）。

【案例评析】法律通过权利义务分配的方式，对法律主体的行为进行指引，进而形成立法者所期望的社会秩序，实现立法者的价值目标。本案是一个简单的盗窃案，表明了法律保护公民财产权的目标，同时也对盗窃行为表明了国家的否定性态度，弘扬了社会正气，达成了良好的社会秩序。

四、法的局限性

作为法律专业的学习者，尤其是初学者来说，经常会陷入"一叶障目，不见森林"的窘境，盲目相信"法律万能论"。因此，在坚持法律信仰的同时，清楚地认识到法律的局限性以及社会的复杂性，是法律学习的一项必要功课。法的局限性主要体现在以下几个方面。

（1）法只是许多社会调整方法的一种。除了法律之外，社会还通过道德、社会团体规范，以及经济、行政等其他方法来进行社会调整。熟练运用多种手段进行社会调整是社会治理体系成熟的一个标志。而一切都归之于法律并不可行，也达不到社会调整的效果。

（2）法并不能有效地干预和解决所有社会问题。针对各种社会问题，法律并不见得是最有效的解决方式，甚至可能会产生相反的效果。因此，对症下药是运用多种社会调整手段的必然要求。例如，2004 年 9 月 16 日开始实施运行的中国航空安全自愿报告系统（Sino Confidential Aviation Safety Reporting System，SCASS），主要是通过民航人员的主动报告来收集强制性事故和事故征候报告系统可能收集不到的、存在实际或潜在安全缺陷的信息，特别是系统运行缺陷、人为因素等信息，从而为提升航空安全、制定有效的改正措施、制定宏观政策提供基础。

（3）法具有保守性、僵化性和限制性。法律由于其本身的性质，要求其保证一定的稳定性，如果常变常新，则会影响法律的权威性并提高人们的知法、守法成本。而稳定性的另一面则是保守、僵化，尤其在我国目前社会转型时期，法律常常会跟不上社会变动的步伐。在法律的稳定性与灵活性之间保持平衡，是当下我国法律人的一个巨大挑战。

（4）法的运作成本巨大，法的作用充分发挥需要依赖于一系列社会条件。法律的顺利运行需要一系列社会条件相配合，需要社会和个人付出相当的成本。举例来说，一个刑事案件，需要公安机关、检察机关、法院（包括一审法院、二审法院乃至再审法院）、监狱等多部门工作人员的共同参与，相关的科技手段和人员（如法医、鉴定等）以及硬件、软件条件的配合，这些都需要国家的大量投入；而对于个人来说，参与诉讼也是一件耗时耗力的活动。因此，并不是任何纠纷都要通过正式的法律途径解决。我国大力提倡诸如调解等社会化的纠纷解决方式，无论对哪一方面而言，都不无裨益。

【案例】王某某诉昆明市发展和改革委员会、云南机场集团有限责任公司、昆明长水国际机场有限责任公司物价行政批准案件[①]

【案情介绍】 2014 年 7 月 28 日、10 月 4 日，原告王某某去昆明长水国际机场送朋友乘飞机时在机场停车停留，离开时被收取了 20 元的停车费，王某某认为这种做法是错误的，属违法收费，被告应当依法返还其停车费 20 元。王某某认为，第一，机场已经依照《关于整顿民航机场代收各种建设基金的意见》及《关于整顿民航机场代收各种建设基金的意见的通知》收取了机场建设费，再次收取停车费属于重复收费、违法收费，应当及时停止这种违法行为。第二，即便机场要收费，也应该遵循法律规定依法有序地进行，被告制定的昆发改价格（2012）27 号文件、昆发改价格（2014）495 号文件，没有依法举行听证，其程序严重违法。第三，被告在制定该文件过程中，没有充分考虑社会平均成本和市场供求状况、国民经济与社会发展要求以及社会承受能力，其收费价格不合理，也正是这种不合理的文件导致违法违章泛滥、

---

① 昆明市呈贡区人民法院一审（2015）呈立审字第 2 号行政裁定书。

增加环境污染等种种情况。综上所述，被告制定颁发的昆发改价格（2012）27号文件、昆发改价格（2014）495号文件程序严重违法，且不合理。原告故诉来法院并请求：(1) 人民法院依法确认昆发改价格（2014）495号文件违法；(2) 依法判令被告赔偿停车费20元；(3) 本案公告费、交通费等全部维权费用由被告承担。

法院认为，被告昆明市发展和改革委员会作出的昆发改价格（2014）495号《昆明市发展和改革委员会关于昆明长水国际机场机动车停放服务收费标准的批复》系针对云南机场集团有限责任公司和不特定的公众作出的，具有《行政诉讼法》第12条第2项的规定："行政机关制定、发布的具有普遍约束力的决定、命令"的性质，属不可诉的行政行为，故起诉人王某某起诉要求确认被告昆明市发展和改革委员会作出的昆发改价格（2014）495号文件《昆明市发展和改革委员会关于昆明长水国际机场机动车停放服务收费标准的批复》违法，人民法院不予受理。据此，依据《行政诉讼法》第12条第2项、《最高人民法院关于执行〈中华人民共和国行政诉讼法〉若干问题的解释》第63条第1款第1项的规定，裁定对起诉人王某某的起诉，法院不予受理。

【案例评析】 法律并不适合于处理所有的社会关系，而对于法律可以调整的社会关系，法律也并不一定是最为恰当、有效的处理方式。因此，我们应当破除法律万能论的困境，认识到法律的局限性。同时放开眼界，充分发挥其他社会规范的功能，创造更为和谐的社会。要做到这一点，首先应当在立法上保持法律的谦抑性，不试图用法律解决所有的问题；其次在司法实践中，也要正确适用法律的处理方式。本案中，法院区分了司法与行政的界限，避免以司法代替或者凌驾于行政，保证国家机构各个部门各司其职，共同促进社会的发展。

第二章

法的渊源、形式和效力

法的渊源是法学的一个专门术语，然而对这一术语的理解却存在一些偏差。一些学者将法的渊源理解为法律内容的来源，即立法的材料；另一种理解则视法的渊源为法的表现形式。事实上，如果我们不拘泥于概念，上面两种理解所形成的问题域都是法理学的研究范围。本章就此对法的渊源作了更为宽泛的解读，并在此基础上，对与之相关的法的形式和法的效力问题进行了概要的介绍。

第一节 法的渊源

一、法的渊源释义

我国法学界目前对于法的渊源的解释仍未达成理论上的共识，主要有立法中心主义说和司法中心主义说。前者将法的渊源看成是立法机关制定法律所依据的材料，主要关注法律的内容来源；后者则认为法的渊源是法官用于裁判的法律，着眼于裁判依据。[①] 以机长的权力为例，前者主要关注在制定相关法律规范时，内容主要源于哪里，如国际公约、外国法律，或是民航实

[①] 在部门法中，法的渊源一般指后者，但前者对于法律渊源的解释更为合理，可以与法的形式进行更好的区分。同时，与中文的表述更加贴切，不易引起混淆。

践；而后者则关注法官在遇到相关案件时，哪些规范性法律文本可以作为裁判的依据。本教程采用立法中心主义说。

二、当代中国主要法的渊源

我国立法渊源多种多样，概言之，主要有以下十个方面：
（1）立法；
（2）国家机关的决策和决定；
（3）司法机关的司法判例和法律解释；
（4）国家和有关社会组织的政策；
（5）习惯；
（6）道德规范和正义观念；
（7）社团规章和民间合约；
（8）国际法；
（9）外国法；
（10）理论学说特别是法律学说。

了解法的渊源，有助于我们了解法律内容的源流，帮助我们更好地理解法律制度的目的与内涵，从而在实践中更准确地解释与适用。

【我国民航法的渊源】我国民航法律渊源主要包括以下三个方面：（1）我国的民航立法实践。我国自发展民航产业以来，在实践中不断总结经验教训，将一些行之有效的制度、规范上升为法律，这构成我国民航法律的重要渊源；（2）外国法律。由于我国民航产业发展时间较晚，相应的法律体系构建不完善，因此，借鉴先发展国家的先进经验来构建我国民航法律体系是完善我国民航法律体系的必经之路；（3）国际法。民航法是国际色彩浓厚的部门法，在民航领域存在数量众多的国际法。其中，我国缔结或者参与的国际法，有些可以直接适用于我国，有些需要我国通过立法程序将其内容转化为国内法而在国内予以适用。即使我国没有缔结或者参加的国际法，我国也可以借鉴其内容，从而成为我国民航法的渊源。除此之外，国家关于民航产业发展的政策、司法机关的判例、民航业界的案例也可以经过总结经验上升为法律，从而成为我国民航法律的渊源。

第二节　法的形式

一、法的形式概述

法的形式是指法的外部具体表现形态，即法由何种国家机关制定或认可，具有何种表现形式。

法的形式的意义主要在于以下四个方面：

（1）法的形式是区分法和其他社会规范的一个重要标志，也就是说，我们主要依据法的形式区分"法"与"非法"；

（2）不同法的形式由不同国家机关或主体产生；

（3）不同法的形式表现为不同的法的效力等级，据此，我们可以决定在出现法的冲突时如何适用；

（4）不同法的形式适用于不同的社会关系。

二、法的形式和法的渊源界分

（一）未然和已然、可能和现实的界分

法的渊源主要指法的来源，表明法由哪些原料构成，出自何种途径，基于何种动因而形成，是法的半成品和预备库，是未然的法、可能的法。

法的形式是提取、升华法的渊源的实际结果，是经由法的渊源这一未然、可能的阶段，而成为已然、现实的法，是法的既成品，有鲜明实在性。

（二）多元和统一的界分

法的渊源既是多样化又是多元的，有来自不同的资源、进路、动因的法的渊源，多元地存在于一国法的渊源体系。

法的形式是多样化但不是多元的，法律、法规和其他规范性法律文件共同统一于国家权力体系。

三、当代中国主要法的形式

（1）宪法：国家最高权力机关制定或修改的，综合性地规定国家、社会和公民生活的根本事项，具有最高法的效力的一种法。

（2）法律：由全国人大及其常委会制定或修改的，规定国家、社会和公民生活某一方面带有根本性的事项的一种法。

（3）行政法规：由最高国家行政机关即国务院制定或修改的，事关行政管理和管理行政两方面事项的规范性法律文件的总称。

（4）地方性法规：由特定地方国家机关依法制定和变动的，效力不超过本行政区域范围，在法的形式中具有基础作用的规范性法律文件的总称。

（5）自治法规：民族自治地方的权力机关制定的自治条例和单行条例的总称。

（6）行政规章：有关行政机关依法制定的事关行政管理的规范性法律文件的总称。

（7）国际条约：两个或两个以上国家或国际组织之间缔结的，确定相互之间权利和义务的各种协议。

（8）其他法的形式：①中央军事委员会制定的军事规章；②特别行政区的规范性法律文件；③被授权机关制定的规范性法律文件。

【案例】A 先生诉中国东方航空股份有限公司国际航空旅客运输合同纠纷案

【案情介绍】2004 年 12 月 29 日，原告 A 先生（外籍人士）购买了一张由香港国泰航空公司作为出票人的机票，机票列明的航程安排为：12 月 31 日 11 点，从上海乘坐被告东方航空公司的 MU703 航班至香港；同日 16 点，乘坐香港国泰航空公司的航班至卡拉奇。机票背面条款注明，该合同应遵守《统一国际航空运输某些规则的公约》（以下简称《华沙公约》）所确定的有关责任的规则和限制。该机票为打折票，机票上注明不得退票、不得转签。2004 年 12 月 30 日 15 点，浦东机场地区开始下中雪，22 点至 23 点机场被迫关闭 1 小时，导致该日 104 个航班延误。次日因需处理飞机除冰、补班调配等问题，从浦东机场起飞的航班有 43 架次被取消、142 架次被延误，出港正常率只有 24.1%。当日，MU703 航班也由于天气原因延误 3 小时 22 分钟才起飞，以致 A 先生一行到达香港机场后，未能赶上国泰航空公司飞往卡拉奇的衔接航班。

在浦东机场候机时，原告 A 先生及家属已经意识到 MU703 航班延迟到达香港，会错过国泰航空公司的衔接航班，于是多次到被告东方航空公司的服务台询问如何处理。东方航空公司工作人员让 A 先生填写了"续航情况登记表",并表示填好表格后会帮助解决。A 先生及家属到达香港后,东方航空公司工作人员向 A 先生告知了两个处理方案:其一为在香港机场等候 3 天,然后搭乘国泰航空公司下一航班,3 天费用自理;其二为自行出资购买其他航空公司的机票至卡拉奇,约需费用 2.5 万港元。A 先生当即表示这两个方案均无法接受。A 先生的妻子因带着婴儿,也无法接受东方航空公司的处理方案,在焦虑、激动中给东方航空公司打电话,但被告知有关工作人员已经下班。最终经香港机场工作人员交涉,A 先生一行购买了阿联酋航空公司的机票及行李票,搭乘该公司航班绕道迪拜到达卡拉奇。为此,A 先生支出机票款 4721 港元、行李票款 759 港元,共计 5480 港元。庭审中,双方一致同意港元与人民币的汇率按 1:1.07 计算。

法院认为,原告 A 先生是巴基斯坦国公民,其所购买的机票,出发地为我国上海,目的地为巴基斯坦卡拉奇。《民法通则》第 142 条第 1 款规定:"涉外民事关系的法律适用,依照本章的规定确定。"第 2 款规定:"中华人民共和国缔结或者参加的国际条约同中华人民共和国的民事法律有不同规定的,适用国际条约的规定,但中华人民共和国声明保留的条款除外。"我国和巴基斯坦都是《经 1955 年海牙议定书修订的 1929 年华沙统一国际航空运输一些规则的公约》(以下简称《1955 年在海牙修改的华沙公约》)和 1961 年《统一非订约承运人所办国际航空运输某些规则以补充华沙公约的公约》(以下简称《瓜达拉哈拉公约》)的缔约国,故这两个国际公约对本案适用。《1955 年在海牙修改的华沙公约》第 28 条第 1 款规定:"有关赔偿的诉讼,应该按原告的意愿,在一个缔约国的领土内,向承运人住所地或其总管理处所在地或签订契约的机构所在地法院提出,或向目的地法院提出。"第 32 条规定:"运输合同的任何条款和在损失发生以前的任何特别协议,如果运输合同各方借以违背本公约的规则,无论是选择所适用的法律或变更管辖权的规定,都不发生效力。……"据此,在 A 先生持机票起诉的情形下,中华人民共和国上海市浦东新区人民法院有权对这起国际航空旅客运输合同纠纷进行管辖。

《瓜达拉哈拉公约》第 1 条第 2 款规定:"'订约承运人'指与旅客或托运人,或与旅客或托运人的代理人订立一项适用华沙公约的运输合同的当事人。"第 3 款规定:"'实际承运人'指订约承运人以外,根据订约承运人的授权办理第 2 款所指的全部或部分运输的人,但对该部分运输此人并非华沙公约所指的连续承运人。在没有相反的证据时，上述授权被推定成立。"第7条规定："对实际承运人所办运输的责任诉讼，可以由原告选择，对实际承运人或订约承运人提起，或者同时或分别向他们提起。如果只对其中的一个承运人提起诉讼，则该承运人应有权要求另一承运人参加诉讼。这种参加诉讼的效力以及所适用的程序，根据受理案件的法院的法律决定。"原告A先生所持机票，是由香港国泰航空公司出票，故国际航空旅客运输合同关系是在A先生与香港国泰航空公司之间设立，香港国泰航空公司是订约承运人。被告东方航空公司与A先生之间不存在直接的国际航空旅客运输合同关系，东方航空公司也不是连续承运人，只是推定其是根据香港国泰航空公司的授权，完成该机票确定的上海至香港间运输任务的实际承运人。A先生有权选择香港国泰航空公司或者东方航空公司为被告，或者选择两者同时为被告提起责任诉讼；在A先生只选择东方航空公司为被告提起的责任诉讼中，东方航空公司虽然有权要求香港国泰航空公司参加诉讼，但由于A先生追究的航班延误责任发生在东方航空公司承运的上海至香港段航程中，与香港国泰航空公司无关，故根据本案案情，衡量诉讼成本，无需追加香港国泰航空公司为本案的当事人共同参加诉讼。

《1955年在海牙修改的华沙公约》第19条规定："承运人对旅客、行李或货物在航空运输过程中因延误而造成的损失应负责任。"第20条第1款规定："承运人如果证明自己和他的代理人为了避免损失的发生，已经采取一切必要的措施，或不可能采取这种措施时，就不负责任。"2004年12月31日的MU703航班由于天气原因发生延误，对这种不可抗力造成的延误，被告东方航空公司不可能采取措施来避免其发生，故其对延误本身无需承担责任，但还需证明其已经采取了一切必要的措施来避免延误给旅客造成的损失，否则即应对旅客因延误而遭受的损失承担责任。事实是，在浦东机场时，原告A先生由于预见到MU703航班的延误会使其错过香港国泰航空公司的衔接航班，曾多次向东方航空公司工作人员询问怎么办。东方航空公司应当知道国泰航空公司从中国香港飞往巴基斯坦卡拉奇的衔接航班三天才有一班，更明知A先生一行携带婴儿，不便在中转机场长时间等候，有义务向A先生一行提醒中转时可能发生的不利情形，劝告A先生一行改日乘机。但东方航空公司没有这样做，而是让A先生填写"续航情况登记表"，并告知会帮助解决，使A先生对该公司产生合理信赖，从而放心登机飞赴香港。鉴于A

先生一行是得到东方航空公司的帮助承诺后来到香港,根据当时具体情况,尽管A先生一行所持机票上标注着不得退票、不得转签,东方航空公司也应当把A先生一行签转给其他航空公司,以帮助其尽快飞抵卡拉奇。但是东方航空公司不考虑A先生一行携带婴儿要尽快飞往卡拉奇的合理需要,向A先生告知要么等待三天乘坐下一航班且三天中相关费用自理,要么自费购买其他航空公司机票的所谓"帮助解决"方案,将A先生一行陷入走无可走、留不能留的两难境地。东方航空公司没有采取一切必要的措施来避免因航班延误给旅客造成的损失发生,不应免责。A先生是迫于无奈才自费购买其他航空公司的机票,对A先生购票支出的5480港元损失,东方航空公司应承担赔偿责任。

原告A先生要求被告东方航空公司按照承诺对外公布该公司的航班正常率和旅客投诉率,该诉讼请求与A先生的私权无直接关联,故不予支持。

据此,上海市浦东新区人民法院于2005年12月21日判决:(1)被告东方航空公司应在本判决生效之日起10日内赔偿原告A先生损失人民币5863.6元;(2)原告A先生的其他诉讼请求不予支持。案件受理费人民币249元,由原告A先生负担人民币5元,被告东方航空公司负担人民币244元。

【案例评析】根据本案所适用的国际公约的规定,由一家航空公司出票并实际承运部分航程、另一家航空公司实际承运另一部分航程的航空旅客运输,该两家航空公司并非航空法上的连续运输关系。旅客追究实际承运人所承运航程的责任时,可以选择起诉对象。被起诉的一家航空公司申请追加另一家航空公司参加诉讼的,法院可以根据审理案件的实际需要、诉讼成本、旅客维权的便捷性等因素决定是否准许。旅客支付了足额票款,航空公司就要为旅客提供完整的运输服务;旅客购买了打折机票,航空公司当然也可以相应地取消一些服务。但是,航空公司在打折机票上注明"不得退票,不得转签",只是限制购买打折机票的旅客由于自身原因而退票和转签,不能剥夺旅客在支付了票款后享有的按时乘坐航班抵达目的地的权利。当不可抗力造成航班延误,致使航空公司不能将换乘其他航班的旅客按时运抵目的地时,航空公司有义务在始发地向换乘的旅客明确告知到达目的地以后是否提供转签服务,以及在其不能提供转签服务时旅客应当如何办理旅行手续。根据《1955年在海牙修改的华沙公约》第19条、第20条第1款规定,航空公司不尽此项义务或者不能证明自己已尽此项义务，而给换乘旅客造成损失的，应当承担赔偿责任。

本案适用了国际公约来调整争议双方的权利、义务关系，这表明我国认可、参加的国际公约也是我国法律形式，可用于调整涉外民事法律关系。

【案例】中国对荷兰皇家航空实施行政处罚[①]

【案情介绍】 2014年5月12日，民航华北局监察员在北京首都国际机场进行停机坪检查时，发现执飞阿姆斯特丹—北京—阿姆斯特丹KL897航班、注册号为PH-BFF的荷兰皇家航空公司波音747飞机适航证已过期一个多月，严重违章。鉴于事件的严重性，民航华北局行政约谈了该航空公司的驻华站长、副站长，指出了该公司违反国际民航组织公约相关规定以及中国民航规章的行为，要求公司及时进行纠正。

民航华北局依据《国际民用航空公约》（以下简称《芝加哥公约》）及民航局《外国公共航空运输承运人运行合格审定规则》《民用航空行政处罚实施办法》等相关条款规定，对荷兰皇家航空处以人民币22 000元的行政罚款。

【案例评析】《芝加哥公约》规定，缔约国每一架航空器在从事国际航行时，应携带该航空器登记国发给或核准的适航证。我国《外国公共航空运输承运人运行合格审定规则》规定，违反该规则，被民航地区管理局认定为影响运行安全或已造成严重后果的行为，民航地区管理局可以责令其停止违法行为，并处以警告或3万元以下罚款。上述公约及民航规章均是我国法的形式。在我国民航领域，法的形式主要包括全国人民代表大会制定的《民用航空法》、国务院制定的《安保条例》等行政法规以及中国民航局制定的行政规章，此外还包括我国缔结或参加的国际条约。

四、规范性法律文件的规范化和系统化

（一）规范性法律文件的规范化

1. 规范性法律文件的规范化指立法主体应以统一的规格和标准，制定和修改各种规范性法律文件，使一国在法的形式范围内的各种规范性法律文件成为效力等级鲜明、结构严谨、协调统一的整体。

[①] "中国对荷兰皇家航空实施行政处罚"，http://www.chinanews.com/cj/2014/09-11/6583231.shtml，2016年10月12日访问。

2. 规范性法律文件的规范化的意义

（1）有利于法的实行；

（2）有利于法的形式与法的体系和谐统一；

（3）有利于立法的科学化和良法的产生；

（4）有利于法制的协调发展。

3. 规范性法律文件的规范化的方法

（1）只能由特定国家机关依法定权限和程序制定；

（2）各种法的效力、地位及相互关系应明确规定；

（3）应有专有名称；

（4）应有统一的表达方式，文字简练明确，术语严谨统一。

（二）规范性法律文件的系统化

（1）规范性法律文件的系统化指对已制定的规范性法律文件加以系统整理和归纳加工，使其完善化和科学化的活动。

（2）规范性法律文件的系统化的意义在于：①有助于查阅，确定范围；②有助于明确有效、失效；③有助于发现缺陷、空白。

（3）规范性法律文件的系统化的方法：法的清理、法的汇编和法的编撰（见表1）。

表1 法的清理、法的汇编、法的编撰的比较

	法的清理	法的汇编	法的编纂
概念	有权国家机关在其职权范围内，以一定方式，对一定范围的规范性法律文件进行审查，确定其或存或废或修改的专门活动	在法的清理基础上，按一定顺序将各种法或有关法集中起来，加以系统编排、汇编成册	立法主体在法的清理和法的汇编基础上，对现存法或同一部门法进行审查，确定其存废，对其加以修改、补充，最终形成集中、统一、系统的法
特点	梳理法的阶段不是立法活动；处理法的阶段是立法活动	不是正式的立法活动，不产生新法	是正式的立法活动，产生新法
主体	享有立法权的国家机关或其授权机关	立法主体和其他机关、组织、个人	享有立法权的国家机关

续表

	法的清理	法的汇编	法的编纂
目的	对现存法加以研究、分析、分类、处理	将法律按照一定标准汇编成册，便于查找	制定统一的法典
任务	①梳理法的阶段——厘清现存法基本情况，确定或存或废或修改（非立法活动）②处理法阶段——对可继续适用的，列为现行法；对应当废止的，予以废止；对需要修改的，提上修改日程（立法活动）	将法集中化、系统化	删除过时法，统一同类法，形成系统法
意义	①有助于促进法与社会需求的和谐；②有助于总结立法经验以促进立法发展；③有助于实现法的系统化、科学化	①使法集中化、系统化，便于人们了解相关法的规定；②使法的清理得到反映，便于人们发现优缺点，了解"立改废"的任务；③为法的编纂打基础	①有助于实现法的科学化、系统化；②有助于法的体系的完善，形成基础法；③有助于各种法、法律规范间协调统一；④有助于法的贯彻实行

第三节　法的分类

一、法的分类界说

法的分类是指以一定的标准，将法和法之间的界限廓清。从而可以对法律有更为细致的了解，更好地在实践中适用法律。

二、法的一般分类

（一）依法的创制和适用范围进行分类

国内法：由国内有立法权的主体制定，效力范围不超过本国主权范围的法律、法规和其他规范性文件。

国际法：参与国际关系的两个或两个以上国家或国际组织之间缔结的，确定相互之间权利和义务的法。

（二）依法的表现形式进行分类

成文法：有权机关制定或认可的以规范化成文形式出现的规范性法律文件。

不成文法：有权机关制定或认可的不具有文字形式或虽有文字形式但不具有规范化成文形式的法，一般指习惯法。

（三）依法的地位、效力进行分类

根本法：在整个法的形式体系中居于最高地位的一种规范性法律文件。

普通法：宪法以外所有法的统称。

（四）依法的适用范围进行分类

一般法：对一般主体、一般事项、一般时间、一般空间范围有效的法。

特别法：对特定主体、特定事项、特定时间、特定空间范围有效的法。

（五）依法规定的内容进行分类

实体法：以规定主体权利义务关系或职权职责关系为主要内容的法。

程序法：以保证主体权利义务实现或职权职责履行所需程序或手段为主要内容的法。

（六）依法所保护的利益进行分类

公法：保护国家公益的法。

私法：保护私人利益的法。

【中国民航法律规范的分类】中国民航法律规范由于调整对象的特殊性，在法律分类方面呈现多元化特点。从制定主体的角度来看，民航法即包括国内法（如《民用航空法》《安保条例》《民用机场管理条例》等）也包括国际法（如《国际民用航空公约》《东京公约》《海牙公约》等）；从法的地位效力来看，包括法律、行政法规、行政规章；从法所保护的利益来看，既包括公法的内容（对民航主管机关及对民航运营单位的管理）也包括私法的内容（如民航运输合同）。

【案例】郑某某诉马来西亚亚洲航空公司广州代表处合同纠纷案[①]

【案情介绍】 2013年1月23日,郑某某在马来西亚沙巴亚庇国际机场乘坐马来西亚亚洲航空公司(以下简称亚洲航空公司)的航班至中国广州,登机前,郑某某办理了行李托运手续,托运行李重15千克。航班抵达广州白云国际机场后,郑某某发现行李未同时抵达。之后,郑某某确认行李在马来西亚沙巴亚庇国际机场未装机并遗失,其多次与三被上诉人及相关部门沟通,亚洲航空公司确认行李遗失并同意按照《华沙公约》的相关规定给予赔偿,但郑某某未接受。

2015年5月12日,郑某某就本案纠纷起诉亚航广州代表处、广州白云国际机场至广州铁路运输法院。2015年7月28日,广州铁路运输法院根据(2015)广铁中法立民终字第28号管辖权异议裁定书,将案件移送原审法院管辖,原审法院于2016年1月8日立案受理。2016年4月26日,原审法院追加亚洲航空公司为本案原审被告。

此外,原审法院因郑某某的举证不符合《最高人民法院关于民事诉讼证据的若干规定》,要求其对中华人民共和国领域外形成的证据办理公证、认证手续并提供中文译本,但郑某某拒绝。

原审法院认为,本案管辖权及法律适用问题。亚航为外国企业,本案属于涉外航空旅客运输合同纠纷案件,《中华人民共和国民事诉讼法》(以下简称《民事诉讼法》)第4条规定:"凡在中华人民共和国领域内进行民事诉讼,必须遵守本法。"第27条规定:"因铁路、公路、水上、航空运输和联合运输合同纠纷提起的诉讼,由运输始发地、目的地或者被告住所地人民法院管辖。"本案运输目的地位于原审法院辖区,原审法院有涉外商事案件管辖权,且起诉标的额在原审法院受案标的额范围内,故原审法院对本案享有管辖权。根据《最高人民法院关于适用〈中华人民共和国涉外民事关系法律适用法〉若干问题的解释(一)》第4条规定:"涉外民事关系的法律适用涉及适用国际条约的,人民法院应当根据《中华人民共和国民法通则》第一百四十二条第二款以及《中华人民共和国票据法》第九十五条第一款、《中华人民共和国海商法》第二百六十八条第一款、《中华人民共和国民用航空法》

[①] 广州市中级人民法院(2017)粤01民终6146号民事判决书。

第一百八十四条第一款等法律规定予以适用，但知识产权领域的国际条约已经转化或者需要转化为国内法律的除外。"《民用航空法》第184条第1款规定："中华人民共和国缔结或者参加的国际条约同本法有不同规定的，适用国际条约的规定；但是，中华人民共和国声明保留的条款除外。"因涉案航空旅客运输合同签约的双方所在国均为《蒙特利公约》的成员国，故本案应适用《蒙特利公约》处理。

结合各方当事人在原审的诉辩，本案在原审程序的争议焦点问题是谁应对郑某某行李丢失承担责任及承担何种责任。郑某某购买了亚洲航空公司作为承运人的飞往中国广州的机票，郑某某与亚洲航空公司之间的航空旅客运输合同关系依法成立，亚洲航空公司作为承运人应当在约定期间或者合理期间内将旅客、货物安全运输到约定地点，现双方均确认郑某某的行李已在马来西亚沙巴亚庇国际机场遗失，亚洲航空公司未按照运输合同的约定将郑某某的行李安全运输到目的地，应当承担相应的违约责任。亚洲航空公司广州代表处及广州白云国际机场股份有限公司均非运输合同相对方，亦无证据证实亚洲航空公司广州代表处、广州白云国际机场股份有限公司对郑某某行李丢失负有责任，故郑某某要求亚洲航空公司广州代表处及广州白云国际机场股份有限公司承担责任，无事实和法律依据，原审法院不予支持。

郑某某要求亚洲航空公司给予赔偿，应当对自己的主张提供证据予以证明。现其所举证据均不能证实丢失的行李内的现金等贵重物品情况，且其亦未向海关申报超值物品或依规声明物品价值，没有证据证实亚洲航空公司工作人员侵吞其100马来西亚元，亦没有证据证实因行李丢失造成的精神及机票等其他损失情况，故郑某某应承担举证不能的不利后果。现亚航同意按照《华沙公约》规定的标准，给予郑某某赔偿，因《蒙特利公约》第55条规定："与其他华沙公约文件的关系　在下列情况下，本公约应当优先于国际航空运输所适用的任何规则：一、该项国际航空运输在本公约当事国之间履行，而这些当事国同为下列条约的当事国：（一）一九二九年十月十二日在华沙签订的《华沙公约》……"故本案应适用《蒙特利公约》。《蒙特利公约》第22条规定："……二、在行李运输中造成毁灭、遗失、损坏或者延误的，承运人的责任以每名旅客1000特别提款权为限，除非旅客在向承运人交运托运行李时，特别声明在目的地点交付时的利益，并在必要时支付附加费。在此种情况下，除承运人证明旅客声明的金额高于在目的地点交付时旅客的实际利益外，承运人在声明金额范围内承担责任……"故由于郑某某办理行李托运时并没有特别声明在目的地点交付时的利益，并缴付必要的附加费，故原审法院结合《蒙特利公约》《华沙公约》的有关规定，酌情确定亚洲航空公司赔偿郑某某损失5000元人民币。对于郑某某的其他诉讼请求，原审法院均不予支持。

综上所述，依照《蒙特利公约》第22条、第55条，《民用航空法》第184条，《民事诉讼法》第4条、第27条，《最高人民法院关于适用〈中华人民共和国涉外民事关系法律适用法〉若干问题的解释（一）》第4条，《最高人民法院关于民事诉讼证据的若干规定》第2条、第11条、第12条的规定，原审法院判决：（1）于判决生效之日起3日内，亚洲航空公司赔偿郑某某5000元人民币；（2）驳回郑某某的其他诉讼请求。如未按判决指定的期间履行给付金钱义务，则应当依照《民事诉讼法》第253条的规定，加倍支付迟延履行期间的债务利息。一审受理费800元人民币，由郑某某负担700元人民币，亚洲航空公司负担100元人民币。二审法院对本案争议焦点问题归纳如下。

关于本案的法律适用问题。被告亚洲航空公司为外国企业，本案属于涉外航空旅客运输合同纠纷案件。《最高人民法院关于适用〈中华人民共和国涉外民事关系法律适用法〉若干问题的解释（一）》第4条规定："涉外民事关系的法律适用涉及适用国际条约的，人民法院应当根据《中华人民共和国民法通则》第一百四十二条第二款以及《中华人民共和国票据法》第九十五条第一款、《中华人民共和国海商法》第二百六十八条第一款、《中华人民共和国民用航空法》第一百八十四条第一款等法律规定予以适用，但知识产权领域的国际条约已经转化或者需要转化为国内法律的除外。"《民用航空法》第184条第1款规定："中华人民共和国缔结或者参加的国际条约同本法有不同规定的，适用国际条约的规定；但是，中华人民共和国声明保留的条款除外。"涉案航空旅客运输合同签约双方所在国均为《蒙特利公约》的成员国，故本案应适用《蒙特利公约》作为解决争议的准据法。

关于亚洲航空公司、亚洲航空公司广州代表处在本案中应否承担责任的问题，郑某某购买了亚洲航空公司作为承运人从马来西亚沙巴亚庇机场飞往中国广州白云机场的航班机票，故郑某某与亚洲航空公司之间形成航空旅客运输合同关系，依法成立并生效，亚洲航空公司应当在约定期间内将郑某某及行李安全运输至约定地点。经查，郑某某搭乘涉案航班抵达广州白云机场后，其行李未同时抵达。郑某某、亚洲航空公司现均确认郑某某的行李已在沙巴亚庇机场遗失。亚洲航空公司未能按约定将郑某某的行李安全运抵中国广州白云机场并交付给郑某某,其行为已构成违约,应当承担相应的违约责任。亚洲航空公司广州代表处并非航空旅客运输合同关系的相对方,无证据证实亚洲航空公司广州代表处对郑某某的行李丢失负有责任,故亚洲航空公司广州代表处在本案中无需对郑某某的行李丢失承担责任。至于郑某某的行李丢失是一般行李遗失还是亚洲航空公司内部职工盗窃,郑某某和亚洲航空公司可另循法律途径主张,在本案中并不影响亚洲航空公司作为承运人因郑某某的行李丢失应承担相应的违约责任,法院对此不予调处。原审判决对亚洲航空公司、亚洲航空公司广州代表处在本案中的责任认定正确,法院予以维持。

关于行李损失费20 000马来西亚元的问题。依据"谁主张,谁举证"的原则,郑某某所提交的证据不能证实其丢失行李内的现金及物品的情况及价值,且其在办理行李托运前未向海关申报超值物品或向亚洲航空公司声明物品价值,其应承担举证不能的责任。至于郑某某坚持要求亚洲航空公司、亚洲航空公司广州办事处提供案发时录像资料予以证实的问题,郑某某在原审的诉讼请求不包括该项请求,故法院在二审期间对该项请求不予审查,郑某某可另循法律途径解决。退一步说,即使录像资料显示郑某某的行李里有现金及鱼鳔、沉香等物品,郑某某仍应对现金及物品的真伪、数量和价值进行举证,依据现有证据不足以证实郑某某行李损失价值为20 000马来西亚元,故郑某某要求赔偿行李损失费20 000马来西亚元依据不足,法院不予支持。

关于机票费用10 000元人民币,一是郑某某亦未提交证据证实其三次乘坐飞机从广州或香港往返马来西亚沙巴亚庇机场(其中两次由其妻子陪同)是属于解决其行李丢失问题的必要性的行为。二是郑某某未向法院提交机票等票证证实机票的时间和金额等具体情况。三是郑某某向法院自述三次停留时间均在八九天至十天,其除向沙巴亚庇机场反映问题和向沙巴警察报警外,还曾探亲访友和休息,该陈述不足以证实其机票费用完全用于解决行李丢失事宜。故郑某某要求赔偿机票费用10 000元人民币,缺乏事实和法律依据,法院不予支持。

关于100马来西亚元的问题,郑某某亦没有提交充分的证据足以证实亚航工作人员侵吞其100马来西亚元,故原审不予支持该项诉讼请求符合法律规定,法院亦予以维持。至于郑某某要求亚航、亚航广州代表处进行书面道歉,因《蒙特利公约》《华沙公约》的规定,对于运输合同中行李丢失的赔偿限于财产限额责任，不包括书面道歉的形式，故郑某某要求书面道歉无依据，法院亦不予支持。

综上，亚洲航空公司作为承运人未能将郑某某的行李运抵中国广州白云机场，应承担相应的违约责任。原审法院综合考虑本案的案情，酌情确定由亚洲航空公司赔偿郑某某损失 5000 元人民币符合《蒙特利公约》《华沙公约》的相关规定。郑某某的上诉理由不成立，法院依法予以驳回。依照《民事诉讼法》第 170 条第 1 款第 1 项的规定，判决驳回上诉，维持原判。

【案例评析】法的分类一般在司法实践中不会作为一个专门的问题来处理，而且有些法的分类属于学理分类，超出了我国法律范围，因此在司法实践中更难遇到。但作为法律专业学生，对法的分类应该有一个清晰的了解。因为不同的法的分类会影响法的适用场合及适用原则。

民航案件的一个重要特点是国际法的适用。如本案中，涉及《蒙特利公约》《民用航空法》《民事诉讼法》《最高人民法院关于适用〈中华人民共和国涉外民事关系法律适用法〉若干问题的解释（一）》《最高人民法院关于民事诉讼证据的若干规定》等法律法规，其中《蒙特利公约》属于国际法，根据我国法律规定，我国缔结或者参加的国际条约优先于我国民事法律适用。同时，该公约也属于实体法，具体规定主体之间的权利义务关系。《民事诉讼法》《最高人民法院关于适用〈中华人民共和国涉外民事关系法律适用法〉若干问题的解释（一）》《最高人民法院关于民事诉讼证据的若干规定》则属于国内法、诉讼法，诉讼法解决的是诉讼程序问题，如管辖、举证等问题。本案中，之所以原告的诉讼请求没有得到全部的支持，其原因就在于其没有达到诉讼法规定的举证要求。

第四节　法的效力

一、法的效力释义

法的效力，是指法律对于法律主体的约束力或者拘束力。任何现行有效的法律都必然具有法律效力，法律效力意味着法律主体应当遵守、执行或者适用法律，而不得违反。

二、法的效力范围

（一）定义

法的效力范围指法对什么对象、在什么时间、什么空间有效。基于此，我们可以将法的效力分为法的对象效力、法的时间效力和法的空间效力。

（二）法的对象效力

（1）法的对象效力是指法的适用对象有哪些，对什么样的人和组织有效。

（2）法的对象效力适用的原则：①属人原则；②属地原则；③保护原则；④综合原则。

我国采用综合原则：

①对本国公民、法人、其他组织，在中国领域内一律适用中国法；在国外仍适用中国法，并遵守所在国法。

②对外国人、无国籍人，在中国领域内享有外交特权和豁免权的，不适用中国法；在国外对中国或中国公民、法人、其他组织犯罪的，最低法定刑为3年以上适用中国法。

③适用问题，按中国法或国际法有关冲突规范来处理。

（三）法的空间效力

1. 定义

法的空间效力是指法在什么样的空间范围或地域范围有效。

2. 我国法的空间效力的种类

（1）宪法及许多重要法律在全国范围内有效。

（2）部分法律在一定区域内有效，包括：①地方性法律、法规；②最高国家立法机关或最高国家行政机关专为某区域制定的法；③某区域属于特殊情况，如特别行政区。

（3）我国法律的域外效力。在相互尊重国家主权和领土完整的基础上，为了维护我国的核心利益和公民权益，我国某些法律或者法律条款具有域外效力。如我国《刑法》第7条第1款规定："中华人民共和国公民在中华人民共和国领域外犯本法规定之罪的，适用本法，但是按本法规定的最高刑为三年以下有期徒刑的，可以不予追究。"

（4）国际法在我国的效力。国际公约适用于缔约国和参加国，声明保留的条款除外。

（四）法的时间效力

1. 定义

法的时间效力是指法的效力的起止时限及对实施前的行为和事件有无溯及力。

2. 法的时间效力的种类。

（1）生效时间的情形：

①自颁布之日起生效。

②公布后经过一段时间或具备一定条件生效。

③到达一定期限生效。

（2）终止生效的情形：

①新法取代旧法。

②完成历史任务后自然失效。

③有关机关发布专门文件宣布废止某项法。

④法本身规定终止生效时间。

⑤同一机关中的新法修改或废除旧法。

三、法的效力冲突和协调

（1）上位法与下位法的冲突，适用"上位法优先于下位法"原则。

（2）此类法与彼类法的冲突，适用"特别法优先于一般法"原则。

（3）新法与旧法的冲突，适用"新法优先于旧法"的原则。

需注意的是，后两者即特别法与一般法、新法与旧法之间的冲突解决原则仅适用于冲突的法律均为同一立法机关制定的情形下。

【案例】A 先生劫持飞机案

【案情介绍】被告人 A 先生（苏联国籍），于 1985 年 12 月 19 日，与机长 ×先生等机组人员，在苏维埃社会主义共和国联盟境内，驾驶 47845 号安－24 型民航客机，执行雅库茨克市民航局 101/435 航班任务。被告人登机时，将事先准备好的一把折叠刀和一块重 2.8 千克的长条锰钢带入飞机驾驶舱。北京时间 7 时 30 分许，该机载客 38 人，由雅库茨克飞往伊尔库茨克。12 时 30 分许，当该机航行至东经 118°06′00″、北纬 52°40′00″上空时，被告人趁领航员 R 先生上厕所之机，以机舱出现机械故障为由，将机械师 Y 先生骗出驾驶舱，随即锁上驾驶舱门，扭动自动驾驶仪，持刀威逼驾驶飞机的机长 X 先生说："你老实点，不然的话，我杀死你。"逼迫机长向中国方向飞行。机长当即踩踏报警信号，被告人发现后，即威逼机长关闭信号。机长被迫改变航向，使飞机飞入中华人民共和国领空。14 时 30 分许，该机降落在我国黑龙江省甘南县长吉岗乡农田里。

法院认为，中华人民共和国对被告人 A 先生劫持飞机一案享有管辖权。根据是：我国政府于 1978 年 1 月和 1980 年 10 月，分别加入国际反劫持民用航空器恐怖活动的《东京公约》《海牙公约》和《蒙特利尔公约》。国务院办公厅关于我国加入上述公约的通知中指出："如发生外国飞机被劫持在我国降落等有关涉外事件，应按我国法律，并结合上述三个公约的有关规定妥善处理。"《刑法》第 6 条第 1 款规定："凡在中华人民共和国境内犯罪的，除法律有特别规定的以外，都适用本法。"该条第 3 款规定："犯罪的行为或者结果有一项发生在中华人民共和国领域内的，就认为是在中华人民共和国领域内犯罪。"据此，1986 年 3 月 4 日，哈尔滨市中级人民法院依法组成合议庭，对该案公开审理。

哈尔滨市中级人民法院审理认为：被告人 A 先生以暴力胁迫手段，劫持飞行中的民用航空器，飞入我国境内，其行为危害了公共安全，已构成犯罪，应予惩处。依照本案审理时适用的《刑法》第 79 条关于"本法分则没有明文规定的犯罪，可以比照本法分则最相类似的条文定罪判刑"的规定，比照《刑法》第 107 条规定，以劫持飞机罪判处被告人 A 先生有期徒刑 8 年。

【案例评析】法的效力问题关系到法律的适用范围。各国为了维护国家主权，一般都会尽力扩大自身管辖权的适用，以属地管辖原则为基础，兼采属人原则、普遍原则、保护原则。本案中，虽然被告人并非中华人民共和国公民，也未劫持中国飞机，飞机上也没有中国人，但由于部分犯罪行为发生在我国境内，我国根据属地管辖原则获得对案件的管辖权。

【案例】 季某某诉许某某追偿权纠纷案[①]

【案情介绍】2011 年 4 月 28 日，许某某等 5 人前往利比里亚工作，因无钱购买机票，许某某遂向北京华夏航空公司出具欠条 1 张，内容写明："今欠

[①] 浙江省高级人民法院二审（2012）浙商外终字第 53 号民事判决书。

北京华夏航空公司机票款共伍人，每人 12 100 元。以及其他借款 3500 元，共计人民币 66 000 元。本人承诺到利比里亚 10 天后归还，超过 10 天按 2% 的月息计算。陈某某老婆担保 2600 元，共计陆万陆千伍佰元。证人：留某某，担保人：季某某，借款人：许某某。"双方对欠款数额均承认是 66 500 元。后魏某某等人支付机票款 36 500 元，许某某尚欠航空公司人民币 30 000 元。经航空公司多次向许某某催讨无果，遂直接要求担保人季某某归还该欠款，季某某作为担保人代为支付了 30 000 元欠款。2011 年 12 月 30 日，北京华夏航空公司出具证明载明："季某某为许某某等 5 人担保在我公司买了 2011 年 5 月 6 日北京—蒙罗维亚的机票，票号分别为 071-5125942445/46/47/48，071-071-5125942441/42/43，071-5125942499，071-5125942440，071-5125943441，金额合计 66 500 元人民币，魏某某等人自负 36 500 元。尚欠 30 000 元。我公司已经向许某某催讨多次不还，现已由担保人季某某支付给我公司。特此证明。"季某某垫付 30 000 元机票款后，向许某某催款，许某某一直未归还该款项，故季某某诉至法院要求许某某归还该欠款。

法院认为，季某某系利比里亚共和国国籍，故本案系涉外商事纠纷案件，应首先明确本案适用的准据法。本案季某某、许某某选择适用中华人民共和国法律，依照《中华人民共和国合同法》（以下简称《合同法》）第 126 条的规定，本案适用中华人民共和国法律。本案的争议焦点是季某某是否有权主张该 30 000 元的追偿权。关于该 30 000 元的性质，季某某、许某某在庭审中都一致承认该款项为机票款，且许某某出具的欠条也说明了这一点。季某某提供的证据证明其已代许某某支付该 30 000 元这一事实，许某某认为依据《劳务协议书》中的约定，该机票款应由季某某支付，但该协议中没有能证明诉争机票款应由季某某支付的条款，也不能证明许某某与利比里亚国贸集团所签的协议书是许某某与季某某之间订立的，且季某某在协议上签字时明确写明"见证人"，与许某某所称并无法律上的利害关系。许某某未支付过该款项，也没有证据反驳季某某未支付该款，北京华夏航空服务有限公司也证明了该款项是由季某某代为支付。故季某某代许某某支付款项事实成立，季某某应当享有追偿权。

本案许某某作为债务人，应及时归还其所欠北京华夏航空服务有限公司的机票款 30 000 元，但许某某在欠条所立的归还欠款的日期内未归还该款，季某某作为担保人代许某某归还欠款，季某某取得了追偿权，有权向许某某追偿其已支付的欠款，许某某有支付季某某垫付的款项的义务。季某某要求许某某按月息2%支付利息的诉讼请求，在庭审中已明确表示放弃，这是其对自己权利的处分，予以准许。故依据《合同法》第206条、《民法通则》第89条第1款、《中华人民共和国担保法》（以下简称《担保法》）第31条的规定，法院于2012年6月25日判决许某某于本判决生效之日起10日内偿还季某某人民币30 000元。如果未按本判决指定的期间履行金钱给付义务，应当依照本案审理时适用的《民事诉讼法》第229条的规定，加倍支付迟延履行期间的债务利息。本案案件受理费720元，由许某某承担。

【案例评析】关于法律效力，不同的法律有不同的适用原则。课本中论述法律效力主要依据的是刑法的适用原则。刑法作为公法，一般来说，其适用具有强制性，当事人没有选择的余地。而民法中的适用原则则有所不同。如本案属于涉外商事纠纷案件，法院适用我国法律主要是依据当事人的选择，也就是说，本案也可以通过当事人的选择而适用外国法律，排除我国法律的适用。因此，关于法的效力问题，仍需要学生今后在学习各个部门法时认真掌握。

【案例】孙某某诉中国南方航空股份有限公司航空旅客运输合同纠纷案[①]

【案情介绍】2015年9月22日，孙某某在咸阳机场转机换乘中国南方航空股份有限公司（以下简称南方航空公司）航班回武汉，登机前，孙某某将行李箱办理了托运手续，但航班到达天河机场后，孙某某未能领取到行李箱。南方航空公司当即出具了"行李运输事故记录"，并承诺第二天将该行李箱送至孙某某家中。后南方航空公司未在第二天送交行李箱。2016年1月15日，南方航空公司找到行李箱后，将行李箱送至孙某某家中，孙某某认为行李箱中的部分物品已丢失。双方就赔偿问题产生争议，孙某某诉至法院。

湖北省武汉市黄陂区人民法院一审认为，当事人对自己提出的主张，有责任提供证据。孙某某主张相机、天珠、银器等物品丢失，其虽提交了购买上述物品的票据，但并不能证明其将上述物品放置于行李箱内。孙某某的行

[①] 湖北省高级人民法院（2017）鄂民再239号民事判决书。

李箱被找到后,南方航空公司将该行李箱送至孙某某家中时,行李箱系完好。孙某某未能提供充分且有效的证据证明其将相机、天珠、银器等物品放置于行李箱内且发生遗失,其诉讼请求没有事实与法律依据,不予支持。该院于2016年6月6日作出民事判决:驳回孙某某的诉讼请求。一审案件受理费1180元,由原告孙某某负担。

孙某某不服该判决,上诉请求:撤销一审判决,改判支持其全部诉讼请求。

湖北省武汉市中级人民法院二审认为,根据《最高人民法院民事案件案由规定》,结合孙某某的诉请,本案案由应为财产损害赔偿纠纷。孙某某乘坐南方航空股份公司班机并托运行李,南方航空股份公司有义务在航程结束后及时将托运行李交给孙某某。根据孙某某提交的"行李运输事故记录"记载的信息显示,从2015年9月24日至10月16日有行李查找记录,但之后直至2016年1月15日行李交付并无任何查找记录,该证据证明南方航空公司存在消极处理的过错。根据南方航空公司营运部行李查询室于2016年1月14日向咸阳机场行李查询处出具的"委托书"记载的"内物为文件和西藏特产,具体包括玉石、手镯、红珊瑚念珠、天珠等,护照、电器、衣物等"的内容,证明孙某某托运的行李中装有其主张的丢失物品,并且孙某某认为在南方航空股份公司送交行李签收单时已经注明物品丢失,南方航空股份公司对丢失的物品应当承担赔偿责任,咸阳机场对物品丢失没有过错,不承担赔偿责任。原审判决认定丢失的物品未放置于行李箱并据此驳回孙某某的诉请错误,应予纠正。关于损失确定问题,根据我国侵权责任法第19条"侵害他人财产的,财产损失按照损失发生时的市场价格或者其他方式计算"的规定,孙某某主张的照相机,根据购买发票记载的时间,应当折旧处理,法院酌定按照购买价值的80%计算,即9802元×80%=7841.6元。丢失其他物品按照购买价值确定为22 634元,孙某某的损失共计30 475.6元。对于孙某某主张的精神损害抚慰金,因缺乏法律依据,不予支持。综上,孙某某的上诉请求部分成立。该院依照《民事诉讼法》第170条第1款第2项的规定,于2016年10月10日判决:(1)撤销湖北省武汉市黄陂区人民法院(2016)鄂0116民初186号民事判决;(2)南方航空公司于本判决生效之日起10日内赔偿孙某某损失共计30 475.60元;(3)驳回孙某某的其他诉讼请求。一审案件受理费1180元,由南方航空公司负担1000元,孙某某负担180元。二审案件受理费1180元,由南方航空公司负担1000元,孙某某负担180元。

湖北省高级人民法院再审认为,孙某某因乘坐南方航空股份公司班机并托运行李,双方建立了航空旅客运输合同关系,孙某某系依据合同关系提起的本案诉讼,故本案案由应为"航空旅客运输合同纠纷",一、二审法院将本案确定为"财产损害赔偿纠纷"不当,法院予以纠正。关于本案争议焦点问题包括以下几个方面。

关于孙某某托运行李箱时,箱内是否装有相机、天珠等物品的问题。法院认为,孙某某于2015年9月22日从西藏拉萨乘坐飞机返回湖北武汉,在咸阳机场转机换乘南方航空公司航班时,在登机前,按照规定将行李箱办理了托运手续。该次航班到达天河机场后,孙某某因未能领取到行李箱,当即与南方航空公司交涉,其在行李箱可能随时被寻获的情形下,即在第一时间对行李箱内物品所做的陈述较为可信。并且,对于本案"行李运输事故记录"记载的"内物为文件和西藏特产,具体包括玉石、手镯、红珊瑚念珠、天珠等,护照、电器、衣物等"的内容,孙某某也提交了其在西藏旅游期间购买天珠、银器等物品的付费凭证,可以证明其主张,故二审法院认定行李箱在丢失时,其内放置有相关物品,有事实依据,法院继续予以确认。

孙某某乘坐南方航空公司的航班,并将行李办理托运,双方之间的航空旅客运输合同关系依法成立。南方航空公司收取孙某某托运的行李后,负有在航班目的地将行李准确、及时、完好地交付给孙某某的义务。本案中,南方航空公司未能在航班目的地武汉天河国际机场将孙某某托运的行李及时、完好地交付给孙某某,造成行李箱内部分物品丢失,南方航空公司未能完成约定承运义务,其行为已构成违约,应当承担赔偿责任。中国南方航空集团公司、咸阳机场、武汉天河机场有限责任公司不是本案航空旅客运输合同的当事人,孙某某关于上述三方应与南方航空公司共同承担连带赔偿责任的诉讼主张,因缺乏法律依据,法院不予支持。

关于赔偿的标准与数额。《合同法》第303条第2款规定:"旅客托运的行李毁损、灭失的,适用货物运输的有关规定。"第312条规定:"货物的毁损、灭失的赔偿额,当事人有约定的,按照其约定……法律、行政法规对赔偿额的计算方法和赔偿限额另有规定的,依照其规定。"我国《民用航空法》是调整民用航空领域法律关系的特别法,该法第131条规定:"有关航空运输中发生的损失的诉讼，不论其根据如何，只能依照本法规定的条件和赔偿责任限额提出，但是不妨碍谁有权提起诉讼以及他们各自的权利。"该条款确定了有关航空运输中发生损失的诉讼，应优先适用该法赔偿责任限额的原则。《民用航空法》第128条规定："国内航空运输承运人的赔偿责任限额由国务院民用航空主管部门制定，报国务院批准后公布执行。旅客或者托运人在交运托运行李或者货物时，特别声明在目的地点交付时的利益，并在必要时支付附加费的，除承运人证明旅客或者托运人声明的金额高于托运行李或者货物在目的地点交付时的实际利益外，承运人应当在声明金额范围内承担责任……"国务院民用航空主管部门依据法律规定的权限制定并向社会公布的《中国民用航空旅客、行李国内运输规则》及《国内航空运输承运人赔偿责任限额规定》，对行李托运的条件及承运人的赔偿责任限额进行了规定。上述规定系经《民用航空法》明确授权，由有权机关制定并经国务院批准的规范性法律文件，其内容属于执行法律规定的事项，也应优先适用。《中国民用航空旅客、行李国内运输规则》第43条规定，旅客的托运行李，每千克价值超过人民币50元时，可办理行李的声明价值。承运人应按旅客声明的价值中超过每千克50元的价值的5‰收取声明价值附加费，每一旅客声明价值的最高限额为8000元；第36条规定，贵重物品不得夹入行李内托运，承运人对托运行李内夹带贵重物品的遗失或损坏按一般托运行李承担赔偿责任。《国内航空运输承运人赔偿责任限额规定》第3条第3款规定，对旅客托运的行李和对运输的货物的赔偿责任限额，为每千克人民币100元。本案中孙某某虽提交了相关证据，可以认定其丢失行李物品的实际价值，但孙某某在办理行李托运时未声明价值，缴纳声明价值附加费。法院只能依据上述规定，按照其丢失行李在托运时的重量为基准计算赔偿责任限额，即人民币2000元（20千克×100元）。孙某某认为，应依据《民用航空法》第132条规定："经证明，航空运输中的损失是由于承运人或者其受雇人、代理人的故意或者明知可能造成损失而轻率地作为或者不作为造成的，承运人无权援用本法第一百二十八条、第一百二十九条有关赔偿责任限制的规定……"但孙某某未能举证证明南方航空公司在本案中存在故意或者明知可能造成损失而将其行李箱丢失的情形，故对其该抗辩理由，法院不予采纳。

综上，再审判决认定的基本事实清楚，但适用法律错误，实体处理不当，应予纠正。依照《合同法》第107条、第291条、第303条第2款、第312

条,《民用航空法》第128条,《民事诉讼法》第207条第1款、第170条第1款第2项的规定,判决:(1)维持湖北省武汉市中级人民法院(2016)鄂01民终4766号民事判决主文第一项,即撤销湖北省武汉市黄陂区人民法院(2016)鄂0116民初186号民事判决;(2)撤销湖北省武汉市中级人民法院(2016)鄂01民终4766号民事判决主文第二、三项;(3)南方航空公司于本判决生效之日起10日内赔偿孙某某损失共计2000元;(4)驳回孙某某的其他诉讼请求。

【案例评析】 本案事实较为简单,但经过了一审、二审及再审三次审判。其中一审与二审的主要争议在于事实认定问题,而二审与再审的区别则主要是法律关系性质认定及相应的法律适用问题。在此,我们仅对法律适用问题作以评述:二审法院认为本案案由为财产损害赔偿纠纷,适用我国《侵权责任法》第19条规定:"侵害他人财产的,财产损失按照损失发生时的市场价格或者其他方式计算。"判决被告赔偿原告的实际财产损失。而再审法院则认为本案案由应为"航空旅客运输合同纠纷",而非一审、二审法院确定的"财产损害赔偿纠纷"。而在赔偿标准和数额方面,则没有依据《合同法》,而是根据"特别法优于一般法"的法律适用原则,适用《民用航空法》的规定,该法第131条规定:"有关航空运输中发生的损失的诉讼,不论其根据如何,只能依照本法规定的条件和赔偿责任限额提出,但是不妨碍谁有权提起诉讼以及他们各自的权利。"再依据国务院民用航空主管部门依据法律规定的权限制定并向社会公布的《中国民用航空旅客、行李国内运输规则》及《国内航空运输承运人赔偿责任限额规定》,确定被告向原告赔偿人民币2000元。通过本案例,学生应了解在司法实践中法律冲突情况下的适用原则。

第三章

法的要素

对研究的对象进行分解,研究其最小构成单位,是一种常见的研究方法,而且对其最小构成单位的研究经常成为整个学科研究的基础。如物理学中研究原子,化学研究元素,生物学研究细胞。法学研究也是一样,也需要对构成法的基本要素进行深入研究,并在此基础上形成对法律的整体研究框架。

第一节 法的要素释义

一、法的要素定义

(一)法的要素概念

法的要素是指法的基本成分,即构成法律的基本元素。法的要素是构成任何法律所不可缺少的基本组成单位。

(二)法的要素特征

(1)个别性和局部性,法律要素表现为单个的元素和个体。

(2)多样性和差别性,不同类别的法的要素以及同一类法的要素中的个别法律要素都是不同的。例如,涉物概念与涉人概念不同,涉物概念中动产、不动产等概念也不同。

(3)整体性和不可分割性,虽然法的要素表现为个别性、局部性、多样性、差别性，但他们共同构成整个法律体系，在法律的统一架构下，因此，不能仅仅孤立地看待每个法的要素，而要将其放在整体中，作为一个不可分割的个体来看待。

二、法的要素分类

本教程将法的要素分为法律概念、法律规则、法律原则。

第二节　法律概念

一、法律概念释义

（一）法律概念的界定

法律概念是有法律意义的概念，是认识法律和表达法律的认识之网上的纽结，即对各种有关法律的事物、状态、行为进行概括而形成的法律术语。

（二）法律概念的来源

法律概念主要源于两个方面：（1）脱胎于日常生活，经法律人对它的吸纳成为法律概念。法律语言不是完全独立于生活语言，而是在生活语言的基础上概括、凝练而成。法律概念也大量采用日常生活中的概念，以民航法律为例，如航空器、机场、飞行、发动机等概念都非法律所创设或为法律所独有。（2）由法律人创设。部分法律概念在日常生活中没有对应词汇，是法律人为表述方便创设而成。如航空器优先权等，很多概念一经创设，也会慢慢进入日常生活中，从而难以分辨其来源。

（三）法律概念的功能

（1）认识功能。法律概念使得人们得以认识和理解法律。

（2）表达功能。法律概念及概念间的连接使法律得以表达。

（3）提高法律合理化程度功能。明确、丰富的法律概念可以提高法律的明确化程度和专业化程度，使法律成为专门的工具，使法律工作成为独立的职业。

二、法律概念分类

（一）依法律概念涉及内容分为涉人概念、涉事概念与涉物概念

涉人概念是关于人（自然人、团体）的概念；涉事概念是关于法律事件和法律行为的概念；涉物概念是有关物品及其质量、数量和时间、空间等无人格的概念。

（二）依功能分为描述性概念与规范性概念

描述性概念是对外在事物进行描述的概念，通过描述使法律得以表达；规范性概念是对人的行为有规范意义，本身具有规范内容的概念。

（三）依确定程度分为确定性法律概念与相对不确定性法律概念

确定性法律概念是外延与内涵相对确定的法律概念；相对不确定性法律概念是外延与内涵相对不确定的法律概念。

（四）依涵盖面大小分为一般法律概念与部门法律概念

一般法律概念是适用于整个法领域的概念；部门法律概念是仅适用于某一法律领域的概念。

【案例】颜某某诉昆明市发展和改革委员会、云南机场集团有限责任公司、昆明长水国际机场有限责任公司物价行政批准案[①]

【案情介绍】起诉人颜某某诉称，2014年7月18日，起诉人去第三人昆明长水国际机场送朋友乘飞机时在机场停车场停留，出场时被收取了10元的停车费，起诉人认为这种做法是错误的，属违法收费，被告应当依法返还起诉人停车费10元。颜某某认为，第一，机场已经依照《关于整顿民航机场代收各种建设基金的意见》及《关于整顿民航机场代收各种建设基金的意见的通知》收取了机场建设费，再次收取停车费属于重复收费、违法收费，应当及时停止这种违法行为。第二，即便机场要收费，也应该遵循法律规定，依法有序地进行，被告所制定的昆发改价格（2012）27号文件、昆发改价格（2014）495号文件，没有依法举行听证，其程序严重违法。第三，被告在制定上述文件过程中，没有充分考虑社会平均成本和市场供求状况、国民经济

---

① 昆明市呈贡区人民法院一审（2015）呈立审字第3号行政裁定书。

与社会发展要求以及社会承受能力，其收费价格不合理。综上所述，被告制定颁发的昆发改价格（2012）27号文件、昆发改价格（2014）495号文件程序严重违法，且不合理。起诉人故诉至法院，并请求（1）人民法院依法确认昆发改价格（2014）495号文件违法，并依法予以撤销；（2）依法判令被告赔偿停车费20元；（3）本案公告费、交通费等全部维权费用由被告承担。

法院认为，被告昆明市发展和改革委员会作出的昆发改价格（2014）495号《昆明市发展和改革委员会关于昆明长水国际机场机动车停放服务收费标准的批复》系针对云南机场集团有限责任公司和不特定的公众作出的，具有《行政诉讼法》第12条第2项的规定"行政机关制定、发布的具有普遍约束力的决定、命令"的性质，属不可诉的抽象行政行为，故起诉人颜某某起诉要求确认被告昆明市发展和改革委员会作出的昆发改价格（2014）495号《昆明市发展和改革委员会关于昆明长水国际机场机动车停放服务收费标准的批复》违法，人民法院不予受理。据此，依据《行政诉讼法》第12条第2项、《最高人民法院关于执行〈中华人民共和国行政诉讼法〉若干问题的解释》第63条第1款第1项的规定，裁定对起诉人颜某某的起诉，法院不予受理。

【案例评析】法律概念是法律的要素之一，简单地说，法律概念是具有法律意义的概念，是对各种有关法律的事物、状态、行为进行概括而形成的法律专业术语。很多时候，人们认为法律人的表达严谨主要来源于法律人对概念和逻辑的严格要求。精确的概念是科学、准确制定和适用法律的前提。本案例的关键在于对"抽象行政行为"这一概念的界定。根据我国《行政诉讼法》的规定，抽象行政行为属于不可诉的范畴，因此，对这一概念的理解以及科学界定，直接关系到行政诉讼是否成立，进而直接影响相关主体的权利义务。因此，对法律调整的对象加以抽象，形成科学的法律概念，是正确制定、适用法律的前提。

【案例】钟某某非法邮寄枪支弹药案[①]

【案情介绍】2013年9月28日，被告人钟某某打算将其从福建省龙岩市

---

① 瑞金市人民法院一审（2015）瑞刑初字第57号刑事判决书。

永定县一男子（身份待查）手中购得的1支射钉枪及60颗射钉枪子弹带至山西打猎，为躲避公安等部门的检查，便将射钉枪拆卸分解成枪托、枪管（其中枪管和扳机、枪把连为一体）两部分，连同子弹分别用胶带密封装成两个包裹，拿到瑞金市九堡镇圩上的申通快递店邮寄。其将装有枪管、枪身、枪托、枪机、扳机及54颗子弹的包裹冒用钟某甲的名字寄给山西省静乐县丰润镇丰润村一李姓男子（身份待查）代收；将另一只装有铁制枪管的包裹冒用钟某甲的名字寄给山西省忻州光明东街新世纪小区一任姓男子（身份待查）代收。2013年10月1日，被告人钟某某通过申通快递邮寄的枪支和子弹两个包裹被民航赣州机场公安分局查获。经鉴定，被告人所邮寄的射钉枪和子弹是以火药为动力发射弹丸的枪支，属于《中华人民共和国枪支管理法》所规定的枪支类型。2014年6月11日，被告人钟某某自动到瑞金市公安局投案，归案后如实供述自己的犯罪事实。

法院认为，被告人钟某某违反国家有关枪支、弹药管理法规，邮寄枪支、弹药，其行为构成非法邮寄枪支、弹药罪，公诉机关指控的罪名成立。被告人自动投案并如实供述犯罪事实，系自首，依法可以减轻处罚。鉴于被告人认罪、悔罪态度较好，且系初犯，宣告缓刑对所居住社区没有重大不良影响，可对其宣告缓刑。根据《刑法》第125条、第67条第1款、第72条、第73条的规定，判决被告人钟某某犯非法邮寄枪支、弹药罪，判处有期徒刑1年，缓刑1年。

【案例评析】本案关键问题在于对枪支的概念的认定。近些年来，我国在枪支管理方面对枪支的认定变动很大，而由于枪支认定标准不同，有些案件在社会中引起了较大的反响，如2016年天津老太摆射击摊被判非法持枪罪[1]，网购24支仿真枪的19岁少年终审被判无期徒刑[2]。本案则涉及射钉枪是否为枪支的认定问题。本案中，射钉枪被认为属于枪支，因此被告犯非法邮寄枪支、弹药罪，但是相反的判断也存在，如2015年《钱江晚报》刊登的"射钉枪不属管制器械警方难监管改造后可打穿门板"的报道中，海盐警方向记者表示，按照法律法规的规定，射钉枪不属于管制器械，所以警方目

---

[1] "天津老太摆射击摊被判非法持枪罪警方：有6支枪"，http://war.163.com/16/1230/08/C9H5LS3N000181KT.html，2017年5月12日访问。

[2] "网购24支仿真枪19岁少年终审被判无期"，http://news2.jschina.com.cn/system/2015/09/22/026387547.shtml，2017年5月12日访问。

前并没有实质监管,"就像菜刀一样,拿来切菜是工具,但砍人就是犯罪了,虽然它不属于管制类器械,但也不能用于违法犯罪行为。"① 可见,概念的不明确给司法实践带来了极大的不确定性,由此也引起了民众的质疑。因此,学习法律一定要认真对待法律概念,尽量明确法律概念的内涵,减少法律概念模糊的外延,增强法律的确定性。

第三节　法律规则

一、法律规则释义

（一）法律规则的概念

法律规则是规定法律上的权利、义务、责任的准则、标准,或是赋予某种事实状态以法律意义的指示、规定。法律规则是法律的基本构成要素,其主要特色在于可重复适用性、普遍适用性。与法律概念及法律原则比较,法律规则的特点是:(1) 微观的指导性;(2) 较强的操作性;(3) 较高的确定性。

（二）法律规则的逻辑结构

有关法律规则的逻辑结构的学说有三要素说和二要素说,三要素说认为法律规则由假定、处理、制裁三部分构成;二要素说则认为法律规则由行为模式及法律后果两部分构成。

（1）三要素说。假定是指法律规则中指出适用这一规则的前提条件或情况的部分;处理是法律规则中指出人们应当做什么、禁止做什么的部分;制裁是法律规则中指出行为要承担法律后果的部分。

（2）二要素说。行为模式是指法律规则中规定人们可以作为、应该作为、不得作为的行为方式;法律后果是指法律规则中指示可能的法律结果或法律反映的部分。

事实上,两种学说没有实质性的区别,只是将三要素说中的假定与处理

---

① 黄娜:"射钉枪不属管制器械警方难监管　改造后可打穿门板",http://news.sohu.com/20150320/n410042455.shtml,2017年5月13日访问。

部分归入到二要素说中的行为模式。本教程认为三要素说更为全面，只是其用词与中文习惯不大相符，容易引起混淆。

二、法律规则的分类

（一）依法律规则的内容分类

授权性规则是指示人们可以作为、不作为或要求他人作为、不作为的规则。

义务性规则是直接要求人们作为、不作为的规则。

权义复合性规则是兼具授予权利、设定义务两种性质的法律规则。

（二）依法律规则的形式特征分类

规范性规则是指规则内容明确具体，可直接适用的规则。

标准性规则是指规则内容具有一定伸缩性，可适当裁量的规则。

（三）依法律规则的功能分类

调整性规则是指调整已有行为的规则。

构成性规则是指组织人们按规则规定去行为的规则。

（四）依法律规则的强制性程度分类

强行性规则是指行为主体必须作为、不作为的规则。

指导性规则是指行为主体可自由决定作为、不作为的规则。

【案例】 程某某持有伪造的发票案[①]

【案情介绍】被告人程某某系黑龙江招商国际旅游公司长沙办事处负责人，因其在业务往来中需要航空运输电子客票行程单，便请朋友赵某帮忙购买低价的假行程单。2013年5月，赵某通过刘某以1300元的价格从别处购买了2000份伪造的行程单，并将之交给程某某。程某某收到行程单后将1300元付给赵某。2013年6月27日，公安机关在长沙市芙蓉区八一路376号长城火车售票处将程某某抓获，并在其住处查获盖有"中国民航电子客票行程单发票专用章"的航空运输电子客票行程单1176份。之后程某某的妻子主动将另外527份行程单交给公安机关。经鉴定，上述航空运输电子客票行程单均系伪造。

---

① 长沙市芙蓉区人民法院一审（2014）芙刑初字140号刑事判决书。

法院认为，被告人程某某非法持有伪造的发票1703份，数量较大，其行为构成持有伪造的发票罪，公诉机关指控的罪名成立。经查，行程单上盖有"中国民航电子客票行程单发票专用章"，标识明显；"行程单"是旅客购买国内航空运输电子客票的付款及报销的凭证，它既是专用发票，又是运输凭证。程某某从事旅游工作多年，应知行程单的发票性质，且其在公安机关的多次供述中均对此予以承认。其当庭辩称自己不知行程单系发票，与法院查明的事实不符，法院不予采信。被告人程某某如实供述自己的罪行，依法可对其从轻处罚。公诉机关的量刑建议适当，法院予以采纳。经审前社会调查，程某某符合实施社区矫正的条件，对其适用缓刑不致再危害社会。依照《刑法》第210条之一第1款，第67条第3款，第72条第1、3款及第64条的规定，判决：（1）被告人程某某犯持有伪造的发票罪，判处有期徒刑9个月，缓刑1年，并处罚金人民币1万元（罚金已缴纳）（缓刑考验期从判决确定之日起计算。限被告人程某某自本判决生效之日起10日内，持刑事判决书到居住地司法所报到，接受社区矫正）；（2）被扣押的假发票予以没收，由公安机关负责处理。

【案例评析】法律规则构成了法律文本的主体部分，也是法律发挥指导、预测、评价、教育、强制等作用的主要依据。其基本结构可表述为：法律主体在何种情形下，作出何种法律行为，会有何种法律后果。依据法律行为的方式以及法律后果的不同，法律规则有不同的分类。对于法科学生来说，了解法律规则，是学习法律的基本内容。

本案中适用法条为《刑法》第210条第3款规定："明知是伪造的发票而持有，数量较大的，处二年以下有期徒刑、拘役或者管制，并处罚金；数量巨大的，处二年以上七年以下有期徒刑，并处罚金。"该条款为义务性法律规则。从规则的逻辑结构来说，为避免表述过于啰嗦，假定部分未明确写出，如果要补足的话，可以表述为"除法律另有规定外"；"明知是伪造的发票而持有，数量较大的"部分则是处理，即禁止非法持有伪造的发票；"处二年以上七年以下有期徒刑，并处罚金"是制裁，即违反法律规定的法律后果。

【案例】张某某诉上海航空有限公司航空旅客运输合同纠纷案①

【案情介绍】 2016年4月13日，原告张某某搭乘被告上海航空有限公司（以下简称上海航空公司）作为承运人的FM9159航班，从桂林前往长春，途经上海时降落于浦东国际机场，定于当晚20时35分登机，飞往长春。因天气原因，被告取消原定的飞行，并安排乘客前往酒店住宿。在从机场航站楼至停车场乘坐交通工具前往住宿酒店的途中，原告被放置于非人行道上的水泥隔离物绊倒受伤。原告随后被送往上海市浦东新区人民医院医治。2014年4月20日，原告至上海长征医院诊治。上海长征医院对原告受伤作出诊断：颈椎过伸伤、颈骨髓损伤，建议入院手术治疗。当日，原告花费诊疗费18元。

2016年4月26日，原告入住上海长征医院，入院诊断：（1）颈椎过伸伤；（2）颈脊髓损伤3.2型糖尿病。2016年4月27日，上海长征医院对原告施行全麻下颈前路减压植骨融合内固定术。原告于2016年5月3日从上海长征医院出院。原告治疗发生的医疗费、交通费及返回长春的交通费共计138 840.22元，由被告关联企业中国东方航空股份有限公司垫付。

2016年7月26日，原告在居住地吉林大学中日联谊医院花费诊疗费191元。

2016年11月4日，法院委托司法鉴定科学技术研究所司法鉴定中心对原告受伤后的伤残程度及休息、护理、营养期进行法医学鉴定。

2016年11月9日，原告接受司法鉴定，其从长春来上海花费的交通费为711.50元，另花费保险费40元、手续费10元。11月10日鉴定完毕，原告从上海途经北京再到长春的交通费用为811.50元。11月9日当晚，原告个人花费的住宿费为218元。

2016年11月10日，原告在上海长征医院诊治花费88元。

2016年11月30日，司法鉴定中心作出鉴定意见："被鉴定人张某某因颈部在自身退变基础上受到交通伤，张某某颈髓损伤后神经功能障碍并日常活动能力轻度受限、颈部活动功能受限后遗症分别为道路交通事故

---

① 上海市长宁区人民法院（2017）沪0105民初7989号民事判决书。

×××伤残、×××伤残。本次外伤对于颈部活动功能受限的参与度为50%。伤后休息90~120日,护理60日,营养60日。"原告支付鉴定费1950元。

原告是城镇居民,退休返聘在原单位长春瑞鑫工艺装备有限公司工作,每月工资为3300元。

原告向被告索赔未果,向法院提起诉讼。

诉讼中,原告放弃要求被告承担住院伙食补助费的主张。

法院认为,《民用航空法》第124条规定:"因发生在民用航空器上或者在旅客上、下民用航空器过程中的事件,造成旅客人身伤亡的,承运人应当承担责任;但是,旅客的人身伤亡完全是由于旅客本人的健康状况造成的,承运人不承担责任。"《合同法》第302条第1款规定:"承运人应当对运输过程中旅客的伤亡承担损害赔偿责任,但伤亡是旅客自身健康原因造成的或者承运人证明伤亡是旅客故意、重大过失造成的除外。"

无论是《民用航空法》还是《合同法》,均规定承运人承担的是过错推定责任。即旅客受到损害时推定为承运人负有责任,承运人能够证明旅客伤亡是因自身健康原因或者是旅客故意、重大过失造成的,则免除或者减轻承运人的责任。

原告摔伤虽然不是发生在飞机上,也不是发生在上、下飞机过程中,但由于天气原因航班取消,被告安排原告住宿酒店,被告中断了航空运输,原告摔伤仍发生于航空运输期间,属于被告应承担责任时段。被告作为承运人应对原告受伤承担相应责任。

根据原告提供的照片,原告是被放置于非人行道上的水泥隔离物绊倒。原告为成年人,在路上行走应注意路面状况,水泥隔离物体积较大,应该能够看见,原告注意观察,可以避让障碍物,避免意外发生。因此,对于原告受伤所造成的损失,原告自身负有一定责任,法院酌定被告对原告所受损失承担60%赔偿责任。

原告受伤后在上海的医治费用及交通费、返回长春的交通费共计138 840.22元,均由被告方关联企业垫付,此应纳入原告受伤损失范围。

原告在司法鉴定前花费的医疗费297元,以及接受司法鉴定时发生的往返交通费、保险费、手续费、住宿费计1791元,鉴定费1950元,合计4038

元，应纳入原告受伤损失范围。原告女儿陪护原告来上海进行司法鉴定发生的费用，不属于合理支出，不能纳入损失范围。

根据司法鉴定意见，原告的护理期和营养期均为60日，法院酌定每日护理费和营养费的标准均为40元，护理费和营养费各为2400元。按照原告每月3300元的收入，4个月的误工费为13 200元。原告的伤情构成两项×××伤残，按照受诉法院所在地上一年度城镇居民人均可支配收入标准，残疾赔偿金为138 460.80元。

累计上述各项，原告受伤损失为299 339.02元，被告应当向原告赔偿损失179 603.41元，抵扣被告已经支付的138 840.22元费用后，被告尚应向原告赔偿40 763.19元。

综上所述，为保护当事人的合法权益，依照《民用航空法》第124条、第125条第6款和《合同法》第290条、第302条的规定，判决：（1）被告上海航空公司于本判决生效之日起10日内赔偿原告张某某人民币40 763.19元；（2）驳回原告张某某其余诉讼请求。

【案例评析】法律规则相比较法律原则而言，具有较高的确定性与可操作性。但是需要注意的是，由于文字本身的不确定性，没有任何歧义的法律规则是不存在的，这也是法律解释存在的原因所在。因此，在司法实务中遇到相关法律规则仍需要仔细把握法律规则中法律概念的内涵，同时按照案件的实际情况对法律规则进行解释，确定法律规则的适用范围，绝不可望文生义，对法律规则机械适用。

正如本案中，旅客摔伤不是发生在飞机上，也不是发生在上、下飞机过程中。如果机械适用《民用航空法》的规定，认为承运人承担责任的情形仅限于发生在民用航空器上或者旅客在上、下民用航空器过程中的事件，造成旅客人身伤亡的，则会作出错误的判断。正如本案中法院所认为的那样，原告摔伤虽然不是发生在飞机上，也不是发生在上、下飞机过程中，但由于天气原因航班取消，被告安排原告住宿酒店，被告中断了航空运输，原告摔伤仍发生于航空运输期间，属于被告承担责任时段。被告作为承运人应对原告受伤承担相应责任。

第四节　法律原则

一、法律原则释义

（一）法律原则的概念

法律原则是法律的基础性真理、原理，或是为其他法的要素提供基础或本源的综合性原理或出发点。

（二）法律原则的功能

（1）为法律概念和法律规则提供基础或出发点，对法律的制定具有指导意义，对理解法律规则也有指导意义；（2）直接作为审判依据；（3）法律原则可以作为疑难案件的断案依据，以纠正严格执行实在法可能带来的不公。

二、法律原则与法律规则的区别

（1）在对人、对事的覆盖面上，法律原则具有更大的宏观指导性；法律规则具有微观指导性。

（2）在变化速率上，法律原则具有较强的稳定性；法律规则具有较强的可操作性、易变性。

（3）在是否适用的确定性上，法律原则较模糊；法律规则具有较高的确定性。

三、法律原则的分类

（1）依原则产生的基础不同，可以分为政策性原则与公理性原则。

（2）依原则的覆盖面不同，可以分为基本法律原则与具体法律原则。

（3）依原则的不同内容，可以分为实体性原则与程序性原则。

四、法律原则的适用

（一）法律原则适用的特点

（1）法律原则的适用存在与法律运作全过程。

(2) 法律原则的适用有分量问题，可"部分"适用，当两个法律原则发生碰撞时，可将两个法律原则不同程度适用。

(3) 法律原则可以排斥规则的适用。①

(二) 适用法律原则需遵循的规则

(1) 只能适用法律原则，禁止适用道德原则、政治原则等非法律原则。

(2) 法律规则优先适用。

(3) 严格说明理由。

【案例】杨某某诉中国南方航空股份有限公司、民惠公司客运合同纠纷案

【案情介绍】被告民惠公司是机票销售代理商。原告杨某某在民惠公司购买被告南方航空公司的上海至厦门九折机票1张。机票载明：出发地是上海PVG，出发时间是2003年1月30日16时10分，票价770元，不得签转。机票上还载明航空旅客须知，其中有"旅客在航班规定离站时间前2小时以内要求退票，收取客票价20%的退票费"等内容。杨某某到达上海虹桥机场出示这张机票时，机场工作人员告知其应到上海浦东机场乘坐该航班。因已来不及赶赴浦东机场，杨某某要求签转，又被告知其所持机票是打折购买的机票，不得签转。15时04分，杨某某在南方航空公司驻虹桥机场办事处办理了申请退票的手续，并以850元购买了当日21时上海至厦门的全价机票。返回上海后，杨某某主张全额退还票款，南方航空公司让其到民惠公司退票，而民惠公司则表示要退票必须按票价的20%扣除手续费，要全额退还票款只能由出票人南方航空公司办理。杨某某认为南方航空公司、民惠公司的行为严重侵害了其合法权益，为此提起诉讼。

另查明，中国民航总局曾于2000年4月下发"关于各航空公司2000年全部使用自动打票机填开旅客客票的通知"，要求国内各航空公司均应在2000年内安装BSP自动打票机，今后全部使用自动打票机填开旅客客票，废除手写机票。

法院认为，《合同法》第288条规定："运输合同是承运人将旅客或者

---

① 法律原则排斥法律规则的适用是一个复杂而有趣味的话题，一般来说，为了保证法律的稳定性与可预见性，只有在法律规则适用的结果会导致与法律目的出现重大的冲突情况下，才可以适用法律原则而不适用法律规则。

货物从起运地点运输到约定地点，旅客、托运人或者收货人支付票款或者运输费用的合同。"第 293 条规定："客运合同自承运人向旅客交付客票时成立，但当事人另有约定或者另有交易习惯的除外。"原告杨某某为从上海赴厦门，购买了被告南方航空公司的客运机票，客运机票是客运合同成立的凭据。自杨某某取得南方航空公司的客运机票时起，杨某某与南方航空公司之间的客运合同即告成立，杨某某与南方航空公司是该客运合同的主体。被告民惠公司只是根据代理合同为南方航空公司代销客运机票，并非客运合同的主体。

合同义务有给付义务和附随义务之分。给付义务是债务人根据合同应当履行的基本义务，附随义务是在给付义务以外，为保证债权人利益的实现而需债务人履行的其他义务。《合同法》第 60 条第 2 款规定："当事人应当遵循诚实信用原则，根据合同的性质、目的和交易习惯履行通知、协助、保密等义务。"这是《合同法》对附随义务作出的规定。在客运合同中，明白无误地向旅客通知运输事项，就是承运人应尽的附随义务。只有承运人正确履行了这一附随义务，旅客才能于约定的时间到约定的地点集合，等待乘坐约定的航空工具。上海有虹桥、浦东两大机场，确实为上海居民皆知。但这两个机场的专用代号 SHA、PVG，却并非上海居民均能通晓。作为承运人的被告南方航空公司，应当根据这一具体情况，在出售的机票上以我国通用文字清晰明白地标明机场名称，或以其他足以使旅客通晓的方式作出说明。南方航空公司在机票上仅以"上海 PVG"来标识上海浦东机场，以致原告杨某某因不能识别而未在约定的时间乘坐上约定的航空工具，南方航空公司应承担履行附随义务不当的过错责任。自动打票机并非不能打印中文，机票上打印的"上海""厦门"等字，便是证明。虽然"全部使用自动打票机填开机票"是中国民航总局的规定，但怎样根据当地具体情况去执行上级主管部门的规定，使执行规定的结果能更好地为旅客提供服务、更好地履行承运方在承运合同中的义务，则是作为承运人的南方航空公司应尽的职责。南方航空公司关于"按照中国民航总局的规定使用自动打票机填开""自动打票机无法在机票上打印中文机场名称，故用机场代码 PVG 标明""作为承运人已尽到义务"的辩解理由，不能成立。

《合同法》第 299 条规定："承运人应当按照客票载明的时间和班次运输旅客。承运人迟延运输的，应当根据旅客的要求安排改乘其他班次或者退票。"原告杨某某持机场名称标识不明的机票，未能如期旅行。参照迟延运输的处理办法，被告南方航空公司应负责全额退票，并对旅客为抵达目的地而增加的支出进行赔偿。除此以外，杨某某提出请求赔偿的其他损失，缺乏相应的事实根据和法律依据，不予支持。

被告民惠公司不是客运合同的主体，原告杨某某要求民惠公司承担退票、赔偿的民事责任，不予支持。

至于被告南方航空公司、民惠公司是否必须在其出售的机票上以我国通用文字标明机场名称，应由其上级主管部门加以规范，不属于本案处理范围。

综上，上海市徐汇区人民法院于2003年4月10日判决：（1）被告南方航空公司于本判决生效之日起3日内，退还原告杨某某机票款770元；（2）被告南方航空公司于本判决生效之日起3日内，赔偿原告杨某某80元；（3）原告杨某某提出的其他诉讼请求，不予支持。案件受理费119元，原告杨某某负担55元，被告南方航空公司负担64元。

第一审宣判后，双方当事人均未上诉，一审判决已经发生法律效力。

2003年4月28日，上海市徐汇区人民法院向中国民航总局发出司法建议书，建议对同一城市存在两个或两个以上民用机场，航空公司及航空客运销售代理商填开机票标明出发地点、使用机场专用代号时，应使用我国通用文字附注或以其他适当方式说明，以保证客运合同的正确履行，提升我国民用航空行业良好的服务形象。

【案例评析】近些年来，法律原则在司法实务中的运用是一个热点问题，然而，论述多集中在法律原则与法律规则的冲突上。法律原则与法律规则的冲突，或者说法律原则排除法律规则的适用，固然是一个非常重要的问题，但一般来说发生的频率较低。更多的情况下，或者说法律原则更普遍的适用还是为法律概念和法律规则提供基础或出发点，指导理解法律规则。正如本案中，法院适用诚实信用原则来理解合同中的附随义务，明确航空公司相对旅客的告知义务，这是法律原则在法律实践中适用的一个典型代表。

【案例】徐某某诉中华航空股份有限公司航空旅客运输合同纠纷案[①]

【案情介绍】原告徐某某使用护照号为E×××××××的护照在网上

---

① 上海市浦东新区人民法院（2016）沪0115民初81197号民事判决书。

购买了被告中华航空股份有限公司（以下简称中华航空公司）承运的2016年5月15日从美国纽约肯尼迪国际机场起飞，经停中国台湾地区台北（桃园）国际机场，抵达上海浦东机场，以及2016年6月2日原路返回的往返航班的机票，该客票出票地为纽约。原告为此支付729.99美元。

2016年5月15日，原告持中国护照顺利乘坐合同所涉航班，按照原定行程从美国纽约经停中国台湾地区台北抵达上海。

2016年6月2日，原告同样持中国护照至上海浦东机场被告柜台办理了相关登机和托运手续后，被中国海关因未持有大陆居民往来台湾通行证为由拒绝其出境，导致原告未能成功搭乘被告的返航航班。原告同日另行购买机票飞往纽约，花费人民币4179元。

被告官网简体中文网站对于"申请办理签证信息"——"大陆地区居民来台转机"的说明如下："旅客持中国护照从中国大陆地区搭乘直航班机前往中国台湾地区，或经由中国台湾地区转机至第三地，或自第三地乘机至中国台湾地区再转直航班机至大陆，依规定需备妥有效的护照或大陆居民往来台湾通行证和中国台湾地区出入境许可证。如未能备妥相关证件而导致无法登机，中华航空将不承担任何责任与损失"。

审理中法院查明以下事实：（1）被告提供被告公司内部系统记录，被告美国网站截图，旨在证明原告的出票地在纽约，原告是通过被告的美国官网订购机票，被告的美国官网是英文站点，通过英文作了相关告示，应当从英文语法来理解说明出入境许可证。原告自身没有清楚了解所需证照的要求，并非被告的过错。原告对该证据真实性无异议，原告确认是在美国官网上订票的，了解相关信息是通过中文简体官网了解的。原告也从英文官网上看了相关信息，但英文提示和中文提示是完全一致的，也是错误的。（2）被告明确系争合同所涉航班经停中国台湾地区时仅为从该处过境，无需入境。（3）法院向海关边检部门核实，大陆居民往来台湾地区，包括从中国台湾地区过境，必须持有大陆居民往来台湾通行证。对于是否需要持有台湾地区出入境许可证系台湾地区海关审核的证件，大陆边检不对此进行核查。

法院认为，本案争议焦点有二：一为系争合同是否有效；二为被告是否按照诚实信用原则，履行了相应的合同义务。针对争议焦点一，原告认为系争合同中涉及从上海返回纽约部分的合同无效，理由为根据《中国公民往来台湾地区管理办法》第3条规定："大陆居民前往台湾，凭公安机关出入境管理部门签发的旅行证件，从开放的或者指定的出入境口岸通行。"意味着大陆居民必须通过大陆居民往来台湾通行证号来购买前往台湾地区的机票，而本案系通过护照购买的，违反了强制性规定。被告认为《合同法》的强制性规定系效力性规定，而原告所引用的法律规范并非是效力性规定，不影响系争合同的有效性。法院认为，原、被告根据双方真实意思表示订立系争合同。原告认为违反的行政规范所明确的是大陆居民需持有效特定证件从特定口岸前往台湾地区的问题，并非是使用何种证件购买航班机票的问题，因此使用护照购买机票并不存在违反法律规定的情形。根据《合同法》司法解释规定，《合同法》第52条第5项规定的"强制性规定"是指效力性强制性规定。本案中使用何种证件购买机票并不存在损害国家、社会公共利益的情形，本案原告认为违反的强制性规定并非效力性规定，故不影响合同效力。因此本案系争合同有效。

关于争议焦点二，原告认为根据诚实信用原则以及相关的行业操作习惯来看，被告作为专业营运相关航线的公司应当对乘客在需要经停台湾地区情况下应持有的证照进行提示，被告现有的提示存在歧义，应当作出对其不利的解释，故被告未能全面履行合同义务。被告则认为，没有法律明文规定被告对乘客需要携带何种证件负有提示义务，原告未能搭乘返程航班系因为原告未通过海关边检审查，并非被告的过错导致，因此被告已经全面履行了合同义务。对此，法院认为，被告作为专业的承运人，为了协助实现运送乘客抵达目的地的主给付义务，根据诚实信用原则，应当对于旅途中特殊情况可能涉及的相关信息进行提示告知。本案系争合同所涉航班涉及美国、中国台湾地区、上海多地，需要换乘航班，根据被告航班的安排，乘客换乘前需要在中国台湾地区台北桃园国际机场逗留长达3个多小时，即需要过境台湾地区，被告作为专业的运营商对于这种情况所需持有的证照的了解应当更为全面，也应当将该信息告知旅客。故被告以法律没有明确规定作为抗辩不合理。被告虽就相关信息进行了提示，但是根据原告的解读，原告持有有效护照是选择项之一，故持有效护照即可；而根据被告的解读，大陆居民须持有护照或大陆居民往来台湾通行证二者之一，同时还要具备入台签证。被告虽对提示内容提出不同的解读观点，但被告不能完全否定原告的解读，故被告的提示内容存在一定的歧义。且根据被告的解读，其提示存在一定的错误，因为过境台湾地区，并非入境台湾地区，不需要办理入台签证。事实上，根据法院向边检机关了解，大陆边检对过境台湾地区的大陆居民仅审核大陆居民往来台湾通行证，对是否持有台湾地区出入境许可证不作检查。被告庭审中承认类似情况之前已多次发生，其在明知有旅客多次因类似原因无法搭乘其航班的情况下依然不改变其行为，违反了诚实信用原则，据此，被告应赔偿原告相应经济损失。

根据《民用航空法》规定，在旅客、行李运输中，损失由索赔人的过错造成或者促成的，应当根据造成或者促成此种损失的过错的程度，相应免除或者减轻承运人的责任。原告在对于被告提示信息的语句可能存在歧义的情况下，未进一步询问被告方，或通过其他途径进一步询问，了解出境台湾地区需持有的证件，导致其未能携带相关证件，亦存在一定的过错，需承担部分责任。故法院综合本案事实酌定，被告赔偿原告经济损失人民币3343元。原告第三项诉请并非法律规定的违约责任承担方式，故法院不予支持。

综上，依照，《合同法》第8条、第52条、第60条、第107条，《最高人民法院关于适用若干问题的解释（二）》第14条，《民用航空法》第127条第1款的规定，判决：（1）被告中华航空公司于本判决生效之日起10日内赔偿原告徐某某经济损失人民币3343元；（2）驳回原告其余诉讼请求。负有金钱给付义务的当事人，如果未按本判决指定的期间履行给付金钱义务，应当依照《民事诉讼法》第253条的规定，加倍支付迟延履行期间的债务利息。

【案例评析】诚信原则是民事司法实践中运用较为广泛的法律原则，常用来弥补法律规定之不足。本案中，被告作为专业营运相关航线的公司应当对乘客在需要经停台湾地区情况下应持有的证照进行提示，而被告提供的提示存在歧义，而且曾因此出现过纠纷。在此情况下，被告仍未做改正，法院认为被告的做法违反了诚信原则，因此需要承担责任。

通过本案例，学生应体会法律原则在司法实践中的作用。

第四章

法律体系

法律体系的概念得以让人认识、了解一个国家法律的两个特点。首先是法律的整体性。一个国家的各个法律部门之间由于调整对象、位阶关系等内容构成一个庞大而有序的整体，而不是截然分开、各自完全独立的；其次是法律的完备性。从法律的理想化要求来看，针对应属于法律调整的任何事项，都由相应的法律予以规范，且不存在法律之间的相互冲突。本章对法律体系以及构成法律体系的各个法律部门作了较为详尽的描述，学生应当由此掌握法律概念相关的理论知识以及我国法律体系构成的实际状况。

第一节　法律体系的释义

一、法律体系的概念

法律体系是一国全部现行法律规范按照不同的法律部门分类组合而形成的呈体系化的有机联系的统一整体。

二、法律体系的特点

（1）法律体系是一国全部现行法律规范形成的整体。

（2）法律体系是按照不同的法律部门分类组合而形成的呈体系化的有机联系的统一整体。

（3）法律体系的理想化要求是门类齐全、结构严密、内在协调。

(4) 法律体系是客观法则和主观属性的有机统一。

【民航法律部门】根据《中华人民共和国立法法》（以下简称《立法法》）的规定，我国的法律体系包括宪法、法律、行政法规、地方性法规、部门规章、地方规章和经济特区立法等多种法律形式，均是我国法律的渊源。民航方面的法律体系主要包括全国人大制定的《民用航空法》，国务院制定的《民用航空器适航管理条例》《民用机场管理条例》《安保条例》等行政法规，以及民航局制定的行政规章以及部分地方人大及政府制定的地方性法规及地方规章。

【案例】 刘某某诉厦门航空有限公司航空运输损害责任纠纷案[①]

【案情介绍】原告刘某某购买了被告厦门航空有限公司（以下简称厦门航空公司）2013年4月4日晚9点从首都机场起飞的MF×××航班机票，当晚7点原告办理了托运手续，将3件瓷器放入行李箱中托运，原告称因其看到机场工作人员采用扔的方式装运行李，故于办完托运手续10多分钟后找到机场工作人员要求取回托运的行李，当晚8：15原告取回托运行李，发现行李箱和里面的3件瓷器损坏，机场工作人员给原告出具行李运输事故记录，记录原告行李箱和3件瓷器损坏的事实，原告认可被告已赔偿其新行李箱1个。原告称受损的3件瓷器均是古董，其中褐釉点彩螭耳罐是唐宋时期的，价值115万元，由其2012年6月8日从蔡某某处购得；豆青色笔洗是明清时期的官窑，价值120万元，是其祖传的；五彩碟是清朝的，价值2万元，由其从某不知名称的古董店购得，3件瓷器均无鉴定证书，被告不认可受损物品是古董，也不认可原告所述的物品价值。原告提交2012年6月8日其和蔡某某签订的转让书，证明褐釉点彩螭耳罐是其以115万元从蔡某某处购买，原告称货款是现金支付，已支付50万元，尚有65万元未支付，转让书上附有买卖物品的照片，对该物品是否是古董，是何时期的古董的问题未进行约定。庭审中，原告申请对受损瓷器的价值进行评估，法院指定了评估机构，但原告未到评估机构对物品价值进行评估。原告提交未加盖公章的藏品信息登记表1张，记载："瓷器三足洗，明，估价120万～200万元；瓷器褐釉点

[①] 北京市朝阳区人民法院（2013）朝民初字第21047号民事判决书。

彩螭耳罐，唐末，估价100万~150万元；瓷器釉上彩荷花碟，清末，估价2万~3万元。"还提交加盖广州隆盛国际展览服务有限公司财物专用章的400元收据1张，证明其自行委托了对瓷器进行价值评估的评估单位，据此要求赔偿3件瓷器的财产损失。

原告称其于2013年3月20日左右携带上述三件瓷器乘坐火车来北京参加"一锤定音"电视鉴宝栏目，还没来得及上节目就得知岳父病危，故乘坐飞机回家，因登机前发现物品损坏，当时机场工作人员仅同意分别按照每千克100元及200元的标准赔偿，其没同意，故当日未搭乘该班飞机，而是在北京逗留5天左右后乘坐火车返还老家，现其岳父已无事。原告称其是第一次坐飞机，托运时其告知机场工作人员托运物品是古董和易碎品，但没有说明物品价值。被告称在托运柜台已张贴告示要求行李内有易碎品的旅客应主动告知，并会给有易碎品的行李贴上易碎品标识，原告认可柜台处有被告说的告示，故其主动告知机场工作人员行李内有易碎品，但机场工作人员并未在其行李箱上贴上易碎品标识。原、被告均认可受损物品重量不足5千克，被告称该物品可由原告自行带上飞机，不是必须托运。被告认为按照《中国民用航空旅客、行李国内运输规则》和《国内航空运输承运人赔偿责任限额规定》，对未声明价值的行李，航空公司仅按照每千克100元的标准赔偿。原告称因被告未主动告知，其未对托运行李办理声明价值。

原告提交火车票、出租车票、长途汽车票据、住宿费票据若干张，证明其因处理此事产生的交通费、住宿费，此外原告还估算了因处理此事产生的伙食费。

以上事实有行李运输事故记录单等相关书证及当事人当庭陈述在案佐证。

法院认为，承运人应当按照约定的或者通常的运输路线将旅客、货物安全运输到约定地点。现原告托运的行李在托运过程中损坏，被告构成违约，应对原告因此产生的合理损失进行赔偿。针对原告要求的三件受损瓷器的财产损失，首先，原告称三件瓷器是古董，价值220万元，但对此仅提交未加盖公章的藏品信息登记表一张，鉴定人是谁，有无资质进行鉴定均无法确认，其和蔡某某间关于褐釉点彩螭耳罐的转让书，交易金额巨大，原告未举证证明货款给付情况。且转让价格是双方议价，该物品没有鉴定证书，双方交易时也未对该物品是否是古董，是何时期的古董这种影响物品价值的重要因素进行约定，双方议价不一定符合该物品的真实市场价值，综上，原告对其所主张的物品损失金额证据不足，法院难以采信。此外，我国《中国民用航空旅客、行李国内运输规则》第36条规定，贵重物品不得夹入行李内托运，承运人对托运行李内夹带贵重物品的遗失或损坏按一般托运行李承担赔偿责任。第43条规定，旅客的托运行李每千克价值超过50元时，可办理行李的声明价值，承运人应按旅客声明的价值中超过每千克50元的价值的5‰收取声明价值附加费，每一旅客声明价值的最高限额为8000元。《国内航空运输承运人赔偿责任限额规定》第3条第3款规定，对旅客托运的行李和对运输的货物的赔偿责任限额为每千克100元。根据原告的陈述，三件瓷器重不足5千克，其可自行携带上飞机，不是必须办理托运，原告称三件受损瓷器是贵重物品，但在原告既未随身携带并妥善保管贵重物品，又未办理行李声明价值的情况下，法院只能参照上述部门规章确定其行李损失金额，被告同意赔偿500元符合法律法规规定，法院对被告的答辩意见予以采纳。至于原告因处理此事产生的交通费、住宿费、伙食费，由于原告自认事发后机场工作人员即同意按照每千克100元赔偿，原告不同意，即在被告同意给予合理赔偿而原告不予接受的情况下，原告因后续处理此事产生的交通费、住宿费、伙食费属于自行扩大损失，应由原告自己承担。综上，依照《合同法》第291条、第303条、第311条、第312条的规定，判决：（1）被告厦门航空公司于本判决生效之日起7日内给付原告刘某某财产损失费500元；（2）驳回原告刘某某的其他诉讼请求。

【案例评析】法律体系由一国全部现行法律所构成。在司法实践中不能局限于自己的知识范围以及案件的特殊性质，而要考虑所有可能适用的法律，这样才能对案件作出一个准确的判断。正如本案作为一个有关航空运输损害责任纠纷，不仅要考虑相关民航法律，也要适用更为一般性的法律，彼此参照，才能作出正确的判决。本案中，法院不仅依照了《民用航空法》的规定，还参照《中国民用航空旅客、行李国内运输规则》《国内航空运输承运人赔偿责任限额规定》等法律文件的规定，并依照《合同法》作出判决。因此，学习民航法，不能将自己限制于民航法一隅，而应当看到民航所涉及的其他法律领域，建立一个整体的法律体系的概念，从而正确处理民航案件。

第二节　法律部门及其划分标准

一、法律部门释义

法律部门是指根据一定标准和原则，按照法律规范自身不同性质、所调整的社会关系的不同领域和不同方法等所划分的同类法律规范的总和。

二、法律部门的划分标准和原则

（一）法律部门的划分标准

（1）法律规范调整的社会关系。按照法律规范调整的社会关系对法律部门进行分类是划分法律部门最基本的标准。

（2）法律规范的调整方法。

（二）法律部门的划分原则

（1）整体性原则。

（2）均衡性原则。

（3）以现行法为主，兼顾即将制定的法律。

【案例】郑某某诉广州市盈润运输公司，海南航空股份有限公司航空货物运输合同纠纷案[①]

【案情介绍】受郑某某委托，张某甲与其配偶池某某于2015年5月17日在韩国购买一条杜莎犬，花费124 700元（21 500 000韩元），后取名为feyfey，购买时杜莎犬feyfey健康状况良好。杜莎犬feyfey由张某甲负责办理运输手续，运抵中国广州后，由案外人徐某某交与广州市盈润运输有限公司运输。2015年5月23日，广州市盈润运输有限公司向案外人徐某某出具盈润运输有限公司货运单。该货运单载明，货物托运人为徐某某，始发站为广州；收货人为郑某某，目的站为哈尔滨；货物名称为"狗"，毛重/计费重量98千克；航班为HU7275次；费用总额包括航空运费2034元及其他

[①] 哈尔滨市道里区人民法院（2015）里农商初字第310号民事判决书。

费用，共计2102元；并规定不按货物实际价值投保者，如有损坏或丢失，我公司将按民航规定每千克最高20元人民币予以赔偿；储运注意事项及其他方面规定死亡自负。同日，海南航空股份有限公司（以下简称海南航空公司）向广州市盈润运输有限公司出具航空货运单。该货运单载明，托运人为广州市盈润运输有限公司；收货人为郑某某；航班/日期为HU7275，2015年5月23日；货物毛重98千克，杜莎犬；储运注意事项及其他为机场自提、加氧死亡自负。航空货运单上未声明托运杜莎犬feyfey的价值、未交纳声明价值附加费。HU7275次航班抵达哈尔滨太平国际机场卸机时，杜莎犬feyfey死亡。

本案争议焦点包括两方面，一是郑某某作为本案原告主体资格是否适格；二是广州市盈润运输有限公司与海南航空股份有限公司是否应对郑某某购买的杜莎犬feyfey死亡承担赔偿责任及赔偿的数额问题。

关于郑某某作为本案原告主体资格是否适格问题。虽然宠物狗买卖合同书认证公证书中的买受人为池某某，但郑某某提交的张某甲的证人证言及婚姻关系证明能够认证公证书之间相互印证，且上述证据与同两份运输单据的收货人为郑某某相互印证，能够表明郑某某与张某甲、池某某为委托关系。依照我国《合同法》的规定，郑某某与张某甲、池某某之间合同为非要式合同，故依据双方之间的口头协议亦能够认定双方之间的委托代理合同关系成立。而我国《合同法》亦允许代理人以自己的名义同第三人签订合同，故虽然宠物狗买卖合同书认证公证书中的买受人为池某某，但可以认定杜莎犬feyfey的实际买受人为郑某某。同理，虽然两份运输单据上载明的托运人均为徐某某，但是郑某某提交的张某甲的证人证言及广州市盈润运输有限公司提交的其他运输单据上载明的托运人为案外人徐某某及收货人为郑某某相互之间能够印证，证人张某甲经常受郑某某委托在韩国替郑某某购买犬只，并负责运输事宜，证人张某甲亦经常委托案外人徐某某负责所购犬只的国内运输事宜。故郑某某作为本案原告的主体资格适格。

关于广州市盈润运输有限公司与海南航空股份有限公司是否应对郑某某购买的杜莎犬feyfey死亡承担赔偿责任及赔偿的数额问题。本案郑某某的诉请的请求权基础为民用航空器运行过程中造成航空器承载的货物损失的赔偿责任，该案案由应为航空运输财产损害责任纠纷。海南航空公司辩称，杜莎犬feyfey的死因不明，郑某某应当出示证据证明杜莎犬feyfey系因运输不当而导致死亡。对于航空运输损害责任的归责问题，依照《民用航空法》第125条第4款规定："因发生在航空运输期间的事件，造成货物毁灭、遗失或者损坏的，承运人应当承担责任；但是，承运人证明货物的毁灭、遗失或者损坏完全是由于下列原因之一造成的，不承担责任：（一）货物本身的自然属性、质量或者缺陷；（二）承运人或者其受雇人、代理人以外的人包装货物的，货物包装不良；（三）战争或者武装冲突；（四）政府有关部门实施的与货物入境、出境或者过境有关的行为。"本案中，海南航空公司作为承运人应当依照约定将托运的杜莎犬feyfey安全送达至目的地，现杜莎犬feyfey在航空运输期间死亡，海南航空公司无证据证明其存在免责事由，故应对郑某某购买的杜莎犬feyfey的死亡承担赔偿责任。

关于赔偿范围及数额问题，因海南航空公司侵权行为导致杜莎犬feyfey死亡，应当对郑某某的各项经济损失承担赔偿责任。依照《民用航空法》第128条规定："国内航空运输承运人的赔偿责任限额由国务院民用航空主管部门制定，报国务院批准后公布执行。旅客或者托运人在交运托运行李或者货物时，特别声明在目的地点交付时的利益，并在必要时支付附加费的，除承运人证明旅客或者托运人声明的金额高于托运行李或者货物在目的地点交付时的实际利益外，承运人应当在声明金额范围内承担责任；本法第一百二十九条的其他规定，除赔偿责任限额外，适用于国内航空运输。"第132条规定："经证明，航空运输中的损失是由于承运人或者其受雇人、代理人的故意或者明知可能造成损失而轻率地作为或者不作为造成的，承运人无权援用本法第一百二十八条、第一百二十九条有关赔偿责任限制的规定；证明承运人的受雇人、代理人有此种作为或者不作为的，还应当证明该受雇人、代理人是在受雇、代理范围内行事。"本案中，郑某某未出示证据证明杜莎犬feyfey的死亡系因承运人海南航空公司的故意或重大过失所致，且未声明所托运的杜莎犬feyfey的实际价值，故杜莎犬feyfey的损失数额应按国内航空运输承运人赔偿责任限额规定的每千克100元计算。杜莎犬feyfey从韩国仁川运至中国广州的费用共计为2 787 000韩元（约为15 885.90元人民币），委托广州市盈润运输有限公司办理运输杜莎犬feyfey事宜的费用共计为2102元。两项运输损失系因海南航空公司的侵权行为导致，故海南航空公司亦应对上述损失承担赔偿责任。因郑某某未出示证据证明杜莎犬feyfey死亡后的冷冻费用及使领馆见证费用，故对该两项费用不予支持。

广州市盈润运输有限公司辩称，其仅为承运人的货运代理人，其义务仅为向实际承运人海南航空公司预订舱位并将杜莎犬 feyfey 交付于海南航空公司，其不应承担杜莎犬 feyfey 死亡承担赔偿责任。因广州市盈润运输有限公司非为杜莎犬 feyfey 的承运人，不负有对杜莎犬 feyfey 的承运义务。且郑某某未出示证据证明广州市盈润运输有限公司存在侵权行为、主观上存在过错。故广州市盈润运输有限公司对杜莎犬 feyfey 的死亡不承担赔偿责任。

综上所述，郑某某的诉讼请求部分成立，对成立部分法院予以支持。依照《侵权责任法》第 3 条，《民用航空法》第 125 条第 4 款、第 128 条、第 132 条的规定，判决：（1）被告海南航空公司于本判决生效后 10 日内赔偿原告郑某某货物损失 9800 元；（2）被告海南航空公司于本判决生效后 10 日内赔偿原告郑某某货物运输损失 17 987.90 元；（3）驳回原告郑文军其他诉讼请求。

【案例评析】法律部门划分最重要的标准是其调整的社会关系及其调整方法，同时兼顾法律体系的整体性与均衡性，民航法能否作为一个独立的法律部门其症结也在于此。从调整对象来说，民航法具有相对特殊的调整对象，这是民航法之所以可能成为一个独立的法律部门的基础。正如本案例所反映出的那样，民航法在调整主体之间的权利义务关系时，也有其独有的法律规则。但从另一方面来说，民航法总体上还是可以分属于各个不同的部门法，如本案例即可归于民商事法律部门。因此，民航法能否成为一个独立的法律部门，关键在于我国法律体系的均衡性。目前来看，我国民航法律相对来说还并不完善，在法律层面仅有一部《民用航空法》，作为一个单独的法律部门尚显单薄。而随着我国民航事业的不断发展，民航法律不断完善、丰富，民航法才能更有充分的条件成为独立的法律部门。

第三节　当代中国的法律体系

一、当代中国法律体系划分

对于这一问题，法学界和法律界曾有过不同的方案，有三分法，即将法律体系分为公法、私法和社会法；八分法，即将法律体系分为民法、商法、行政法、经济法、劳动和社会保障法、自然资源与环境保护法、政治法与文化法;十分法,即将法律体系分为宪法、民法、商法、行政法、经济法、劳动和社会保障法、环境法、刑法、诉讼程序法与军事法。

二、具体法律部门

（1）宪法及宪法相关法。

（2）民商法。

（3）行政法。

（4）经济法。

（5）社会法。

（6）刑法。

（7）诉讼与非诉讼程序法。

【民航法的部门法归属】民航法由于涉及多方面内容,既有民商法方面的内容,也有行政管理的内容,以及涉及航空犯罪的内容。因此民航法属于哪一法律部门,学术界及实务界仍未有定论。

【案例】黄某某诉中国国际航空股份有限公司、南京禄口国际机场有限公司航空旅客运输合同纠纷案[①]

【案情介绍】黄某某购买了承运人为国航公司的CA4558航班机票,于2016年8月2日19:00左右至南京禄口机场候机。CA4558航班原定于2016年8月2日20:05从南京禄口机场起飞至重庆。但由于当日,南京禄口机场及周边航路有短时阵雨到雷雨,致使CA4558航班延误约6个小时,最终在2016年8月3日凌晨2:04起飞。

空管江苏分局出具的"2016年8月2日CA4558航班情况说明"中载明:"2016年8月2日,气象部门预报南京机场10:00~22:00有短时阵雨到雷雨,影响范围为本场及周边航路。13:20,气象预报发布机场警报,14:00~15:00预计本场弱雷雨。21:30,气象预报发布机场警报,从22:10~23:40预计本场雷暴伴随中到大雨。从实际运行情况来看,当日终端区内一直天气恶劣,航班绕飞,对管制影响较大,尤其是13:50~14:40、21:50~23:20时段,本场无法

---

① 重庆铁路运输法院（2016）渝8601民初1114号民事判决书。

起降。2016年8月2日，CA4557，机型B738，飞机注册号B1942，计划：重庆1640-1900南京2005-重庆。CA4557于18:43南京降落，由于雷雨，航班大面积延误，流控严重，系统给出的CA4558航班的CDM时间（预计撤轮档时间）为23:37。23:37之后，南京机场航路仍然受天气影响，造成CA4558无法按CDM时间放行，第二次CDM时间为8月3日2:04。后CA4558于8月3日1:05开始上客，1:35上客完毕，8月3日2:04起飞。"

上述事实有行程单、南京机场计划起飞时间表、登机口候机照片、航班实际起飞时间截图、"2016年8月2日CA4558航班情况说明"以及当事人的陈述等证据，法院予以确认。黄某某当庭提交的3U8840航班当天的起降查询信息和廊桥照片，因与本案案件事实并无关联性，不能作为认定本案事实的证据，法院不予采信。

法院认为，黄某某购买了国航公司从南京至重庆的CA4558航班机票，在其支付了航空运输服务对价，国航公司作为承运人向其出具运输凭证后，双方之间的航空旅客运输合同关系至此成立。黄某某与国航公司形成的航空旅客运输合同关系系双方真实意思表示，且未违反法律、行政法规的强制性规定，合法有效，对合同双方均具有约束力。

关于责任主体的问题。黄某某与国航公司形成的航空旅客运输合同相对方为黄某某和国航公司。由于合同关系是仅在特定人之间发生的法律关系，因此，黄某某和国航公司应在合同约定的范围内适当履行各自义务，享有各自权利，任何第三人不能主张合同上的权利，更不负担合同中规定的义务。南京禄口机场不是航空旅客运输合同关系的相对方，不应当承担合同约定的相应义务。因此，南京禄口机场不是本案适格被告。综上，黄某某要求南京禄口机场与国航公司共同承担违约责任的主张与法律规定不相符合，法院不予支持。

关于国航公司是否应向黄某某承担违约责任的问题。《合同法》第117条规定："因不可抗力不能履行合同的，根据不可抗力的影响，部分或者全部免除责任……本法所称不可抗力，是指不能预见、不能避免并不能克服的客观情况。"本案中，国航公司作为承运人，虽然负有在约定期间或合理期间内将旅客安全运输到约定的目的地的义务，但由于航空运输属于高风险行业，保证航空运输正常须以保证飞行安全为最重要的前提，即把旅客安全运送到目的地而不发生任何人身伤亡和财产损失是航空运输承运人的首要目标。

航班正点需要航空公司、机场、空中管制部门和旅客自身多方面的协调与配合，是否适航则需要综合各方面因素并进行科学严谨的评估。本案所涉国航公司的 CA4558 航班在 2016 年 8 月 2 日当天并未按照预定时间起飞及到达，是因为气象部门预报南京机场 10：00～22：00 有短时阵雨到雷雨，影响范围为南京禄口机场及周边航路，而且当日终端区内一直天气恶劣，航班绕飞，对管制影响较大，尤其是 13：50～14：40、21：50～23：20 时段，南京禄口机场无法起降。由于雷雨天气长时间影响，南京禄口机场起降的航班大面积延误，流控严重。虽然空管部门在 2016 年 8 月 2 日 23：37 给出 CA4558 航班的 CDM 时间，但是 23：37 之后，南京禄口机场航路仍然受天气影响，造成 CA4558 航班无法按 CDM 时间正常、安全地起飞。空管部门给出的第二次 CDM 时间为 8 月 3 日 2：04，在天气等各方面情况均允许的情况下，CA4558 航班于 8 月 3 日 1：05 开始上客，1：35 上客完毕，2：04 安全起飞。《民用航空法》第 126 条规定："旅客、行李或者货物在航空运输中因延误造成的损失，承运人应当承担责任；但是，承运人证明本人或者其受雇人、代理人为了避免损失的发生，已经采取一切必要措施或者不可能采取此种措施的，不承担责任。"结合本案实际情况综合考量，不适航天气是中国国际航空公司不能预见、不能避免、不能克服的因素，属于不可抗力，中国国际航空公司按照空管部门给出的 CDM 时间延迟起飞，主观上不存在过错，客观上不可抵抗的客观现象无法避免和克服，应属于法定的免责情形。另外，《民事诉讼法》第 64 条第 1 款规定："当事人对自己提出的主张，有责任提供证据。"《最高人民法院关于适用〈中华人民共和国民事诉讼法〉的解释》第 90 条规定："当事人对自己提出的诉讼请求所依据的事实……应当提供证据加以证明……当事人未能提供证据或者证据不足以证明其事实主张的，由负有举证证明责任的当事人承担不利的后果。"本案中，黄某某并未向法庭提交由 CA4558 航班延误所造成财产损失的证据，故其应当承担举证不能的不利法律后果。综上，黄某某要求国航公司在全国主流网络媒体（搜狐网、新浪网、腾讯网）公开道歉以及支付航班延误补偿金 1000 元的主张，不符合相关法律的规定，法院不予支持。

　　关于黄某某要求国航公司和南京禄口机场共同给出 2016 年 8 月 2 日 CA4558 航班延误具体原因的问题，由于在法庭审理过程中国航公司和南京禄口机场均向法庭提交了"2016 年 8 月 2 日 CA4558 航班情况说明"，该说明已经详细阐述了 CA4558 航班延误的具体原因，且该说明已经当庭举证、质证，黄某某应当已经清楚 CA4558 航班延误的具体原因。因此本案中对此项诉讼请求不予处理。

综上所述，依照《合同法》第 117 条，《民用航空法》第 126 条，以及《民事诉讼法》第 64 条第 1 款以及《最高人民法院关于适用〈中华人民共和国民事诉讼法〉的解释》第 90 条的规定，判决驳回原告黄某某的全部诉讼请求。

【案例评析】正如上文所述，航空法包括刑法、行政法、民法等多个法律部门的内容，而民航实践中发生纠纷最多的还是民事纠纷，尤其是民航运输合同纠纷。尤其是由于近些年来航空旅客数量不断增多，而我国民航服务质量仍不尽如人意，而且相比较而言，民航运输受天气、流量管制等不可抗力影响较多，准点率远不如火车等其他运输方式，因此民航旅客运输纠纷呈逐年上升趋势。

本案即是一起由于天气原因导致航班延误的运输合同纠纷，法院也根据我国《合同法》的相关规定作出判决。可见，民航法的部分内容属于民商事法律部门。

第五章

权利和义务

权利和义务是法学的核心范畴，是法律运行的中心环节，也是分析法律问题的最重要的切入点。本章在介绍中西方历史上出现过的权利和义务的观念和主张的基础上，概括了权利和义务的概念，并根据不同标准对权利和义务进行了分类，以帮助学生掌握、理解法律中权利和义务的不同表现形式及其运用，同时探讨了权利和义务之间的相互关系。

第一节 权利和义务概念

一、权利和义务是法学的核心范畴

（1）权利和义务是从法律规范到法律关系再到法律责任的逻辑关系的各个环节的构成要素。

（2）权利和义务贯穿于法的一切部门。

（3）权利和义务贯穿于法律的运行和操作的整个过程。

（4）权利和义务全面地表现和实现法的价值。

二、权利和义务释义

（一）权利和义务的概念

法律权利是规定或隐含在法律规范中，实现于法律关系中，主体以相对自由的作为或不作为方式获得利益的一种手段。

法律义务是规定或隐含在法律规范中，实现于法律关系中，主体以相对抑制的作为或不作为方式保障权利主体获得利益的一种约束手段。

（二）权利和义务的概念释义

（1）作为法理学研究对象的权利和义务，是法律规范明文规定的，或是隐含在法律规范中，或至少可以从法律精神和法律原则中推导出来。

（2）任何法律的权利和义务都是社会上占支配地位的统治阶级意志的体现。

（3）权利和义务都有明确的界限：①以社会承受力为限；②互为界限；③行使权利和履行义务受程度上的限定。

（4）权利和义务归根结底都是工具，而不是目的。

（5）相比于义务，权利具有能动性和可选择性。

【案例】甲保险公司与乙公司上海分公司代位求偿权纠纷案[①]

【案情介绍】2007年4月1日，甲保险公司和东京海上日动火灾保险有限公司作为共同保险人向索尼有限公司出具了一份海运保险预约保单，承保保单范围涵盖被保险人在2007年4月1日及之后实施或承担的一切装运。该保单载明：被保险人除索尼有限公司外，还包括保单随附的被保险人明细表中所列的索尼有限公司的子公司、由任何被保险人控股或管理的其他一切现有和/或将来的公司、合资公司、合伙公司，以及除此之外的由被保险人共同拥有的、被相关条款划定属于"本保险利益及其范围"内的资产的公司或有关方；保险自动并全面承保被保险人拥有的存货资产，不论其是否在转运途中；承保航程从起运地起至目的地止；承保标的的运输工具包括按照协会船级条款认定的合格货船或按照约定已缴纳附加保险费的飞机、卡车、火车、邮寄、人工运送与接运工具。其中，原告甲保险公司作为共同保险人，仅按己方73.5%的认赔比例承担保险金给付责任。

2007年7月14日，索尼有限公司作为托运人，委托西北航空公司将涉案169箱锂电池，从东京空港起运至目的港上海浦东国际机场，航空运单载明的收货人为丁公司，缔约承运人为B物流公司。索尼有限公司为此出具的发票和装箱单载明买方为A公司，收货人为丁公司。

2007年7月16日，上述货物被运抵上海浦东国际机场，并由上海浦东

[①] 上海市第一中级人民法院（2009）沪一中民五（商）初字第146号商事判决书。

机场货运站负责将货物运至乙公司上海分公司位于机场内的海关监管仓库。2007年7月17日,乙公司上海分公司拆箱后发现,其中1托盘中的几个纸箱出现破损,包括一些包装材料的破损。随后乙公司上海分公司将货损情况通知了B物流公司在上海的关联公司索尼物流贸易(上海)有限公司。

涉案货物完成清关手续后,于2007年7月23日交付至收货人丁公司。同日,B物流公司申请厦门通达保险公估有限公司(以下简称通达公估公司)对受损货物进行检验。2007年12月18日,通达公估公司出具了一份完整的检验报告。报告载明:因货物受到剧烈冲撞,导致1号托盘的大部分纸箱出现局部凹陷/粉碎/变形,纸箱内货物受到严重冲击。报告认为,从纸箱破损情况和货物的特殊性能来看,同意托运方的最终结论,即1号托盘中的所有81箱共计24 300件货物均存在不安全性。基于这一结论,检验报告根据发票价值,将损失数额计算为:24 300件×2.29美元/件(81箱发票价值)=55 647美元。

2007年12月21日,通达公估公司向原告甲保险公司出具了一份理算报告书,载明涉案货损金额为55 647美元(按24 300件,每件2.29美元计算),索赔金额为61 211.70美元(按35 647美元的110%计算)。

2008年1月9日,C公司向A公司出具委托书,授权A公司就涉案24 300件锂电子蓄电池组向原告甲保险公司提出索赔、接受赔付金额以及签署包括权利转让书在内的为解决索赔所必要的任何文件。同年2月1日,原告甲保险公司通过三井住友银行有限公司向A公司和通达公估公司分别汇付了204 484.50美元和8216.43美元。同年2月19日,索尼有限公司以自己的名义,就已收取的61 211.70美元的保险赔偿金,向原告甲保险公司出具了权利转让书。

另查明,乙公司上海分公司的前身大通国际运输有限公司上海分公司与B物流公司于2004年1月1日签订了一份服务协议,该协议有效期至2004年12月31日,并自动逐年更续。双方在协议中约定,由大通国际运输有限公司从航空承运人处接受B物流公司拼装托运和运送的货物,并进行签收。由大通国际运输有限公司按照货物的种类及送达地点迅速分拨,并迅速通知各个收货人托运货物已到达的情况;如果货物验收时发现货物有任何短缺或损坏,或如果收货人提出了任何货物损害赔偿,大通国际运输有限公司应当在承运人的货运清单和/或收据上进行适当标注,并立即以传真和书面方式通知 B 物流公司上述情况；当发生索赔情况，除非是因大通国际运输有限公司的作为或不作为，或大通国际运输有限公司违反服务协议导致的，以及大通国际运输有限公司在履行服务过程中的自身侵权行为或过失导致的，均由 B 物流公司与发货人处理货物索赔并承担责任和费用。

B 物流公司与丙货运公司于 2007 年 7 月 1 日签订了一份"国际空运相关服务合同"，约定由后者向前者提供进出口货物的国际航空运输的相关服务。

法院查明，乙公司上海分公司于 2007 年 7 月 17 日向丁公司出具了一份发票，载明收费项目为换单费人民币 160 元，地面费为人民币 2054 元。此外，大通国际运输有限公司上海分公司经上海市工商行政管理局核准，于 2005 年 3 月 25 日更名为乙公司上海分公司。

法院认为，本案系涉外保险代位求偿权纠纷，诉讼过程中，双方当事人均同意适用中国法律，故本案纠纷的处理应适用中国法律。依据《最高人民法院关于适用〈中华人民共和国保险法〉若干问题的解释（一）》第 1 条规定，对新法施行前成立的保险合同发生的纠纷，适用当时的法律规定。本案系争保险合同于 2007 年 4 月 1 日订立并生效，故应当适用旧法，即《中华人民共和国保险法》（以下简称保险法）（2002 年修正）的相关规定。

综合双方当事人的诉辩意见，法院认为，本案的争议焦点为：（1）本案系争货损是否在原告保险责任范围内；（2）丁公司是否系诉争保险合同关系中的被保险人；（3）若丁公司系保险合同关系中的被保险人，其与被告乙公司上海分公司间是否存在合同关系。

关于系争货损是否在原告保险责任范围内的问题，法院认为，原告与索尼有限公司间的保险合同关系合法有效，双方约定原告承保索尼有限公司及保单载明的其他被保险人自 2007 年 4 月 1 日及之后实施及承保的一切货物运输险，其中包括海运、航运及地面运输等。现本案系争货运的实际托运人为索尼有限公司，损失发生在上述保险责任期间内，且原告实际对外支付了保险理赔款，故系争货损属于原告保险责任范围，原告据此亦有权行使代位求偿权。况且，法院认为，根据我国《保险法》关于代位求偿权的规定，保险人对被保险人的理赔是否属于保险合同的责任范围，对保险人行使代位求偿权并不具有实质性的影响，因为保险人是基于第三人对被保险人的损害事实而提起代位求偿诉讼的，该权利的行使并未加大第三人的责任，故造成货物损失的第三人不具有关于保险责任范围的抗辩权。

关于丁公司是否系保险合同关系中的被保险人的问题，本案审理时适用的《保险法》（2002年修正）第45条第1款规定："因第三者对保险标的的损害而造成保险事故的，保险人自向被保险人赔偿保险金之日起，在赔偿金额范围内代位行使被保险人对第三者请求赔偿的权利。"据此，保险人有权代位行使的仅是被保险人所享有的对造成保险标的损害的第三人请求赔偿的权利。本案中，原告甲保险公司在支付了保险理赔款后，主张依据丁公司与被告乙公司上海分公司之间的合同关系，代位行使丁公司对两被告所享有的违约赔偿请求权。对此，法院注意到，在原告向索尼有限公司出具的海运保险预约保单中，双方对被保险人的范围作出了明确约定，其中包括：索尼有限公司，索尼有限公司的子公司，任何由被保险人控股或管理的其他一切现有和/或将来的公司、合资公司、合伙公司，以及除此之外的由被保险人共同拥有的、被相关条款划定属于"本保险利益及其范围"内的资产的公司或有关方。现有证据表明，丁公司仅是涉案货物的买方，并不包含在保险合同载明的上述被保险人之列。

原告另主张，根据我国《保险法》的规定，在国际货物运输保险合同关系中，被保险人随着货物所有权的转移而发生变更，丁公司系诉争货物的实际买方，故其收取货物后即取得了被保险人的地位并有权要求保险人支付保险金。现原告根据丁公司的要求将保险金支付给A公司后，有权代位丁公司行使求偿权。对此，法院认为，根据我国《保险法》（2002修正）第34条的规定，货物运输保险合同的被保险人的确随着保险标的的转让而变更，但法院注意到，涉案保险事故发生在丁公司实际收货之前，即保险事故发生时丁公司并非所涉保险合同的被保险人，且原告亦于保险事故发生后将保险赔偿款实际支付给A公司。综合上述分析认定，法院认为，原告提交的现有证据不足以证明丁公司系涉案保险合同法律关系的被保险人，故原告在本案中以合同违约为诉权基础，要求代位行使丁公司的权利于法相悖，法院难以支持。

即使本案所涉保险合同的被保险人已变更为丁公司，原告请求代位行使丁公司对被告乙公司上海分公司因合同违约而产生的赔偿请求权亦缺乏事实依据。原告要求被告乙公司上海分公司承担违约赔偿责任，其必须举证证明被告乙公司上海分公司与丁公司间存在合同关系，且违反了合同义务造成货损。现原告仅以被告乙公司上海分公司从丁公司处收取了换单费人民币160元及地面费人民币2054元为由，主张丁公司与被告乙公司上海分公司之间已有口头地面服务合同二者存在合同关系，现被告乙公司上海分公司否认其与丁公司存在合同关系，并认为其系基于前身大通国际运输有限公司上海分公司与 B 物流公司签署的"服务协议"收取上述费用。对此，法院认为，原告仅凭被告收取上述费用的事实既不足以证明丁公司与被告乙公司上海分公司间存在地面服务合同关系，也不能证明双方间具体的权利义务内容，更不能证明被告乙公司上海分公司违约的事实。反之，本案证据表明，被告乙公司上海分公司仅依据其与 B 物流公司间的服务协议对涉案货物提供了自进入海关监管仓库至离开海关监管仓库这段时间内的拆板及货物存管服务，故对原告提出的被告乙公司上海分公司与丁公司间存在一揽子货运代理服务合同关系的事实主张，法院不予采信。

至于原告要求被告丙货运公司承担连带责任的诉讼请求，法院认为，其与丁公司间既不存在合同关系，亦未在货损前针对涉案货物提供过任何运输服务，故原告要求丙货运公司承担连带赔偿责任，无事实和法律依据，法院不予支持。

综上所述，法院认为，原告甲保险公司主张代位行使丁公司的合同权利，因丁公司既非保险合同关系中的被保险人，亦与被告间不具有任何合同关系，故原告甲保险公司以合同违约为由代位丁公司行使保险代位求偿权的诉讼请求缺乏事实及法律依据，法院不予支持。据此，依照《保险法》（2002 年修正）第 45 条第 1 款的规定，判决驳回原告甲保险公司的全部诉讼请求。

【案例评析】本案各方争议均围绕着权利义务而展开，某种意义上说，所有的诉讼都是一方权利受到损害或者认为自身权利受到损害，从而要求承担义务的乙方履行义务，实现自身利益的过程。本案中，原告的诉讼请求没有得到支持，根本原因在于原告的权利没有法律依据——原告甲保险公司以合同违约为由代位丁公司行使保险代位求偿权的诉讼请求缺乏事实及法律依据。因此，任何法律主张都要依据权利而展开，任何有法律依据的义务也需要得以履行。

【案例】胡某某、蔡某某等与中国民用航空中南地区管理局行政诉讼案件[①]

【案情介绍】2013 年 7 月 18 日，中信海直公司向被告下属的民航深圳监

[①] 广州铁路运输中级法院（2016）粤 71 行初 536 号行政判决书。

管局递交了"关于罗兰斯宝公司汉京中心项目净空限高审核的报告":"近日,我公司收到罗兰斯宝公司'关于申请罗兰斯宝项目净空限制高度的沟通函'……因申请地块建筑物最高海拔高度为376.5米,已突破机场净空障碍物限制面,影响飞行安全,特将此项目提交给贵局审核。"2013年11月,评估机构北京全顺辅科贸有限公司出具"'罗兰斯宝'项目对深圳宝安机场及南头直升机场航空器运行影响的评估报告"(以下简称涉案项目评估报告)。2013年12月6日,被告组织了由民航专家、民航深圳监管局、管理局航务处、民航中南空管局及深圳空管站、深圳市机场股份公司、中信海直公司等相关单位参加的汉京中心项目建设高度净空影响评估会议(以下简称涉案项目评估会议),并于2013年12月11日印发了专题会议纪要:"涉案项目评估会议对航行影响评估报告进行认真研究,认为该评估报告可作为对涉案项目航行评估意见的依据;该项目拟建海拔高度376.2米,对宝安机场飞行程序和运行标准不造成影响,对南头机场11/29号跑道仪表离场程序有影响;考虑到南头机场已规划搬迁,为保证南头机场在过渡期内正常运行,又考虑到项目建设的需要,同意根据《国际民航组织附件十四》关于遮蔽原则的技术标准,先参照腾讯大厦海拔高度222.15米建设,如超出该建设高度,应征得南头机场的许可。"之后,评估机构根据上述航空评估会议纪要内容及专家意见对评估报告进行修改完善,并再次上报给被告。2014年1月22日,罗兰斯宝公司与第三人中信海直公司签订"运行安全协议",约定罗兰斯宝公司的汉京中心项目拟建高度376.2米,已突破南头机场障碍物限制面;罗兰斯宝公司同意以向中信海直公司支付安全基金改善南头机场安全设施,并将项目分期开发等方式,保障南头机场的安全运行;汉京中心项目分期建设,依照评估会议结果,一期建设建筑物高度不超过腾讯大厦现有高度,即222米(含塔吊高度);如果超过腾讯大厦高度,必须征求中信海直公司意见,取得中信海直公司书面同意意见后,方可按民航管理方批复确定的建设高度进行后续开发建设。2014年2月18日,被告作出民航中南局机场〔2014〕17号"民航中南局关于深圳市汉京中心(罗兰斯宝)项目建设高度的批复":"……二、经航行评估,项目拟建高度对深圳宝安机场飞行程序和运行标准不造成影响,对南头机场11/29号跑道离场程序有影响。三、考虑到南头机场已启动搬迁工作,且双方已签订'运行安全协议',中信海直公司同意项目分期建设。经管理局相关处室研究,同意汉京中心(罗兰斯宝)项目按海拔高度376.2

米向深圳市政府相关部门办理报建手续,项目一期建设高度参照腾讯大厦海拔高度222.15米(含避雷针等附属设施)建设,如超过海拔高度222.15米继续建设需取得中信海直公司书面同意……"原告不服上述批复内容,向法院提起行政诉讼。

以上事实,有各方当事人提交并经法庭质证查证属实的"关于罗兰斯宝公司汉京中心项目净空限高审核的报告""罗兰斯宝项目对深圳宝安机场及南头直升机场航空器运行影响的评估报告""民航中南局专题会议纪要""运行安全协议"、民航中南局机场〔2014〕17号"民航中南局关于深圳市汉京中心(罗兰斯宝)项目建设高度的批复"、"举报书"、民航中南局函〔2016〕77号"民航中南局关于刘芳等人举报汉京中心项目未经行业管理部门净空审核的复函"及其送达邮单等证据及原、被告的当庭陈述予以佐证。

法院认为,根据《民用航空法》第3条第2款规定:"国务院民用航空主管部门设立的地区民用航空管理机构依照国务院民用航空主管部门的授权,监督管理各该地区的民用航空活动。"第58条规定:"禁止在依法划定的民用机场范围内和按照国家规定划定的机场净空保护区域内从事下列活动:……(三)修建不符合机场净空要求的建筑物或者设施……"《民用机场管理条例》第47条规定:"县级以上地方人民政府审批民用机场净空保护区域内的建设项目,应当书面征求民用机场所在地地区民用航空管理机构的意见。"第49条规定:"禁止在民用机场净空保护区域内从事下列活动:……(二)修建靶场、强烈爆炸物仓库等影响飞行安全的建筑物或者其他设施……"《民用机场运行安全管理规定》第3条规定:"中国民用航空总局对全国机场的运行安全实施统一的监督管理。中国民用航空地区管理局对辖区内机场的运行安全实施监督管理。机场管理机构对机场的运行安全实施统一管理,负责机场安全、正常运行的组织和协调,并承担相应的责任……"第158条规定:"机场管理机构应当积极协调和配合当地政府城市规划行政主管部门按照相关法律、法规、规章和标准的规定制定发布机场净空保护的具体管理规定,明确政府部门与机场的定期协调机制;在机场净空保护区域内的新建、改(扩)建建筑物或构筑物的审批程序、新增障碍物的处置程序;保持原有障碍物的标识清晰有效的管理办法等内容。"第163条规定:"高出进近面、过渡面、锥形面和内水平面的现有物体应当被视为障碍物,并应当予以拆除,除非经航行研究认为该物体能够被一个已有的不能移动的物体所遮蔽,或者该物体不影响飞行安全或航空器正常运行的。"《国际民用航空公约附件十四·机场》第4.2.4条规定："新物体或现有物体的扩展应不允许高出锥形面或内水平面，除非当有关当局认为该物体会被一个已经存在的不能移动的物体所遮蔽，或者经过航行研究后确定该物体不致有害地影响飞行安全或严重地影响飞机运行的正常性。"本案中，罗兰斯宝公司建设的汉京中心项目规划建设高度为320米（海拔高度376.2米），属于特别高大建筑，位于南头直升机场净空保护区范围内，且临近深圳宝安机场，被告作为上述民用机场所在地地区民用航空管理机构，具有对涉案项目进行净空限高审核的职权。2013年7月18日，中信海直公司通过民航深圳监管局向被告递交了"关于罗兰斯宝公司汉京中心项目净空限高审核的报告"，请求对汉京中心项目进行净空限高审核。罗兰斯宝公司并根据被告的要求，委托北京全顺辅科贸有限公司对涉案项目开展航行影响评估，并作出评估报告。2013年12月6日，被告组织召开了涉案项目评估会议，对涉案项目航行影响评估报告进行认真研究，并邀请航行专家进行研究论证，于2013年12月11日印发了专题会议纪要。2014年2月18日，被告根据上述涉案项目评估报告、涉案项目评估会议纪要以及罗兰斯宝公司与中信海直公司签订的"运行安全协议"，作出涉案项目建设高度的批复，已经尽到审慎审查的义务，并无不当。本案亦无证据证明该批复会影响到飞行安全并进而影响到原告的人身财产安全。原告起诉请求撤销涉案批复的诉讼请求缺乏事实和法律依据，法院不予支持。依照《行政诉讼法》第69条的规定，判决驳回原告胡某某、蔡某某、李某某、郑某某、邰某某的诉讼请求。案件受理费50元由原告胡某某、蔡某某、李某某、郑某某、邰某某共同负担。

【案例评析】本案涉及机场净空管理法律制度。而机场净空涉及机场、航空公司、民航主管部门以及机场周边居民等多方法律主体的权利和义务。学生可根据本案例，结合相关法律制度，深入学习理解各方法律主体的权利义务关系。本案是机场周边居民不满中国民用航空中南地区管理局对机场周边建设批复而提起的行政诉讼，各方都依据法律赋予的权利而主张自己的权利，也需要履行法律所强加的义务。法律也正是由于这样行使权利、履行义务的行为在现实中得以落实。

第二节　权利和义务的分类

一、根据权利和义务的存在形态分类

(1) 应有权利义务；
(2) 现实权利义务；
(3) 法定权利义务；
(4) 习惯权利义务。

二、根据权利和义务所体现社会内容的重要程度分类

(1) 基本权利义务；
(2) 普通权利义务。

三、根据权利和义务对人们的效力范围分类

(1) 一般权利义务；
(2) 特殊权利义务。

四、根据权利之间、义务之间的因果关系分类

(1) 第一性权利义务；
(2) 第二性权利义务。

五、根据权利主体实现其意志和利益的方式分类

(1) 行动权利和消极义务；
(2) 接受权利和积极义务。

六、根据权利主体分类

(1) 个体权利义务；
(2) 集体权利义务；
(3) 国家权利义务；
(4) 人类权利义务。

【案例】张某某与海南航空股份有限公司、广州白云国际机场股份有限公司航空旅客运输合同纠纷案①

【案情介绍】 2012年11月10日，案外人徐某某、张某某、于某某三人受张某某的委托，前往东北地区与案外人李某某签订《野山参买卖合同》，采购野山参17.6市斤，每市斤价格为20 000元，货款总值352 000元，采购人已经通过现金支付或银行转账方式付清上述货款。2012年12月5日，张某某购买海南航空公司的HU7344号航班机票，从辽宁省沈阳桃仙机场飞往广州白云国际机场，并将上述野山参放置在行李箱内交付海南航空公司进行托运，但张某某托运时未向海南航空公司申报行李箱内装载的行李内容，也未申报价值。航班抵达广州白云国际机场后，张某某并未领取到其装有野山参的行李，张某某随即向海南航空公司和广州白云国际机场股份有限公司（以下简称白云机场公司）申报行李运输事故，并向机场公安机关报案。后经公安机关追查，查明由于张某某的行李箱与其他旅客的行李箱相似，被其他乘客误领，公安机关随后将张某某的行李箱追回，张某某主张该行李箱内的野山参已经变质，不具备药用价值且缺损1市斤，张某某遂提起本案诉讼，要求海南航空公司、白云机场公司按购买合同的价值赔偿野山参价款352 000元及三名采购人徐某某、张某某、于某某来广州处理事件的住宿费4740元。

张某某为证实涉案野山参的实际价值为352 000元，提交了采购合同一份，海南航空公司、白云机场公司对采购合同不予确认。诉讼中，张某某、海南航空公司、白云机场公司要求对案涉野山参的价值进行评估鉴定，原审法院经向多个鉴定评估机构发函征询，鉴定机构均复函表示无法对野山参的贬损价值进行评估鉴定，张某某、海南航空公司、白云机场公司也未能提供其他有资质的鉴定机构名录。

另查，白云机场公司于2012年12月5日并未安排工作人员在HU7344号航班到达区核对乘客行李票。

再查，海南航空公司与白云机场公司于2010年6月1日签订"地面服务

---

① 广州市中级人民法院（2014）穗中法民二终字第1837号民事判决书。

代理协议",由白云机场公司为海南航空公司提供在广州白云国际机场的地面服务。

以上事实,有机票、行李牌、行李运输事故记录、报警回执、"野山参买卖合同"、银行流水、发票、"地面服务代理协议"、声明书、鉴定机构复函及当事人陈述等证据证实。

张某某为向海南航空公司、白云机场公司追偿损失,向原审法院提起诉讼,请求判令海南航空公司、白云机场公司向张某某连带赔偿损失356 740元,并承担本案的诉讼费。

法院认为,本案主要争议焦点有:(1)海南航空公司、白云机场公司承运行李但未能准确、及时、完好地交付张某某,其行为是否构成违约;(2)赔偿金额如何确定。

关于海南航空公司、白云机场公司承运的行李未能准确、及时、完好地交付给张某某是否构成违约的问题。张某某乘坐海南航空公司的航班,并将行李交付海南航空公司承运,张某某和海南航空公司之间的航空旅客运输合同关系依法成立,双方应恪守并履行各自的义务。根据原国家质量监督检验检疫总局、中国国家标准化管理委员会发布的《公共航空运输服务质量》规定,在中华人民共和国获得经营许可的公共航空运输企业及其代理人、机场交付行李应当准确、迅速,交付行李时应准确核对行李牌号码,同时收回旅客持有的行李识别联。海南航空公司收取张某某托运的货物后,负有在航班目的地将承运货物准确、及时、完好地交付给张某某的义务。本案中,海南航空公司未能在航班目的地广州白云国际机场将张某某托运的行李准确、及时、完好地交付给张某某,故原审法院认定海南航空公司未能完成约定承运义务,其行为已构成违约。白云机场公司为海南航空公司提供地面服务,其向旅客提供的地面服务与航空公司提供的承运服务共同构成了完整的航空运输服务,因此,白云机场公司在向旅客提供地面服务时,应严格遵循服务质量标准,保证托运的行李准确、及时、完好地交付托运旅客。本案中,在涉案航班到港后,白云机场公司并未安排工作人员在行李领取区域检查核对旅客的行李牌号码,并回收旅客持有的行李识别联,其提供的地面服务不符合航空运输服务质量标准,是导致张某某托运的行李遭其他旅客误领而未能准确完好交付的原因之一,其行为亦已构成违约。白云机场公司认为其并非涉案行李的承运方,不是本案适格被告的抗辩意见无理,原审法院不予采纳。

因此，海南航空公司、白云机场公司的行为均构成违约，应当承担相应的违约责任，并理应采取相应的补救措施或赔偿张某某所遭受的损失。张某某要求海南航空公司、白云机场公司对其损失承担连带赔偿责任的诉请有理，原审法院予以支持。

关于赔偿金额如何确定的问题。《民事诉讼法》第 64 条第 1 款规定："当事人对自己提出的主张，有责任提供证据。"诉讼中，张某某主张其托运的野山参总价值为 352 000 元，并要求海南航空公司、白云机场公司按货值总额赔偿，张某某为此提交了野山参采购合同及采购资金支付的银行流水。海南航空公司、白云机场公司对张某某提交的采购合同不予认可，但未能提供相反的证据予以证实。张某某、海南航空公司、白云机场公司对涉案的货物价值无法达成一致意见，经原审法院向相关评估鉴定机构征询，鉴定机构均复函表示无法对野山参的贬损价值进行评估，张某某、海南航空公司、白云机场公司也未能提供其他有资质的鉴定机构。由于张某某对其主张已经提供了相应的证据予以证实，海南航空公司、白云机场公司虽不认可但未能提供反证予以证明，应当由海南航空公司、白云机场公司承担举证不能的法律后果，可以参照张某某采购涉案野山参的价款确定赔偿数额，即赔偿数额为 352 000 元。

关于海南航空公司、白云机场公司认为张某某托运行李时未声明货物种类和价值，使海南航空公司、白云机场公司无法预见或应当预见因违反合同可能造成的损失，故应当适用限额赔偿的抗辩意见，法院认为，根据《民用航空法》第 132 条规定："经证明，航空运输中的损失是由于承运人或者其受雇人、代理人的故意或者明知可能造成损失而轻率地作为或者不作为造成的，承运人无权援用本法第一百二十八条、第一百二十九条有关赔偿责任限制的规定……"海南航空公司和白云机场公司在履行承运义务过程中存在明显过错而导致违约，虽然张某某在托运行李时未申明货物的实际价值，但依照上述规定，海南航空公司、白云机场公司无权援引赔偿责任限制的规定，故海南航空公司、白云机场公司的上述抗辩意见没有事实和法律依据，原审法院不予采纳。

关于张某某主张要求海南航空公司、白云机场公司赔偿于某某、徐某某、张某某来广州处理涉案事件所产生的住宿费 4740 元的诉请，法院认为，张某某是涉案托运货物的所有权人，也是涉案航空旅客运输合同的当事人，于某某、徐某某、张某某既非涉案货物的所有权人，亦非本案当事人，张某某要求海南航空公司、白云机场公司赔偿上述三人的住宿费没有事实和法律依据，法院不予支持。

综上所述，法院依照《合同法》第60条、第107条、第311条，《民用航空法》第125条第4款、第5款，第132条，《民事诉讼法》第64条第1款、第253条的规定，于2014年4月23日作出判决：（1）于判决生效之日起5日内，海南航空公司赔偿张某某货物损失352 000元；（2）白云机场公司对判决第一项承担连带赔偿责任；（3）驳回张某某其他诉讼请求。如果未按判决指定的期间履行给付金钱义务，应当按照《民事诉讼法》第253条的规定，加倍支付迟延履行期间的债务利息。原审案件受理费6651元，由张某某负担88元，由海南航空公司、白云机场公司负担6563元。

【案例评析】权利义务是法律的核心范畴，也是规范法律主体行为的指南。对权利和义务进行分类，是为了更好地研究权利义务，对权利义务有更深入的理解。学生可以依照本案例来了解权利义务的一些分类。

第一，在司法实务中，我们一般理解的权利义务都是法定权利义务。应有权利义务、现实权利义务与习惯权利义务较少出现。前两者更多在立法过程中予以阐发，并以成为法定权利义务为目标，而习惯权利义务则可以作为惯例得到司法的认可，本案中各方的权利义务均是法定权利义务；第二，本案中所体现的权利义务均为普通权利义务。我国宪法所规定的基本权利义务一般都可以通过普通权利义务来落实，鉴于宪法诉讼在我国极为罕见，也有较多争议，所以在司法实务中的权利义务绝大部分都是普通权利义务；第三，本案件中的权利义务为合同权利义务。基于合同的相对性，一般来说，合同中约定的权利义务都是特殊权利义务，仅对合同主体有效；第四，本案件为航空运输纠纷，依据合同所获得的权利义务为第一性权利义务，但由于合同履行过程中出现了瑕疵，为了救济权利而产生的法律主体在诉讼过程中的权利义务，如请求赔偿的权利和给予赔偿的义务，则是第二性权利义务；第五，本运输合同中，航空公司将旅客及时运送到目的地的义务以及旅客交付运费的义务需要以一定的行动完成，因此是积极义务；旅客接受运输服务则是接受权利；第六，本案例中，旅客作为自然人，其权利义务是个体权利义务，航空公司和机场作为法人，其权利义务则是集体权利义务。

第三节 权利与义务的关系

一、结构上的相关关系

权利与义务是相互关联、对立统一的。它们是法这一事物中相反相成的组成因素。一个表征利益，另一个表征负担；一个是主动，另一个是被动。权利和义务不可能孤立地存在和发展，一方的存在和发展以另一方的存在和发展为条件。没有无权利的义务，也没有无义务的权利。权利没有相对应的义务，则权利没有保障，无法实现；义务没有相对应的权利，则义务的设定全无意义。

二、数量上的等值关系

一个社会的权利总量和义务总量是相等的。在具体法律关系中，权利和义务相互包含。权利的范围就是义务的界限，同样，义务的范围就是权利的界限。

三、功能上的互补关系

（1）权利直接体现法律的价值目标，义务保障价值目标和权利的实现。
（2）权利提供不确定指引，义务提供确定指引。
（3）权利的导向和激励机制有助于实现自由，义务的约束机制有助于建立秩序。

四、价值意义上的主次关系

从价值意义或综合价值的视角看，在权利义务体系中，权利和义务的地位并非不分伯仲，而是有主要与次要、主导与非主导之分。现代法律应当以权利为本位。

权利本位的法律特征包括以下几个方面。
（1）法律面前人人平等。
（2）权利义务关系范围内，权利是目的，义务是手段，法律设定义务的目的在于实现权利；权利是第一性因素，义务是第二性因素，权利是义务存在的依据和意义。

（3）在法律没有明文禁止和强制的情况下，可作出权利推定。

（4）权利主体在行使权利时，只受法律规定的限制，限制的目的在于遵照和保障他人权利。

（5）人们在享有权利、成为权利主体前提下，应承担相应义务，在行使权利和履行义务的实践中实现权利义务的一致性。

【案例】某航空公司与某航空旅客运输合同案[①]

【案情介绍】 艾某某于2009年8月2日，在某航空公司网站订购2009年10月12日上海虹桥经南昌昌北至昆明巫家坝机票一张，电子客票号码为：1××××××××。在"航空运输电子客票行程单"中登记的旅客姓名为艾某某，机票票价为660元，机场建设费为50元，座位等级为R1，在签注栏中另标注："不得签转，不得变更，不得退票"。2009年10月2日，艾某某因家中有事，提前返回昆明，未能搭乘上述预订的航班。嗣后，艾某某曾多次与某航空公司协商退票事宜，但因某航空公司以艾某某所购系特价机票，根据某航空公司规定，除机场建设费外票款一律不予退还为由拒绝退票，二者协商未果，艾某某遂起诉至法院，请求判令：（1）确认艾某某与某航空公司之间签订的运输合同无效；（2）某航空公司退还艾某某票款人民币660元；（3）某航空公司退还艾某某机场建设费人民币50元。

另查明，艾某某曾于2009年7月28日委托代理人曹某某以网上支付方式，订购了2009年9月30日某航空公司由昆明经南昌飞抵上海的航班，并已实际乘机。

再查明，2010年10月26日，经某航空公司申请，经上海市工商行政管理局核准，某航空公司的名称由航空有限公司变更为某航空公司。

法院认为，艾某某通过网上订票方式从某航空公司处订购机票，约定艾某某搭乘某航空公司航班从上海前往昆明，并支付了相应的票款，艾某某、某航空公司间航空旅客运输合同正式成立。而本案的争议焦点在于：（1）艾某某、某航空公司通过网上订票方式签订的航空旅客运输合同中关于特价机票不得签转、不得变更、不得退票的约定是否有效；（2）艾某某未能实际乘坐预订的航班，能否要求某航空公司返还购票款660元。

---

① 上海市第一中级人民法院（2011）沪民终字第1684号民事判决书。

格式条款是当事人为了重复使用而预先拟定，并在订立合同时未与对方协商的条款。本案中，关于特价机票不得改签、不得退票的约定，系由某航空公司单方面为了反复使用而预先拟定，且在合同订立之时未与对方进行协商，系格式条款。根据《最高人民法院关于适用〈合同法〉若干问题的解释（二）》的规定，采用格式条款订立合同的，提供格式条款的一方除应当遵循公平原则确定当事人之间的权利和义务，并采取合理的方式提请对方注意免除或者限制其责任的条款，按照对方的要求，对该条款予以说明外，还需确保其提供的格式条款没有违反《合同法》中关于认定合同无效的相关规定，否则对方可以向法院申请确认该条款无效。根据某航空公司在庭审中提供的证据，购票人自登录网站起到订票成功，期间有多次机会可以明确看到某航空公司告知其关于机票舱位的说明及特价机票不得签转、不得退票的相关约定。至于艾某某提出其在购票过程中没有看到上述告知内容，且某航空公司提供的公证书仅能证明上海到海口航段的订票流程，与本案上海到昆明航段的订票流程不存在关联性的主张。原审认为，虽然公证书证明的是某航空公司上海到海口航段的订票流程，但是根据日常交易惯例，网站订票的流程不会因为起始地点的不同而有所改变，故有理由相信，在该公证书上记载的告知事项在艾某某订票之时也应可以看到。本案中，艾某某虽非本人订票，但订票人作为其朋友，应当将订票过程中出现的对艾某某权利义务有重大影响的信息告知艾某某，因此应认为，某航空公司已经履行了《合同法》规定的告知和说明义务。且上述约定并不符合《合同法》中关于认定合同或部分合同条款无效的规定，故对于艾某某认为本案系争合同因违反相应法律法规应被认定为无效的主张，不予采纳。

既然合同是有效的，当事人应该按照合同约定全面履行各自的义务。艾某某在订票并支付足额票款后，因家中有事提前返回昆明，导致某航空公司客观上无法依约向艾某某提供旅客运输服务，系艾某某自身原因所致，某航空公司并无过错。艾某某认为其未接受某航空公司的服务，依照《合同法》及《中国民用航空电子客票暂行管理办法》的相关规定，某航空公司应当退还票款。当事人在订立合同之时，应当遵循公平原则确定各自的权利和义务，而当事人行使权利、履行义务亦应当遵循诚实信用原则。艾某某在网上订票之时，某航空公司提供了多种不同价位的机票供艾某某作出选择，并对各类机票的舱位情况、退票及变更限制进行了明确的说明，艾某某自愿选择票价较低但限制相应较多的舱位等级，系其自主选择，艾某某作为一个有完全民事行为能力的成年人，应当对自己选择的后果承担相应的责任。且根据经验法则判断，价款打折伴随一定的权利限制在日常生活中普遍存在，不仅是公平的，也是合理的，故上述购票限制并未违反《合同法》关于公平原则的规定，应属有效。至于艾某某主张相关法律赋予了其退票的权利，应认为，上述法律和部门规章仅规定了乘客可以有退票退款的权利，但从内容上看，并非是明确必须退票的强制性规定，故双方关于是否退票的相关事宜，仍应以合同双方约定为准。现艾某某、某航空公司间订立的运输合同对机票舱位及能否退票作出了对应约定，而艾某某选择的 C 类舱位属于特价机票，不得签转，不得退票，故应以该约定为准，对于艾某某要求返还票款的主张，缺乏事实和法律依据，难以支持。

综上，艾某某、某航空公司间签订的航空旅客运输合同合法有效，双方当事人均应受该合同的约束，艾某某主张某航空公司返还票款 660 元的主张，不符合双方预先约定，亦缺乏法律依据，不予支持。至于艾某某起诉要求退还机场建设费，符合双方的约定，某航空公司也明确表示同意返还，故予以支持。

依据《合同法》第 5 条、第 6 条、第 39 条、第 40 条、第 52 条、第 53 条及《最高人民法院关于适用〈中华人民共和国合同法〉若干问题的解释（二）》第 10 条的规定，判决：（1）某航空公司应判决生效之日起 10 日内返还艾某某机场建设费人民币 50 元；（2）驳回艾某某其他诉讼请求。

【案例评析】 权利与义务贯穿于法律制定、法律运行的全过程，对于当事人来说，运用法律也是为了确定争议双方的权利义务关系，进而确定相应的法律责任。本案涉及民航运营单位在航空运输中的权利与义务，而对其权利义务的分担则与民航运输的特性相关。学生学习这一案例，应当细心体会法律对航空运营单位与旅客的权利义务分配的理论依据所在。

【案例】王某某诉中国国际航空股份有限公司航空旅客运输合同纠纷案[①]

【案情介绍】 2013 年 8 月 17 日，原告王某某乘坐被告国航公司的 CA4165 航班由贵阳龙洞堡国际机场飞往北京首都机场。登机前，王某某在贵

[①] 北京铁路运输法院（2014）京铁民初字第 116 号民事判决书。

阳龙洞堡国际机场办理了两件行李托运手续，行李编号分别为 CA788233 和 CA788234。当天 19 时 10 分左右，王某某到达北京首都机场 T3 航站楼，在首都机场行李提取处只收到编号为 CA788234 的一件行李，未收到编号为 CA788233（重量为 4 千克）的行李。王某某当即到行李查询处查询，行李查询处工作人员告知其按规定需在 21 天内为其查找，并向王某某出具了行李不正常运输报告。国航公司至今未找到该行李，且原因不明。国航公司在与王某某通过电话或短信沟通中，多次向其表示深表歉意，但双方对赔偿数额协商未果。

原告王某某就其主张的编号为 CA788233 的行李物品价值提供了 2013 年 8 月 15 日兴义市洪怡烟酒经销部出具的两张发票及贵阳机场公安局候机楼派出所出具的该行李经过安检机时的 X 光图片，发票显示付款单位为个人，内容及金额分别为茅台 15 年 53 度 500 毫升 1 瓶，金额 7299 元；贵州兰韵奢香茶 500 克 2 盒，金额 3176 元，X 光图片显示行李内有一酒瓶和一个酒樽。

上述事实有原告提交的登机牌、行李牌、行李不正常运输报告、丢失查询编码、发票、行李安检 X 光照片、手机短信及当事人陈述等证据在案佐证。

法院认为，原被告之间形成航空旅客运输合同关系，现原告托运的行李在被告承运过程中丢失，被告应依法承担违约责任。《合同法》第 107 条规定："当事人一方不履行合同义务或者履行合同义务不符合约定的，应当承担继续履行、采取补救措施或者赔偿损失等违约责任。"现原告请求被告向其赔礼道歉缺乏相应依据，且在事故处理过程中，被告工作人员已经多次表示歉意，故法院对该项诉讼请求不予支持。关于要求被告交付托运行李（行李号 CA788233）或者赔偿行李实际损失的诉讼请求，因被告承认未能找到该行李，交付行李没有实现基础，只能对原告的行李损失依法进行赔偿。

《合同法》第 303 条第 2 款规定："旅客托运的行李毁损、灭失的，适用货物运输的有关规定。"第 311 条规定："承运人对运输过程中货物的毁损、灭失承担损害赔偿责任，但承运人证明货物的毁损、灭失是因不可抗力、货物本身的自然性质或者合理损耗以及托运人、收货人的过错造成的，不承担损害赔偿责任。"第 312 条规定："货物的毁损、灭失的赔偿额，当事人有约定的，按照其约定……法律、行政法规对赔偿额的计算方法和赔偿限额另有规定的，依照其规定。"《民用航空法》是针对我国航空运输专门制定的特别法，该法第 128 条规定："国内航空运输承运人的赔偿责任限额由国务院民用航空主管部门制定，报国务院批准后公布执行。旅客或者托运人在交运托运行李或者货物时，特别声明在目的地点交付时的利益，并在必要时支付附加费的，除承运人证明旅客或者托运人声明的金额高于托运行李或者货物在目的地点交付时的实际利益外，承运人应当在声明金额范围内承担责任……"国务院民用航空主管部门依据法律规定的权限制定并经国务院批准向社会公布的《中国民用航空旅客、行李国内运输规则》及《国内航空运输承运人赔偿责任限额规定》对行李托运的条件及承运人的赔偿责任限额进行了规定。《中国民用航空旅客、行李国内运输规则》第 43 条规定："旅客的托运行李，每公斤价值超过人民币 50 元时，可办理行李的声明价值。承运人应按照旅客声明的价值中超过本条第一款规定限额部分的价值的 5‰ 收取声明价值附加费。金额以元为单位。托运行李的声明价值不能超过行李本身的实际价值。每一旅客声明价值的最高限额为人民币 8000 元……"第 36 条规定，贵重物品不得夹入行李内托运，承运人对托运行李内夹带贵重物品的遗失或损坏按一般托运行李承担赔偿责任。《国内航空运输承运人赔偿责任限额规定》第 3 条第 3 款规定："对旅客托运的行李和对运输的货物的赔偿责任限额为每公斤人民币 100 元。"从本案原告提交的发票、行李安检 X 光照片以及行李重量判断，可以认定其丢失的行李物品实际价值为 10 475 元。但原告在办理行李托运时未声明价值，交纳声明价值附加费。法院只能依照上述规定以重量为标准确定行李丢失赔偿金额为 400 元。

综上，依照《合同法》第 291 条、第 303 条、第 311 条、第 312 条、第 107 条以及《中华人民共和国民用航空法》第 128 条的规定，判决：(1) 被告国航公司于本判决生效之日起 7 日内赔偿原告王某某行李损失 400 元；(2) 驳回原告王某某其他诉讼请求。

【案例评析】法律中权利义务的规定要平衡法律主体之间的法律地位，体现社会的价值判断。在民航运输中，常被人诟病的一点便是赔偿责任限额的规定。如本案中，法院认定原告丢失的行李物品实际价值为 10 475 元，而基于《民用航空法》及《中国民用航空旅客、行李国内运输规则》《国内航空运输承运人赔偿责任限额规定》等法律法规的规定，法院确定的赔偿金额仅为 400 元。之所以有这样看似不合理的规定，其目的在于平衡航空承运人与旅客之间的关系，促进、保护我国民航产业的发展。试想，如果民航运输过程中发生货物损毁都要按照物品实际价值赔偿的话,那么民航运输会成为一项风险极大而收益较少的活动,不符合市场规则,从而使得民航事业失去发展的动力。因此,如果旅客需要提高货物损毁的赔偿额度,需要额外支付声明价值附加费,且声明价值有最高限额。通过这种方式,提高承运人的承运受益、降低承运成本。从本案例中,学生更可以体会法律以权利义务的方式调节社会各方主体之间的平衡。

【案例】朴某某以危险方法危害公共安全罪案

【案情介绍】2015年2月12日12时许,朴某某在吉林省延吉市朝阳川国际机场乘坐韩国韩亚航空公司由延吉市飞往韩国仁川市的OZ352航班,坐在靠近左侧2号应急舱门的15A座位。朴某某登机后,乘务员禹某某(韩国籍)根据安全手册,专门向朴某某讲解说明了应急舱门的重要性,告知其非紧急情况不能打开;如遇紧急情况,在得到机组人员的指令后,方可打开协助其他旅客逃生。12时30分许,OZ352航班关闭舱门,于12时34分50秒被牵引车推出滑行。飞机滑行38米时,朴某某擅自将其座位附近的左侧2号应急舱门打开,致使该应急舱门的充气滑梯释放弹出。地勤和机组人员发现后,立即采取紧急措施,于12时35分24秒将飞机迫停,延吉机场随即启动了应急救援预案。该航班延误近4小时,造成经济损失人民币3.4万元。

法院认为,被告人朴某某明知擅自打开飞机应急舱门会危及飞行安全,在飞机被牵引车推出阶段故意将应急舱门打开,危及飞行安全,尚未造成严重后果,其行为已构成以危险方法危害公共安全罪。公诉机关指控朴某某未接到乘务员指令,即不顾警示标语,擅自将应急舱门手柄上的防护罩拉开,抬起防护罩内的手柄,致使应急滑梯弹出、飞机迫停,给飞行安全带来严重威胁,导致航班延误近4小时,造成直接经济损失人民币3.4万元的事实,有经庭审核实的证据予以证实,故指控的犯罪事实和罪名成立。鉴于朴某某打开应急舱门时飞机尚未使用自主动力滑行,地勤和机组人员发现应急充气滑梯弹出后将飞机迫停,地勤人员先前已离开滑梯弹出形成的危险区域,尚未造成人员伤亡和重大经济损失,故朴某某的行为系犯罪情节轻微,不需要判处刑罚,依法可以免予刑事处罚。依照《刑法》第114条、第37条的规定,判决被告人朴某某犯以危险方法危害公共安全罪,免予刑事处罚。

【案例评析】权利与义务是法律的核心范畴,也是法律用以规范人们的行为，达到法律预期效果的基本手段。权利与义务是相互关联，对立统一的，对于公民来说，不仅要注意保护自身的法律权利，也要积极履行自身所承担的法律义务。具体到本案来说，旅客乘坐民航客机，当然享有法律所赋予的一切权利，如按照运输合同约定，被安全、按时地送到目的地；接受客机上应有的服务等等。但与此同时，旅客也要承担法律所要求的义务。民航作为一项风险性较高的运输活动，安全是放在第一位的，这不仅是机场、航空公司以及乘务人员的义务，也是每一位乘机旅客的义务。本案被告在乘机活动中，擅自将客机应急出口打开，危及飞行安全，违反了自己应承担的义务，因此要承担相应的不利法律后果。

第六章

法律行为

法律行为是法律所规范的直接对象，没有法律行为，也就不会有相应的法律。法律正是经由法律行为从而在人们的现实生活中发生作用。本章通过介绍法律行为的概念、结构与分类，旨在帮助学生由此理解法律如何从规范转变为法律主体的行为，从而建立和维护法律秩序，实现法的价值。

第一节　法律行为的概念

一、法律行为的界定

法律行为是指人们所实施的，能够发生法律效力、产生法律后果的行为。

二、法律行为的基本特征

（1）法律行为具有社会意义。法律行为能够产生社会效果，造成社会影响，具有交互性。

（2）法律行为具有法律性。法律行为由法律规定，受法律调整，能够产生法律效力或产生法律效果。

（3）法律行为具有意志性。法律行为是人所实施的行为，受人的意志的支配和控制，反映了人们对一定的社会价值的认同、一定的利益和行为结果的追求以及对一定生活方式的选择。

【案例】南方航空股份有限公司与常某某合同纠纷案[①]

【案情介绍】2010年5月6日14时之后，常某某将纸包装的鱼苗126件计重量1827千克运抵常州机场，委托货运中心空运至广州，常某某因此填写了货物托运书，同日，货运中心向常某某出具了33097120号航空货运单，航空货运单载明：托运人为常某某，收货人为赵某某，收货方式是机场自提；始发站常州，目的站广州；承运航班为2010年5月6日的中国南方航空公司的CZ3816航班；件数为126件，毛重1827千克；货物品名为鱼苗，包装为纸包装；航空运费为3289元；运输声明价值和运输保险价值栏均为空白。2010年5月6日的CZ3815/6航班的起飞落地站为广州—常州—广州，预定时间为13时35分自广州起飞，15时35分到达常州；16时20分自常州起飞，至18时20分降落广州。但由于广州机场强雷雨天气导致航班延误，从广州飞往常州的CZ3815航班延误至20时49分左右才降落常州机场。在19时30分左右常某某和货运中心办完航空货物托运手续，交付运费3289元。21时25分左右，自常州飞往广州的CZ3816航班装机完毕，22时06分，旅客上客完毕，飞机舱门关闭。但由于广州地区遭遇持续的强雷雨天气造成大面积航班延误，CZ3816航班迟迟得不到空中交通管制单位的起飞命令。至半夜24时左右，常某某口头向货运中心提出退货终止运输，货运中心在知会站调度和机长后同意卸货，但在货运中心告知CZ3816航班将于5月7日1时15分起飞时，常某某不再要求退货并终止运输。5月7日0点40分左右，常某某再次口头向货运中心要求退货并终止运输，货运中心遂与站调度和机长协商，机长表示飞机随时可能起飞，装卸作业时间不足，需重新申请起飞时刻，加剧航班延误，可能引发旅客不满而不同意卸货，货运中心遂没有同意常某某退货终止运输。1时29分（此时间为南航提交的时间，货运中心提交的情况说明中的时间为1时33分，应当是双方不同计时的误差），CZ3816航班起飞。在之前的1时06分，货运中心向南航货运部广州货站传真告知了CZ3816航班上有126件计1827千克的活鱼苗，要求飞机到达后尽快给予提货。4时19分，CZ3816航班由于广州天气原因无法降落而备降贵阳机场。备降贵阳机场后，贵阳蓝天航空地面服务有限公司没有收到机组、货运中心

[①] 常州市中级人民法院一审（2010）新孟民初字第853号民事判决书。

要求对CZ3816航班所装载货物作特殊处理的具体处理意见。7时38分，贵阳蓝天航空地面服务有限公司接到南通机场货运部门询问CZ3816航班能否提前起飞的电话，当时，离自贵阳飞广州的南航CZ3661航班（预定起飞时间为8时整）的起飞时间只有22分钟，而且CZ3661航班2747千克货物中有2583千克货物为自昆明经贵阳中转的鲜花（也有特殊的保障要求），已经没有时间卸下货物重新装载鱼苗。8时30分，南通机场货运经理张某某电话联系贵阳蓝天航空地面服务有限公司，提出了找水池放养鱼苗的处理方案，贵阳蓝天航空地面服务有限公司联系了贵州省水产科学研究所，但最终因该所水池面积不够未能成功。9时30分，被告货运中心陈经理电话联系贵阳蓝天航空地面服务有限公司，请求帮助联系当地水产单位对鱼苗作换水和充氧处理，也未有结果。CZ3816航班备降贵阳机场后，原定于10时30分补班，但因原机组执勤期超时，无其他机组替代，未按计划时间到位，最终更换机组人员后推迟至13时23分起飞飞往广州，于16时45分降落在广州机场。16时55分，鱼苗交付给赵某某，交付时外包装完好，赵某某当场未提出异议。5月8日，赵某某、常某某以提货后发现鳗鱼苗全部死亡为由向南方航空公司提出书面的货物索赔单，索赔金额为1 512 000元。5月10日，货运中心向南方航空公司南京营业部货运部门发出公函，反映CZ3816航班备降贵阳机场后于7日13时23分补班到广州，但提货人赵某某提货后发现鱼苗全部死亡，已提出索赔要求，请予以解决。

另查明，2010年5月12日，常某某书面声明：2010年5月6日委托货运中心运输的1827千克鳗鱼苗（单号33097120），系第三人华大公司所有。该项声明由江苏省东台市公证处予以公证。

还查明，根据鳗鱼运输操作技术规范，鳗鱼运输时间最好控制在20小时内，如超过24小时，则有死亡危险。庭审中赵某某和万某某出庭作证，在广州机场收货后当场打开20多箱，发现鳗鱼苗均已死亡。

法院认为，常某某和货运中心签订航空货物运输合同后，常某某就享有航空货物运输合同约定的以及法律规定的相关权利，常某某虽然是南通机场的职工，但被告货运中心没有提交证据证明常某某在本案中托运鱼苗的行为是代理南通机场的职务行为，故常某某作为本案原告的诉讼主体资格适格，法院对货运中心认为应由南通机场作为原告的主张不予采纳。常某某托运的鱼苗是第三人华大公司所有，已由公证文书证实，因此，华大公司对原、被告之间的诉讼标的享有独立的请求权,有权作为有独立请求权的第三人参加诉讼。《民用航空法》第126条规定:"旅客、行李或者货物在航空运输中因延误造成的损失,承运人应当承担责任;但是,承运人证明本人或者其受雇人、代理人为了避免损失的发生,已经采取一切必要措施或者不可能采取此种措施的,不承担责任。"第132条规定:"经证明,航空运输中的损失是由于承运人或者其受雇人、代理人的故意或者明知可能造成损失而轻率地作为或者不作为造成的,承运人无权援用本法第一百二十八条、第一百二十九条有关赔偿责任限制的规定;证明承运人的受雇人、代理人有此种作为或者不作为的,还应当证明该受雇人、代理人是在受雇、代理范围内行事。"因此本案的争议焦点是:(1)作为缔约承运人的货运中心在履行航空货物运输合同期间是否存在过错。(2)作为实际承运人的南航在履行航空货物运输合同中有无过错。(3)本案两被告应否承担赔偿责任以及应适用赔偿责任限制的规定进行赔偿还是按第三人的实际损失进行赔偿。

由于航班延误是由广州机场强雷雨天气造成的是不争的事实,在这一不可抗力情形下,不管是货运中心还是南方航空公司,均不可能采取一切必要措施避免航班延误,因此,两被告未能按照航空货运单上载明的航班日期在规定的时间内将鱼苗运输到目的地,不是两被告的责任。在常某某提出退货终止运输时,货运中心的处置是否恰当,是判断货运中心是否存在过错的依据。根据本案现有证据,常某某第一次口头提出退货终止运输的时间是5月6日24时左右,货运中心及时通知了站调度和机长,但常某某在得知CZ3816航班将于5月7日1时15分起飞后,就未再坚持要求退货并终止运输,可以看出货运中心在此期间没有过错。常某某第二次口头提出退货终止运输的时间是5月7日零时40分,离CZ3816航班预计起飞时间1时15分还有35分钟,离实际起飞时间1时29分还有49分钟,货运中心也与机长和站调度进行了协调,但未获得机长的同意,遂未同意常某某退货终止运输。在此,法院认为,货运中心已经尽到了缔约承运人的义务,不应承担责任。而作为实际承运人的南航在此期间是否有过错,法院认为,首先,常某某未按照《中国民用航空货物国内运输规则》第22条的规定提供书面变更的请求。其次,按照《民用航空法》第74条规定,民用航空器在管制空域内进行飞行活动,应当取得空中管制单位的许可。飞机起飞和空中飞行均要受空中交通管制的控制,因此,飞机实际起飞时间离预计起飞时间又拖后14分钟或18分钟,不是机组的责任。最后，没有证据证明 CZ3816 航班机长拒绝卸货终止运输的决定超出了机长的职权范围。因此，就常某某要求终止运输事宜中，不能判定被告南方航空公司也存在过错。

CZ3816 航班于 2010 年 5 月 7 日 4 时 19 分备降贵阳机场后，由于常某某没有按照《中国民用航空货物国内运输规则》第 34 条的规定向承运人提供最长运输时限和运输注意事项，因此机组和货运中心没有要求贵阳蓝天航空地面服务有限公司对货物进行特殊处理，不存在过错。从常某某两次口头要求卸货终止运输以及货运中心在 1 时 06 分向南方航空公司货运部广州货站所发传真可以看出，南方航空公司和货运中心已经知悉常某某托运的鱼苗在托运时间过长时可能造成死亡的风险，因此，南方航空公司在 CZ3816 航班备降贵阳机场后，应当尽快将常某某托运的鱼苗运输至广州机场。从 CZ3816 航班 4 时 19 分备降至贵阳机场至南方航空公司 CZ3661 航班（自贵阳飞往广州）起飞时间 8 时之间，有 3 个小时 41 分钟的时间，虽然 CZ3661 航班上的鲜花也有特殊保鲜要求，但鲜花的保鲜时间比运输中包装好的鱼苗缺氧死亡的时间要长得多是常识，且贵阳蓝天航空地面服务有限公司的说明也明确了在接到南通货运的电话后离 CZ3661 航班起飞时间只有 22 分钟，没有时间卸货重新配载鱼苗并装机，因此，南方航空公司对此应负一定的责任。但是，由于常某某没有向南方航空公司提供最长运输时限和运输注意事项，故不能借此认定南方航空公司的过错是明知可能造成损失而轻率地不作为，即该项过错不能成为可以突破赔偿责任限额的依据。

对于原定于 10 时 30 分补班的 CZ3816 航班未能准时补班的原因，从贵阳蓝天航空地面服务有限公司的说明可以看出，是由于原机组超时，当时无其他机组替代，后延时至 13 时 23 分起飞。《民用航空法》第 77 条第 1 款规定："民用航空器机组人员的飞行时间、执勤时间不得超过国务院民用航空主管部门规定的时限。"CZ3815/6 航班的原机组自 5 月 6 日执行预定时间 13 时 35 分从广州起飞至 5 月 7 日 4 时 19 分备降贵阳机场，加上飞行前的提前准备时间，已经超出了中国民航总局发布的《大型飞机公共航空运输承运人运行合格审定规则》所规定的实际执勤时间的限制，因此，原机组不能再执行飞行补班任务是必然的。根据现有证据，无法证明南方航空公司有替代机组准时执行预定于 10 时 30 分的补班任务而不派出替代机组，从而认为其轻率地不作为导致延误至 13 时 23 分起飞，故不能因此认定在延误补班时间上南航存在足以突破赔偿责任限制的过错。

《民用航空法》第 134 条第 1 款、第 2 款规定："旅客或者收货人收受托运行李或者货物而未提出异议，为托运行李或者货物已经完好交付并与运输凭证相符的初步证据。托运行李或者货物发生损失的，旅客或者收货人应当在发现损失后向承运人提出异议……至迟应当自收到货物之日起十四日内提出……另以书面提出。"本案中，赵某某在收货时虽未提出异议，但其和常某某在收货后的第二天就向南航提出书面的索赔金额为 1 512 000 元的货物索赔单，并不违反法律对提出异议的时限规定，不能因在收货时未提出异议就认为货物完好无损。常某某是在 5 月 6 日 14 时之后将鱼苗运抵常州机场，至 5 月 7 日 16 时 55 分，南方航空公司将鱼苗交付给赵某某，其间至少已过去近 27 个小时，还不包括鱼苗的包装及从南通运输至常州的一段时间。虽然鳗鱼运输操作技术规范不是法律法规，但其是经日常生活总结后的经验法则，根据该法则，可以推断出常某某托运的鱼苗在到达广州机场后已全部死亡具有高度的可能性，按照民事诉讼高度盖然性证明标准，法院因此认定常某某托运的鱼苗在到达广州机场时已全部死亡，对两被告的相应抗辩意见不予采纳。由于南方航空公司在实际承运过程中，没有采取一切的必要措施避免在航空运输中因延误造成常某某鱼苗损失，应当承担赔偿责任；该项责任虽然是南方航空公司明知可能造成损失但不是轻率地不作为所造成，故只能援用《民用航空法》第 128 条第 1 款规定的赔偿责任限额的规定进行赔偿。按照《国内航空运输承运人赔偿责任限额规定》第 3 条第 3 项规定，对托运的货物的赔偿责任限额，为每千克人民币 100 元。故作为实际承运人的南航应承担的赔偿责任为赔偿 182 700 元。作为缔约承运人的货运中心应当对合同约定的全部运输负责，即应对南方航空公司的行为承担连带赔偿责任。对于两被告收取的航空运费 3289 元应当予以返还。虽然按照国内航空货物运输合同的约定，常某某是合同的相对人，但常某某认可华大公司是托运鱼苗的实际所有人，故两被告应直接向第三人华大公司承担赔偿责任。为此，依照《民用航空法》第 44 条、第 74 条、第 77 条、第 119 条、第 126 条、第 128 条、第 132 条、第 134 条、第 138 条，以及《中国民用航空货物国内运输规则》第 22 条、第 34 条，《国内航空运输承运人赔偿责任限额规定》第 3 条第 3 项和《民事诉讼法》第 120 条的规定，判决：（1）被告中国南方航空公司赔偿第三人江苏省华大水产实业有限公司损失 182 700 元,并返还航空运费 3289 元,合计 185 989 元,于本判决生效之日起 10 日内履行完毕。(2) 被告常州民航航空货运销售中心与被告中国南方航空公司承担连带赔偿责任。如果未按本判决指定的期间履行给付金钱义务,应当依照《民事诉讼法》第 229 条的规定,加倍支付迟延履行期间的债务利息。案件受理费 18 408 元,由两被告连带承担 2256 元,由华大公司承担 16 152 元(原告同意被告方及第三人承担的诉讼费用由被告方及第三人在本判决生效之日起 10 日内向其直接支付,法院不再退还)。

【案例评析】法律行为是法律关系产生、变更、消灭的主要原因,学习法律对此不可不察。无论是合同的签订、损害行为的发生或是犯罪行为的进行,都事关法律行为。从民航运输的角度来说,购买机票、货物托运、安排乘机、送达目的地等行为都是法律行为,都引起一定权利、义务的产生与变更。

第二节　法律行为的结构

法律行为的构成是需要一定条件的,这些条件就是法律行为的构成要件,即法律规定或法律解释确定的构成法律行为的要素。

一、法律行为的内在方面

(1) 动机:直接推动行为人去行动以达到一定目的的内在动力和动因。
(2) 目的:人们通过实施行为以达到一定结果的主观意图。
(3) 认知能力:人们对自己行为的法律意义和后果的认识能力。

二、法律行为的外在方面

(1) 行为:人们通过身体、语言或意志表现于外在的举动。
(2) 手段:行为人为实现预设的目的而在实施行为过程中所采取的各种方式方法。
(3) 结果:人们通过实施行为所引起的社会影响。

【案例】被告人刘某某故意伤害案[①]

【案件介绍】郑州市人民检察院指控,2012年5月5日14时许,在郑州新郑国际机场一楼到达厅5号门外,被告人刘某某召集刘甲与被害人王某某一起打牌,其目的是不让王某某拉乘客。期间刘某某与王某某因打牌输钱之事发生争执,刘某某将王某某推倒在地,导致王某某后脑着地。王某某经送医院抢救无效于2012年5月8日死亡。

被告人刘某某对上述指控事实无异议,其辩称没有伤害王某某的故意。其辩护人的辩护意见是,被告人刘某某主观上无伤害他人的故意,应当以过失致人死亡罪追究刑事责任,且被告人刘某某系自首,积极赔偿,建议从轻判处。

经审理查明,2012年5月5日14时许,在郑州新郑国际机场一楼到达厅5号门外,被告人刘某某与被害人王某某在一起打牌,后因打牌发生口角,刘某某将王某某推倒在地,致王某某后脑着地。王某某经抢救无效于2012年5月8日死亡。经法医鉴定,王某某系摔伤头部引起硬膜下血肿而死亡,原有的重度脂肪肝、肝硬化及脾脏肿大致凝血功能障碍对其死亡起到一定的促进作用,为辅助死因。

另查明,被告人刘某某的亲属与被害人王某某的亲属于2013年7月3日达成附带民事赔偿协议,并已实际履行。附带民事诉讼原告人撤回民事诉讼,并要求对被告人刘某某从轻处罚。

法院认为,被告人刘某某故意伤害他人身体,致人死亡,其行为已构成故意伤害罪。郑州市人民检察院指控被告人刘某某犯故意伤害罪的事实清楚,罪名成立,提请依法判处的理由充分,应予支持。

关于被告人刘某某及其辩护人辩称是过失致人死亡的意见,经查,被告人刘某某两次实施推被害人胸部的行为,将被害人推倒在地后致被害人后脑着地致颅脑损伤,是导致被害人死亡的直接原因,被告人刘某某主观上有伤害他人的故意,客观上有伤害他人的行为,其行为符合故意伤害罪的构成要件,应定性为故意伤害罪,故对该意见不予采纳。但鉴于被告人刘某某有自首情节,且被告人亲属与附带民事诉讼原告人达成民事赔偿协议,可对其减轻处罚,与此相对应的辩解、辩护意见予以采纳。

[①] 郑州市中级人民法院一审(2013)郑刑一初字第59号刑事判决书。

故意伤害他人身体，致人死亡的，应在10年以上有期徒刑、无期徒刑或者死刑的量刑幅度内予以处罚。在对被告人刘某某量刑时综合考虑以下因素：被告人刘某某与被害人系在打牌期间发生矛盾，一怒之下将被害人推倒在地，被害人因后脑着地致颅脑损伤而死亡，鉴于被告人刘某某作案手段和犯罪动机与社会上其他故意伤害犯罪比较，行为情节相对较轻，主观恶性相对较小，且系日常生活矛盾而引发；被告人刘某某有自首情节，且被告人亲属与附带民事诉讼原告人达成民事赔偿协议，可对其减轻处罚。

根据被告人刘某某犯罪的事实、性质、情节和对社会的危害程度，依照《刑法》第234条第2款、第47条、第61条、第67条第1款的规定，判决被告人刘某某犯故意伤害罪，判处有期徒刑4年。

【案例评析】一般来说，刑法理论对法律行为的内在方面和外在方面更为关注，这关系到刑法的核心问题——对犯罪嫌疑人、被告人的定罪量刑。本案中的争议焦点在于被告人对造成被害人伤害的主观心理状态是故意还是过失，这构成故意伤害罪与过失致人死亡罪的分野。而民法理论中对法律行为的内在方面与外在方面关注较少，在法律行为的主观方面，民法更关注是否构成过错，而没有刑法中故意与过失的区分；而在法律行为的外在方面，则关注损害结果，至于手段、方法等则对于民事处理来说意义不大。

第三节　法律行为的分类

一、法律行为分类的标准

由于法律调整的对象不同，立法、司法实践技术的要求不同，法律行为分类的标准在逻辑上是多角度的。

二、法律行为的具体分类

（一）依行为主体的性质和特点分类

（1）依行为主体的特点，分为个人行为、集体行为、国家行为。

（2）依主体意思表示形式，分为单方行为、多方行为。

（3）依主体参与行为的状态，分为自主行为、代理行为。

（二）依行为的法律性质分类

（1）依行为是否符合法律的内容要求，分为合法行为、违法行为。

（2）依行为具有公法性质或私法性质，分为公法行为、私法行为。

（三）依行为的表现形式和相互关系分类

（1）依行为的表现形式，分为积极行为、消极行为。

（2）依行为的主从关系，分为主行为、从行为。

（四）依行为的构成要件分类

（1）依行为是否须通过意思表示，分为表示行为、非表示行为。

（2）依行为成立是否需要特定法律要件，分为要式行为、非要式行为。

（3）依行为的有效程度，分为完全行为、不完全行为。

【案例】 某甲运输公司与某乙公司货物运输合同纠纷案[①]

【案情介绍】原告某甲运输公司诉称，2009年11月，被告与原告签订"国际出口及国内限时服务费结算协议书"，约定原告为被告提供出口航空快件运输服务。被告在原告处开设了快递账号490163247，并承诺对该账号下的全部运费承担付款责任。协议签订后，原告于同月为被告提供了两次国际航空快递服务，产生运费合计60 047.71元。被告未支付该费用。原告多次催讨无果，故起诉请求人民法院判令：（1）被告向原告支付航空快递运费60 047.71元；（2）本案诉讼费由被告承担。

被告辩称，原告诉称的两次国际航空快递服务所涉货物，系被告直接委托联邦快递（中国）有限公司上海分公司（以下简称联邦快递上海分公司）办理出口报关手续，货物运输到德国系被告另行委托航空公司完成。因此，原、被告仅签订框架协议，没有实际发生国际货物运输合同关系，被告无须向原告支付运输费用。

法院经审理查明，2009年11月12日，原告为乙方，被告为甲方，签订编号FDWN80911-012"国际出口及国内限时服务费结算协议书"，约定：甲方委托乙方提供国际出口或国内限时快件服务；甲方承诺负担与托运相关的运费及国际空运提单上所载费用、与托运相关的关税及海关所估算的税额等

---

① 温州市中级人民法院一审（2012）浙温商外初字第154号民事判决书。

相关费用；甲方的联邦快递账号为490163247，甲方应对该账号所产生的全部运费及关税承担付款责任，甲方在收到出口关税账单后立即结清账单，自收到运费账单日起30日内将账单结清，如甲方收到运费账单日起14日内未提出异议，即代表甲方对相关运费账单无异议；即使甲方在填写国际空运提单或国内货物托运单时有不同的付款指示，甲方仍须首先负责与托运货件有关之所有费用，包括运费、可能的附加费、海关税项及关税估算的税款等；甲方交给乙方托运的每票货物，受相关国际空运提单条款及其中提及的标准运送条款所约束；本协议适用于中国法律及其解释，如双方在履行协议中发生争议，经协商不成，任何一方有权向乙方住所地法院提起诉讼；本协议经双方盖章后，于2009年11月12日生效。

同月18日，原告将被告交付的两批按摩器及商业发票、已盖有被告公章和业务专用章的委托报关协议等资料，交付并指示联邦快递上海分公司代理报关之后，于2009年11月21日、11月19日先后组织空运出口。上述货物所附报单关、商业发票、装箱单显示两批货物出口口岸为上海快件2244，提运单号分别为02325298523-155、02325297823-200，运抵国/指运港为德意志联邦共和国，标记唛码及备注418009291515、41009291662，商品名称为按摩器，数量分别为300台、350台，毛重分别为465千克、954千克，收货人为EL0-TradingEKMarinaBuschKressestr.1190419Nurnberg。被告确认收货人已收取货物。联邦快递上海分公司确认上述货物系原告承运。原告收取上述货物时，联邦快递在国际互联网公布的中国快件出口推广价目表（尚未包含燃油附加费和其他附加费）显示，目的地德国的计费标准为：300～499千克重的每千克收费133元、500～999千克重的每千克收费124元。

2011年5月27日，原告代理人范某某通过中国邮政特快专递向上述协议书中记载的被告住所地邮寄了催收运费函和账单，内容为原告因上述两次航空快递服务运费合计60 047.71元，已向被告催讨多次未获偿，特致函并附账单（账单显示两次运费分别为19 202元、40 845.71元）催讨。该邮件于2011年5月29日由门卫代收。

法院认为，本案系国际航空货物运输合同纠纷，应适用涉外民事诉讼程序的规定审理。受诉法院系被告住所地法院，根据《民事诉讼法》第259条、第27条的规定，法院对本案有管辖权。根据《合同法》第126条第1款的规定，涉外合同的当事人可以选择处理合同争议所适用的法律。根据原、被告所签"国际出口及国内限时服务费结算协议书"确定的法律适用条款，本案纠纷的处理应适用中华人民共和国法律。

本案的争议焦点为原告有无为被告提供出口货物国际航空运输服务，被告是否拖欠原告运费及具体金额。对此，法院认为，原告提供的"国际出口及国内限时服务费结算协议书"、航空货运单，法院从上海海关调取的出口货物报关单、出口混载货物拼装清单、空运舱单网上管理系统查询信息等报关资料，及报关代理人联邦快递上海分公司的证言，形成较完整的证据链条，证实原、被告订立协议约定建立国际出口快递运输合同关系及运费负担等内容后，原告对被告交付的两批货物组织了报关、运输出口等事实。被告辩称其直接委托联邦快递上海分公司报关，已被联邦快递上海分公司否认。被告提出其另行委托航空公司运输到德国，但未提供相应证据证实，其抗辩不成立。原告为被告提供了国际航空货物运输服务，被告应当支付相应运费。因双方协议对具体运费的计算方式未约定，原告填写的航空货运单亦未载明运费，被告也未提供计价依据，法院考虑到联邦快递作为国际知名的运输物流企业，其在国际互联网公布的价目表可以被托运人获知，《合同法》第62条第2项规定："价款或者报酬不明确的，按照订立合同时履行地的市场价格履行；依法应当执行政府定价或政府指导价的，按照规定履行。"并参照《中国民用航空货物国际运输规则》（中国民用航空总局民航总局令第91号）第19条规定："承运人应当公布运价。运价应当是填开货运单之日的有效运价。"第21条规定："托运人应当使用承运人公布的货币支付运费和其他费用。支付的货币不是公布货币的，托运人应当按照规定的兑换率换算后支付。"法院认为联邦快递当时公布的价目表可以作为订立合同时履行地同类服务的市场价格予以参照。原告请求的运费为60 047.71元，未超出依据联邦快递当时公布的价目表计算的运费（465千克，133元/千克）+（954千克，124元/千克）=180 141元（尚未计算燃油附加费），法院予以支持。

综上，依照《合同法》第60条、第62条第2项、第126条第1款、第292条，《民事诉讼法》第27条、第259条的规定，判决被告某乙公司于本判决生效之日起10日内向原告某甲运输公司支付运费60 047.71元。如果未按本判决指定的期间履行给付金钱义务，应当依照《民事诉讼法》第253条的规定，加倍支付迟延履行期间的债务利息。本案案件受理费1301元，由被告某乙公司负担。

【案例评析】 法律行为在不同的法律关系中有不同的分类。如刑法理论中相关的问题包括共同犯罪、犯罪集团、单位犯罪等问题；而民法中法律行为的分类则更为复杂，教材中关于法律行为的分类，多援引民法理论，而分类的关注点则多在法律行为是否有效。学生可以结合上述案例，体会法律行为分类的意义。

第七章

法律关系

法律关系是法学的一个基本概念，经由法律关系，各个不同主体之间才会建立相应的权利和义务关系，法律的适用才成为可能。同时，在法律实践过程中，各个主体之间法律关系的判断常常是法律适用的前提，是否存在法律关系以及存在什么样的法律关系决定了应当适用的实体法与程序法。本章从法律关系的概念和分类入手，对法律关系的构成要素及其形成、变更和消灭进行了论述。

第一节 法律关系的概念和分类

一、法律关系释义

（一）法律关系的概念

法律关系是以法律规范为基础形成的，以法律权利和法律义务为内容的社会关系。

（二）法律关系的特点

（1）法律关系是以法律规范为基础形成的社会关系。

（2）法律关系是法律主体之间的社会关系。

（3）法律关系是以权利和义务为内容的社会关系。

二、法律关系的分类

（一）依法律关系发生的方式进行分类

（1）调整性法律关系：在法律规范调整之前已经存在着某种社会关系，法律规范的调整只是给它披上法律的外衣。

（2）创设性法律关系：在法律规范产生之前某种社会关系并不存在，法律规范作用于社会生活之后才出现该种社会关系。

（二）依法律主体在法律关系中的地位进行分类

（1）纵向法律关系：不平等主体间所建立的权力服从关系。

（2）横向法律关系：平等主体间权利义务关系。

（三）依法律关系中法律主体的数量进行分类

（1）双边法律关系：特定双方法律主体之间存在的权利义务关系。

（2）多边法律关系：三个或三个以上的法律主体之间存在的权利义务关系。

（四）依法律关系间因果关系进行分类

（1）第一性法律关系：法律规范发挥其指引作用的过程中，在人们合法行为的基础上形成的法律关系。

（2）第二性法律关系：在第一性法律关系收到干扰、破坏的情况下对第一性法律关系起补救、保护作用的法律关系。

【案例】兰州安翔航空服务有限责任公司与掌上通航空服务（北京）有限公司合同纠纷案[①]

【案情介绍】2011年7月12日，掌上通航空服务（北京）有限公司（以下简称掌上通公司）作为甲方与作为乙方的兰州安翔航空服务有限责任公司（以下简称安翔公司）签署了一份"航空机票电子商务合作协议"。根据该协议约定，甲乙双方拟在本协议约定的航空机票电子商务合作协议领域进行合作，乙方授权甲方以本协议约定的合作内容和方式销售乙方代理的航空公司的所有航班机票且有权作出上述授权。

（1）合作目的、方式和范围。甲乙双方为实现资源共享，优势互补，甲

---

① 北京市第一中级人民法院（2014）一中民终字第02307号民事判决书。

方与乙方在兰州、敦煌、嘉峪关、酒泉、武威、白银、定西、甘南、临夏、陇南、天水、庆阳、平凉、金昌地区结为合作伙伴，甲方委托乙方为甲方的客户提供代办保险、国内机票出票、退票、配送等服务。

（2）甲方的权利和义务。①按照行业服务要求对乙方的服务内容进行监督；②根据双方约定的结算标准向乙方收取佣金；③对于本协议合作项目下的民航客票，由甲方负责将客户订票信息以传真、电话、MSN等方式提供给乙方；④如乙方违背约定内容，甲方有权根据第三方（包括但不限于甲方客户、航空公司等）的索赔和处罚情节轻重向乙方收取相应违约金，并有权终止合作；⑤按照乙方代理区域，甲方有权要求乙方在第一时间提供合作区域内航空公司的任何通知及变动，如因乙方没有履行告知义务，所产生的费用由乙方承担；⑥甲方客户产生信用卡担保订单或甲方担保出票订单，甲方须在传真给乙方的"机票出票证明"中备注说明，并传真纸质"欠款证明"，票款在约定时间内由甲方向乙方结清；⑦本合同约定的其他权利义务。

（3）乙方的权利和义务。①乙方须安排专人负责相关合作事宜，确保合作顺利、快速、高效进行；②本着诚实信用的原则，乙方承诺不向任何第三方提供或披露与甲方业务或本合同内容有关的组织结构、业务发展、服务流程、营业模式等商业秘密；③未经甲方同意，乙方承诺不以任何形式授权第三方代办双方的合作业务；④乙方有义务根据双方约定的结算标准向甲方支付佣金；⑤合作过程中，为保证客户的专属性，乙方必须以"掌上通航服"的名义以及甲方规定的名义与客户进行联系和提供服务；⑥除非双方另有约定，否则乙方不得向客户收取除机票款、保险费以外的任何费用；⑦乙方在兰州、敦煌、嘉峪关、酒泉、武威、白银、定西、甘南、临夏、陇南、天水、庆阳、平凉、金昌地区提供免费送票服务，并按以下的时间要求将机票（或含保险单等相关凭证）送到客人指定地点。在接到订单10分钟内，对客户作出回应回复配送时间。如果不能按照指定时间送到，要在收到通知出票传真后10分钟内回复甲方，以便及时与客户协调，调整时间；⑧乙方应及时以书面的形式向甲方提供其所掌握的所有航空公司的运价信息，并及时提供所掌握的特价机票信息；⑨乙方有配合甲方定期或者不定期开展市场活动的义务，活动期间有义务针对票价提供优惠，并提供保险、礼品等免费配送；⑩乙方针对航空公司的规定，收到甲方的订单时，有审核和告知的义务（如航空公司规定的当天销售的航班不允许作废）；⑪本合同约定的其他权利义务。

（4）佣金结算。①国内机票：以每周产生的实际交易额（不含燃油附加费、机场建设费）为准，乙方向甲方提供总票款的3%作为佣金；儿童、婴儿不返佣。②保险：以每周产生的实际张数为准，每份保险乙方按8元向甲方支付保险佣金；③只需乙方打印行程单配送或邮寄的订单，甲方需支付乙方费用10元/单。

（5）合作有效期。本协议有效期间为1年，自2011年7月12日至2012年7月11日。

（6）结算方式。①合作期间，应由甲乙双方授权人员进行往来款项的结算。②配送：结算采用周结方式，即每周二前乙方向甲方提供上一周的应付佣金及应收票款报表，如有异议，甲方需在2个工作日内提出书面意见；经甲方确认无误后，乙方每周四前结算上一周佣金给甲方。

（7）违约责任。本协议任一方当事人违反本协议约定，不履行本协议约定的义务或者履行协议不符合本协议约定的，应当承担继续履行、采取补救措施或者赔偿损失等违约责任。在履行义务或者采取补救措施后，对方还有其他损失的，应当赔偿对方相应损失。

（8）协议的终止。①本协议有效期内，双方经协商同意，可以书面形式对本协议进行变更或提前终止本协议。②本协议提前终止，并不影响双方在本协议终止前已产生的权利和义务。③本协议终止前，乙方必须结清与甲方的所有款项。

2012年1月9日，兰州安翔航空服务有限责任公司（以下简称安翔公司）签署了由掌上通航空服务（北京）有限公司（以下简称掌上通公司）向其传真发送的"确认函"，确认应付掌上通公司2011年12月12日至25日机票代理费15 793.3元，欠款将于3日内支付给掌上通公司。同年1月13日，安翔公司签署了由掌上通公司向其传真发送的"确认函"，确认应付掌上通公司2011年12月26日至31日机票代理费4964.7元，欠款将于3日内支付给掌上通公司。同年3月26日，安翔公司签署了由掌上通公司向其传真发送的"确认函"，确认应付掌上通公司2012年1月1日至13日机票代理费15 113.61元，欠款将于3日内支付给掌上通公司。安翔公司在确认上述"确认函"过程中，并未对确认函中的欠款数额提出异议。

2012年3月27日，掌上通公司就上述欠款向安翔公司发出"欠费催缴函"，再次催促安翔公司偿还上述款项。后因安翔公司一直未付款，掌上通公司将安翔公司诉至一审法院，一审法院于2013年2月4日作出（2013）海民初字第 02378 号民事判决书,判令安翔公司向掌上通公司支付相应款项及利息;安翔公司不服,向二审法院提起上诉,二审法院于 2013 年 5 月 13 日作出 (2013) 一中民终字第 5427 号民事判决书,驳回安翔公司的上诉,维持原判。

2012 年 1 月 13 日后,掌上通公司与安翔公司未再发生业务往来。掌上通公司称,双方未再发生业务往来的原因系安翔公司向其提出解除合同,且安翔公司迟延支付到期佣金;安翔公司称,其未向掌上通公司提出过解除合同,其未支付佣金不是迟延履行,而是双方在进行结算,掌上通公司未再给安翔公司业务是掌上通公司违约;掌上通公司未就其主张的安翔公司提出解除合同向一审法院提交充分证据。

2012 年 1 月 16 日,掌上通公司与案外人兰州银翔票务有限责任公司(以下简称银翔公司)签订"航空机票电子商务合作协议",将兰州地区的送票业务交由银翔公司负责,银翔公司按照约定向掌上通公司支付佣金。

掌上通公司和安翔公司签订的"航空机票电子商务合作协议"于 2012 年 7 月 11 日合同期满后自行终止。

另查,双方合同中约定的业务,系安翔公司的小部分业务,其主要业务是代理部分航空公司的业务,除掌上通公司外,安翔公司的主要客户为航空公司。

法院认为,安翔公司与掌上通公司签订的"航空机票电子商务合作协议"系双方当事人真实意思表示,也不违反相关法律法规的强制性规定,应属有效。本案中,安翔公司诉讼请求的前提是,掌上通公司在履行上述合同过程中存在违约行为且该违约行为给安翔公司造成了损失。法院对此评析包括以下几个方面。

第一,掌上通公司在履行合同过程中是否存在违约行为。本案中,安翔公司主张掌上通公司的违约行为系 2012 年 1 月 13 日后未再向安翔公司提供合同约定的业务。对此,法院认为,首先,双方合同系到期后自然终止,合同中就单位时间内掌上通公司应给安翔公司提供的业务数量并无约定,故安翔公司主张掌上通公司在合同期间的某段时间未给其提供业务的行为系违约行为,缺乏相关合同依据;其次,根据双方合同约定和欠款催缴确认函回函,2013 年 1 月 13 日之前,双方已有三个结算周期(三周)合同款项未结算,经双方确认后,2012 年 1 月 13 日开始,安翔公司应向掌上通公司支付相应合同款项,但安翔公司并未按约定期限支付相关款项,构成违约,且该违约行为延续至双方合同期限届满。在安翔公司未按约定支付相关款项的情况下，掌上通公司未再交给安翔公司相关业务亦属正当抗辩，并无不当，安翔公司主张掌上通公司的上述行为系违约行为缺乏法律依据；综合以上两点，安翔公司称掌上通公司2012年1月13日后未再给其业务构成违约的主张，缺乏合同依据和法律依据，法院不予支持。

关于安翔公司称欠款催告确认函回函系双方进行结算而不构成迟延履行的主张，法院认为，双方结算金额在上述确认函回函中已经明确载明，安翔公司亦对相关金额予以确认，且上述回函中亦确定了支付相应款项的时间，安翔公司称双方系进行结算的主张明显与事实不符，故法院对其上述主张不予采信。

第二，关于安翔公司主张的租赁房屋费用和人员工资损失赔偿。首先，安翔公司未就其主张的上述费用损失系专为履行双方合同而产生向该院提交相应证据，在此情况下，相关租赁费用及人员工资应为安翔公司正常经营的运营成本，其要求作为其客户之一的掌上通公司承担该项经营成本显属不当；其次，安翔公司就其主张的人员工资并未向该院提交有效证据；再次，安翔公司计算上述损失的期间系其主张的掌上通公司违约行为发生后的约6个月时间，在该期间，安翔公司理应采取必要措施防止损失扩大，但根据安翔公司的陈述，其租赁的房屋在此期间一直未用于其他业务的办公，相关人员亦未安排从事其他工作，故即使存在上述损失，亦与安翔公司未及时采取必要措施防止损失扩大存在一定关系，其要求掌上通公司赔偿其全部损失的主张亦缺乏法律依据。

综合以上分析，掌上通公司在履行合同过程中并无违约行为，安翔公司就其主张的损失的实际数额及该损失与本案的关联性等方面亦未向该院提供充分证据，故安翔公司要求掌上通公司赔偿相关损失的诉讼请求，缺乏事实和法律依据，法院不予支持。综上所述，该院依照《合同法》第68条第1款第3项、第119条第1款，《民事诉讼法》第64条第1款的规定，判决驳回安翔公司的诉讼请求。

【案例评析】民航法律关系较为复杂，既包括民航主管机关对民航运营单位管理的纵向法律关系，也包括民航运营单位之间以及与旅客之间的横向法律关系。而一旦出现诉讼，则意味着第一性法律关系遭到破坏，进而产生第二性法律关系。法律关系的内容是权利义务关系，学生应深入了解民航各主体之间的法律关系。

第七章 法律关系

【案例】林某某与上海吉祥航空股份有限公司、天津滨海国际机场航空旅客运输合同纠纷案[①]

【案情介绍】 原告林某某购买了被告上海吉祥航空股份有限公司（以下简称吉祥航空公司）2013年8月6日HO1251航班机票，始发地为上海虹桥机场，目的地为北京首都机场，机票显示登机时间为20时45分，起飞时间为21时15分，到达目的地时间为22时55分。该航班实际于8月6日晚22时20分左右起飞，7日凌晨飞机到达北京上空后，该航班广播通知因北京天气原因不能降落，将返回上海虹桥机场。不久，又广播通知北京天气好转将按原计划飞往北京，并通知乘客飞机将在凌晨1时左右降落北京机场。8月7日凌晨1时左右，该航班降落在被告天津机场。于是乘客对该航班机组提出异议，机组方广播通知乘客，北京机场由于雷电原因不能降落，现在降落到天津机场。原告再次向航班机组询问起飞时间，机组回复"等通知"。后乘客均在飞机上等待。至凌晨4时左右，被告天津机场摆渡车过来接乘客下机，摆渡车先到达7~9号登机口进入候机大厅，后乘客又随摆渡车到达17~19号登机口进入大厅休息，此时已近凌晨5时，期间，被告吉祥航空未提供食物给乘客。后包括原告在内的大部分乘客自行解决交通问题离开天津机场去北京，其余27名乘客于8月7日7时入住了由被告吉祥航空提供的宾馆住宿并提供了早餐，并于10时30分由被告吉祥航空安排后，于11时乘坐另一航班飞往北京。

另查，被告吉祥航空与被告天津机场于2011年4月20日签订"地面服务代理协议"，约定由被告天津机场为被告吉祥航空提供相关的地面服务。

法院认为，依《合同法》规定，运输合同是承运人将旅客或者货物从起运地点运输到约定地点，旅客、托运人或者收货人支付票款或者运输费用的合同。客运合同自承运人向旅客交付客票时成立，但当事人另有约定或者另有交易习惯的除外。本案中，原告自购买被告吉祥航空HO1251航班机票时起，双方之间即已建立航空旅客运输合同关系，且合法有效，原、被告双方均应按照合同约定和法律、法规规定履行合同义务。被告吉祥航空作为承运人应按机票上约定的时间、地点将原告等旅客安全运送到目的地，并在运送过程中按照规定向旅客提供相应的服务。现被告吉祥航空因天气原因未能按约定的时间、地点将

[①] 上海市浦东新区人民法院一审（2014）浦民一（民）初字第11908号民事判决书。

原告等乘客运送到目的地北京机场，而备降到天津机场，飞机降落到天津机场后，原告等乘客长时间滞留在飞机上和机场大厅内，被告吉祥航空对原告等乘客未履行必要的告知、妥善安置、保障救助等合同附随义务，已构成违约，应承担相应违约赔偿责任。故原告可追究被告吉祥航空的违约责任以维护自己的合法权益。但本案原告坚持认为两被告侵犯其知情权、人身自由权、健康权、选择权，已构成侵权，属《合同法》规定的违约责任与侵权责任的竞合，原告经法院释明后坚持选择侵权之诉主张其权利。

《侵权责任法》第2条规定："侵害民事权益，应当依照本法承担侵权责任。本法所称民事权益，包括生命权、健康权、姓名权、名誉权、荣誉权、肖像权、隐私权、婚姻自主权、监护权、所有权、用益物权、担保物权、著作权、专利权、商标专用权、发现权、股权、继承权等人身、财产权益。"该条对明确的民事权利予以法律保护，对除此之外的民事利益也予以法律保护。通说认为，民事权益包括民事权利和民事利益。权利是指为保护民事主体的某种利益而赋予的法律上的力，它是利益和法律之力的结合，如所有权、生命权、健康权等。民事利益是指那些虽然受到法律保护但未被确定为权利的利益，包括人身法益和财产法益等。现本案首先须解决的问题是原告主张的被侵犯的知情权、人身自由权、健康权、选择权究竟是否属《侵权责任法》所调整的民事权利抑或民事利益，然后才可讨论违约责任与侵权责任是否存在竞合的问题。现结合本案事实，对于原告主张的知情权，原告作为客运合同的相对方，其在与被告吉祥航空在履行客运合同过程中当然有权知悉合同履行相关信息，被告吉祥航空也有义务如实向原告告知相关信息，此系被告吉祥航空依诚实信用原则应当遵循的告知义务，属《合同法》调整的合同义务的范畴，而非《侵权责任法》调整的涉及人身权利及人格利益的民事权益。对于原告主张的人身自由权，人身自由权一般为侵权人存在主观恶意并采取非法强制措施而限制他人的人身自由的行为。本案中，原告等乘客确实滞留该航班三个多小时未能下机，但是否系被被告吉祥航空采取非法措施强制滞留，显然原告并无证据证明。因航空器的特殊性及航空旅客运输的复杂性，航空公司出于飞机及乘客的安全考虑不能打开舱门下客属合理处置，因此无法与原告所称的限制人身自由权相关联，系原告对人身自由权的曲解和扩大解释。对于原告主张的健康权，原告等乘客在航班延误后滞留在机场数小时，被告吉祥航空未采取必要措施合理妥善安置乘客，势必会造成乘客心理上一定程度的焦虑、烦躁，乃至因个体本身身体原因会造成身体的不适，但是否构成《侵权责任法》上对健康权的侵害，原告也无证据证明。《合同法》上而言，违约方因违约行为对守约方同样也会造成心理上一定程度的焦虑、烦躁，显然原告系对健康权存在理解上的泛化。对于原告主张的选择权，本案中，被告吉祥航空已尊重了该航班所有乘客的要求，部分乘客自行离开天津机场去目的地北京，部分乘客由被告吉祥航空安排住宿后于次日乘坐另一航班回京，并未侵犯该航班乘客的选择权。

综上所述，法院认为现原告主张的权利不符合《侵权责任法》所调整的民事权利和民事利益，故本案不存在侵权责任与违约责任的竞合问题，现原告经法院释明后放弃违约之诉，系对自己权利自由处分，而原告坚持选择侵权之诉要求两被告共同承担各项侵权责任的诉讼请求，于法无据，法院均不予支持。根据《侵权责任法》第2条、第6条第1款的规定，判决驳回原告林某某的全部诉讼请求。

【案例评析】在法律实务中，对相关法律主体之间法律关系的确认是决定适用法律的第一步，只有对法律关系有了大致的判断，才能在相关法律文本中寻找适用的法律规范。当然，有时候初步的判断并不见得准确，这时候就需要法律实务人员往返于事实与规范之间，最终作出最符合案件情况的判定。对法律关系判定的不同，适用的法律也就不同，进而对各方的权利义务关系的判定也会不同。因此，准确判断法律关系是正确处理法律问题的前提。如果判断法律关系出现了问题，则不可能对案件有正确的处理，甚至会影响法律主体的权益。

本案焦点在于法律关系的判断。原告认为其与被告之间存在侵权关系，而法院则认为现原告主张的权利不符合《侵权责任法》所调整的民事权利和民事利益，而属于违约纠纷。虽然侵权与违约在某些情形下存在竞合，但本案中原告无法证明侵权情形，而且拒绝变更诉讼请求，最终法院裁判不支持其诉讼请求，原告的权益没有实现。由此可见准确认定法律关系在法律运行中的重要作用。

【案例】陆某某诉美国联合航空公司国际航空旅客运输损害赔偿纠纷案

【案情介绍】1998年5月12日，原告陆某某乘坐被告美国联合航空公司（以下简称美联航）的UA801班机，由美国夏威夷经日本飞往中国香港。该机在日本东京成田机场起飞时，飞机左翼引擎发生故障，机上乘客紧急撤离。陆某某在紧急撤离过程中受伤，被送往成田红十字医院救护。经该院摄片诊断为右踝骨折。5月14日，陆某某到中国香港伊丽莎白医院做检查，结论为右踝侧面局部发炎，不能立即进行手术。陆某某征得美联航同意后，于5月16日入住安徽省立医院治疗，诊断为：陆某某右侧内、外、后踝骨折伴粉碎性移位。该院先后两次对陆某某进行手术治疗。1998年12月22日，陆某某出院，休息至1999年3月底。陆某某受伤住院期间，聘请两名护工护理；出院后至上班期间，聘请一名护工护理。陆某某受伤前的工资收入是每月人民币12 400元，受伤后休息期间的工资收入是每月人民币1255元，每月工资收入减少人民币11 145元。陆某某受伤后，美联航曾向其致函，表示事故责任在于美联航，美联航承担了陆某某两次手术的医疗费用计人民币86 748.10元。

审理中，法院应被告美联航的申请，依法委托上海市人身伤害司法鉴定专家委员会对原告陆某某右下肢的损伤情况和伤残级别进行司法鉴定，结论为：（1）陆某某因航空事故致右踝三踝骨折伴关节半脱位，现右踝关节活动受限，丧失功能50%以上，长距离行走受限，参照《道路交通事故受伤人员伤残评定》4.9.F及附录A8的规定，综合评定为Ⅷ级伤残；（2）根据被鉴定人的伤情，可酌情给予营养3个月，护理3个月；（3）被鉴定人右膝关节麦氏征及过伸试验均阴性，送检的MRI片示未见半月板撕裂征象，仅为退行性变，与本次航空事故无直接的因果关系。

另查明，原告陆某某所购被告美联航的机票，在"责任范围国际旅客须知"中载明，对于旅客死亡或人身伤害的责任，在大多数情况下对已探明的损失赔偿责任限度为每位乘客不超过7.5万美元。到达这种限度的责任，与公司方是否有过失无关。上述7.5万美元的责任限度，包括法律收费和费用。

法院认为本案是涉外旅客运输合同纠纷与侵权纠纷的竞合。

关于本案的法律适用。双方当事人对本案应适用的法律，一致的选择是《华沙公约》。《合同法》第126条第1款规定："涉外合同的当事人可以选择处理合同争议所适用的法律，但法律另有规定的除外。涉外合同的当事人没有选择的，适用与合同有最密切联系的国家的法律。"这是我国法律在涉外案件法律适用方面对"当事人意思自治"原则的体现，这已成为当今各国处理民商事法律关系的重要原则。"当事人意思自治"原则是相对的、有限制的。世界各国立法都对"当事人意思自治"原则有一定程度的限制，主要体现在三个方面：一是当事人所选择的法律必须与当事人或合同有实质性联系；二是当事人选择的法律不违反公共秩序；三是当事人选择的法律不违反强制性规定。当事人必须在不违反法律强制性规定的前提下，选择与他们本身或者与他们之间的合同有实质联系的法律。《民法通则》第142条第2款规定："中华人民共和国缔结或者参加的国际条约同中华人民共和国的民事法律有不同规定的，适用国际条约的规定，但中华人民共和国声明保留的条款除外。"第3款规定："中华人民共和国法律和中华人民共和国缔结或者参加的国际条约没有规定的，可以适用国际惯例。"由此可见，优先适用国际条约，再适用国内法，再适用国际惯例，是我国法律对涉外民事案件法律适用顺序作出的强制性规定。当事人在协议选择涉外民事案件适用的法律时，必须符合这个规定。

我国与美国都是《华沙公约》和《海牙议定书》的成员国。作为公约缔约国，我国有义务遵守和履行公约，故本案应首先适用《华沙公约》和《海牙议定书》。根据"当事人意思自治"的原则，本案双方当事人也一致选择适用《华沙公约》。这一选择不违反我国在涉外民事案件法律适用方面的强行性规定，应当允许。

关于违约责任与侵权责任的确定。原告陆某某因乘坐被告美联航的班机受伤致残而向美联航索赔，索赔请求中包括精神损害赔偿。乘坐班机发生纠纷，通常是旅客运输合同纠纷，解决的是违约责任。但因乘坐班机受伤致残，违约行为同时侵犯了人身权利，就可能使违约责任与侵权责任竞合。《合同法》第122条规定："因当事人一方的违约行为，侵犯对方人身、财产权益的，受损害方有权选择依照本法要求其承担违约责任或者依照其他法律要求其承担侵权责任。"由此可见，违约责任与侵权责任不能在同一民事案件中并存，二者必居其一，应由受损害方选择。陆某某在请求美联航承担违约责任的同时，又请求精神损害赔偿，应视作对责任选择不明。在这种情况下，如何确定责任的选择，对为受害当事人提供必要的司法救济尤为重要。违约责任与侵权责任的重要区别在于，两者的责任范围不同。合同的损害赔偿责任严格按合同的约定执行，主要是对财产损失进行赔偿；侵权的损害赔偿责任按侵权造成的损害后果确定，不仅包括财产损失的赔偿，还包括对人身伤害和精神损害的赔偿。本案中原告陆某某最终选择适用侵权损害赔偿责任。

关于赔偿责任限额问题。《海牙议定书》规定，承运人对每一旅客所负的责任，以25万法郎为限，但旅客可与承运人以特别合同约定一较高的责任限度。本案中，双方当事人在机票上约定的承运人赔偿责任限额是7.5万美元。这个限额不仅体现了"当事人意思自治"的原则，也符合《海牙议定书》的规定。从主权国家应当遵守国际义务角度考虑，法院对双方当事人约定的这一最高赔偿责任限额应予认定。对于人身伤害的损害赔偿，应以实际造成的损失为依据。原告陆某某请求被告美联航赔偿护理费、误工费、伤残补偿费，对其中的合理部分，应由美联航赔偿。由于美联航的行为给陆某某造成了一定的身体与精神上的痛苦，陆某某请求美联航赔偿精神抚慰金，亦应允许。按照双方当事人的约定，7.5万美元的赔偿责任限额内包括法律收费和费用。因此，陆红请求赔偿的律师费用和律师差旅费，也应当根据实际情况酌情支持。由于以上各项的赔偿总额并未超过7.5万美元，故应予支持。

综上，上海市静安区人民法院于2001年11月26日判决：(1) 被告美联航于本判决生效之日起10日内，赔偿原告陆某某护理费人民币7000元、误工费人民币105 877.50元、伤残补偿费人民币18.6万元、精神抚慰金人民币5万元；(2) 被告美联航于本判决生效之日起10日内，赔偿原告陆某某聘请律师支出的代理费人民币16 595.10元、律师差旅费人民币11 802.50元。鉴定费人民币11 243元、实际执行费人民币6000元，由被告美联航负担。

【案例评析】本案焦点与上一案例相似，均涉及运输合同纠纷与侵权纠纷的竞合。而不同之处在于，本案中运输合同纠纷与侵权纠纷均成立。法院根据原告的诉讼请求，确定本案为侵权纠纷，并在此基础上作出判决。

学生可以比较上述两个案件，了解侵权与合同纠纷的不同构成要件，把握两者之间的区别。

第二节　法律关系的主体和客体

一、法律关系的主体

(一) 法律关系主体的概念

法律关系的主体，是指在法律关系中享有权利和履行义务的个人或组织。

（二）法律关系主体主要有三类：个人、组织、国家

（三）法律关系主体的资格

法律关系主体必须具有权利能力和行为能力，权利能力是指法律关系主体享有一定权利和负担一定义务的法律资格。一般来说，公民的权利能力始于出生，终于死亡；而法人的权利能力自法人成立时产生，至法人解体时消灭。而行为能力是指法律关系主体能以自己的行为实际行使权利和履行义务的能力。判断公民有无行为能力的标准，一是看公民的认识能力，即认识自己行为的性质、意义和后果；二是看能否控制自己的行为并对自己的行为负责。

二、法律关系的客体

（一）法律关系客体的概念

法律关系客体是法律关系主体发生权利义务联系的中介，是法律关系主体权利义务所指向、影响、作用的对象。

（二）法律关系客体的特点：

（1）客观性，即客体是客观存在的。

（2）可控性，即客体能够为人所控制。

（3）有用性，即客体对法律主体具有价值，能够满足法律主体的某种需要。

（三）法律关系客体的种类：

（1）物；（2）人身、人格；（3）行为；（4）精神产品。

【案例】张某某故意伤害案[①]

【案情介绍】 2014年1月18日9时许，被告人张某某乘车到达兰州中川机场二楼出港厅，进入3号安检通道验证处，被验证员夏某某阻拦后随即从其左衣袋拿出事先准备好的厨刀，持刀威胁并强行闯入3号安检通道进入隔离区，在隔离区信合VIP室东侧3米处，用刀刺伤前来制止的安检员何某某，并将纪某某头部左后侧、丁某某左耳后侧刺伤，之后被赶来的现场安检人员制服。经兰州市公安局司法鉴定中心鉴定，被害人纪某某的伤情属重伤，被

---

① 永登县人民法院一审（2014）永刑初字第169号刑事判决书。

害人丁某某的伤情属轻伤，被害人何某某的伤情属轻微伤。后经兰州大学第二医院司法精神病鉴定所司法鉴定：被鉴定人张某某案发时辨认能力存在，控制能力下降，患伴有精神病性症状的抑郁发作，故为限制性责任能力。

法院认为，被告人张某某预谋后购买作案工具来到中川机场，无故将三名被害人用刀刺伤，造成一人重伤，一人轻伤，一人轻微伤的伤害后果，被告人张某某的行为符合故意伤害罪的构成要件，构成故意伤害罪，公诉机关指控的罪名成立，依法应予惩处。辩护人辩称被告人张某某系在精神病发病期间作案，属于无行为能力人，不应承担刑事责任。法院认为兰州大学第二医院司法精神病鉴定所2014年1月21日作出的（2014）第11号鉴定意见书，委托鉴定程序合法，鉴定机构主体资格适格，分析说明部分说理清晰，该鉴定意见书鉴定张某某案发时辨认能力存在，控制能力下降，患伴有精神病性症状的抑郁发作，故有限制性责任能力。法院认可该份鉴定意见书的鉴定意见，认定被告人张某某案发时属限制行为能力人。辩护人提供了张某某在于2014年3月24日至2014年7月8日在兰州市第三人民医院住院的病历材料及出院证明书，用于证明张某某被确诊为患有精神分裂症，法院认为该份证据只能证明被告人张某某在兰州市第三人民医院住院时被确诊患有精神分裂症，并不能证实被告人张某某案发时是无行为能力的，故对辩护人的该辩护意见不予采纳。辩护人辩称被害人纪某某的重伤鉴定意见是依据《人体损伤程度鉴定标准》第5.12.2m条及附录B.8.7的规定作出的，但是《人体损伤程度鉴定标准》第5.12.2重伤二级的伤情仅有a～k项，没有m项。法院建议补查后，永登县人民检察院提供了兰州市公安局司法鉴定中心出具的补充说明一份。内容为（2014）A00866号鉴定意见书因笔误将5.12.2d条款打印成了5.12.2m条款，原鉴定书鉴定意见不变，纪某某头部损伤属重伤二级。法院认定被害人纪某某所受伤害构成重伤。被告人张某某案发时是限制行为能力人，依法从轻处罚。据此，为了维护社会治安秩序，保护公民的生命健康权，根据被告人的犯罪事实、情节及社会危害程度，依照《刑法》第234条第2款，第18条第3款，第72条第1款，第73条第2款、第3款的规定，判决被告人张某某犯故意伤害罪，判处有期徒刑3年，缓刑5年。

【案例评析】法律关系的主体与客体是构成法律关系的必要因素，但是在不同的法律关系中，相关制度规定不一。本案是一起刑事案件，在犯罪主体方面，被告人是"限制行为能力人"，因此获得从轻处罚；而在民事案件中，"限制民事行为能力人"与"无民事行为能力人"与刑法的认定标准并不一致，而且法律后果也不一致。民法中"限制民事行为能力人"与"无民事行为能力人"主要用于确定民事行为是否有效，而刑法中则主要关注行为人是否要承担刑事责任。此外，在法律客体方面，教材中的论述主要来自于民法理论，而刑法中的"犯罪客体"则主要是指犯罪行为所侵害的社会关系。

【案例】厦门航空开发股份有限公司与上海中海洋山国际集装箱储运有限公司仓储合同纠纷案[①]

【案情介绍】原告厦门航空开发股份有限公司（以下简称厦门航空开发公司）与被告上海中海洋山国际集装箱储运有限公司（以下简称上海中海公司）于2012年11月1日签订"仓储合同"，该合同第6条约定："（1）保管方的责任：①保管方（上海中海公司）在保管期间少件、毁损，保管方（上海中海公司）负责赔偿损失，赔偿价格按进货成本为准，造成存货方（厦门航空开发公司）存货其他损失的，如按照本合同和相关法律的规定属于保管方（上海中海公司）责任的，保管方（上海中海公司）应继续赔偿。货物在保管期间出现异常情况的，应及时通知存货方（厦门航空开发公司）……④保管方（上海中海公司）必须严格按存货方（厦门航空开发公司）的有效提货单发货，若无存货方（厦门航空开发公司）出具的有效提货单，保管方（上海中海公司）私自发货，保管方（上海中海公司）按照私自放货的数量按500元/吨的标准支付给存货方（厦门航空开发公司）违约金，同时所造成的一切后果及损失由保管方（上海中海公司）承担责任。"第9条第2款约定："无论本协议双方与他方有任何委托代理关系，本合同均仅约束本协议双方，且履行的双方均只局限于本协议双方。"

2013年6月13日，厦门航空开发公司与杭州若邻进出口有限公司签订"产品购销合同"，合同约定货物品名为95%草甘膦原药，规格包装为600千克包装，数量为270吨，货物含税单价为35 100元/吨，总金额为9 477 000元。2013年7月12日，厦门航空开发公司与厦门港务贸易有限公司签订"产品购销合同"，合同约定货物品名为95%草甘膦原药，数量为504吨，货

[①] 厦门市中级人民法院一审（2014）厦民初字第22号民事判决书。

物含税单价为 40 000 元/吨，总金额为 20 160 000 元。厦门航空开发公司已根据上述两份"购销合同"约定的购买价格分别向杭州若邻进出口有限公司、厦门港务贸易有限公司支付了货款。

厦门航空开发公司根据上述"仓储合同"将上述两份"购销合同"项下的货物交付予上海中海公司保管，其中与厦门港务贸易有限公司签订的"产品购销合同"项下的货物（单价为 40 000 元/吨）进仓编号为 ZHY – HK – JFD – 001，与杭州若邻进出口有限公司签订《产品购销合同》项下的货物（单价为 35 100 元/吨）进仓编号为 ZHY – HK – JFD – 002。

上海中海公司 2013 年 11 月 6 日向厦门航空开发公司出具"库存确认表"，确认讼争货物短少情况如下：进仓编号 ZHY – HK – JFD – 002 货物短少 176.4 吨，进仓编号 HY – HK – JFD – 001 货物短少 108 吨，共计短少货物 284.4 吨。庭审中双方再行一致确认实际短少货物情况如下：进仓编号 ZHY – HK – JFD – 002 货物短少 176.4 吨，进仓编号 HY – HK – JFD – 001 货物短少 72 吨，共计短少货物 248.4 吨。

上海中海公司主张讼争货物存在两个仓储合同，但其提交的"内装箱合作协议书"复印件文本内容无法体现其上述主张，其证人申某未出庭作证，亦未提交书面证词；且之后也未就本案到法院进行相关陈述。

法院认为，原告厦门航空开发公司与被告上海中海公司对讼争货物短少的数量没有异议，因此，本案争议的焦点为厦门航空公司讼争货物短少的损失金额及违约金应为多少。

针对该争议焦点问题，法院分析、论证包括以下几个方面。

首先，厦门航空开发公司与被告上海中海公司于 2012 年 11 月 1 日签订"仓储合同"第 6 条约定："（1）保管方的责任：①保管方（上海中海公司）在保管期间少件、毁损，保管方（上海中海公司）负责赔偿损失，赔偿价格按进货成本为准，造成存货方（厦门航空开发公司）存货其他损失的，如按照本合同和相关法律的规定属于保管方（上海中海公司）责任的，保管方（上海中海公司）应继续赔偿。货物在保管期间出现异常情况的，应及时通知存货方（厦门航空开发公司）。……④保管方（上海中海公司）必须严格按存货方（厦门航空开发公司）的有效提货单发货，若无存货方（厦门航空开发公司）出具的有效提货单，保管方（上海中海公司）私自发货，保管方（上海中海公司）按照私自放货的数量按 500 元/吨的标准支付给存货方（厦门航空开发公司）违约金，同时所造成的一切后果及损失由保管方（上海中海公司）承担责任。"第9条第2款约定："无论本协议双方与他方有任何委托代理关系，本合同均仅约束本协议双方，且履行的双方均只局限于本协议双方。"根据上述"仓储合同"约定，若存在仓储货物短少情形，则短少货物的损失赔偿价格应按照厦门航空公司的进货成本计算；同时，上海中海公司还应承担违约责任，违约责任按500元/吨的标准计算。

其次，如前所述，厦门航空开发公司作为买受人，2013年6月13日，其向杭州若邻进出口有限公司购买95%草甘膦原药货物，规格包装为600千克包装，数量为270吨，货物含税单价为35 100元/吨，总金额为9 477 000元；2013年7月12日，其又向厦门港务贸易有限公司购买95%草甘膦原药，数量为504吨，货物含税单价为40 000元/吨，总金额为20 160 000元。厦门航空开发公司已根据上述两份"购销合同"约定的购买价格分别向杭州若邻进出口有限公司、厦门港务贸易有限公司支付了货款。之后，厦门航空开发公司根据上述"仓储合同"，将上述两份"购销合同"项下的货物交付予上海中海公司保管，其中，与厦门港务贸易有限公司签订的"产品购销合同"项下的货物（单价为40 000元/吨），进仓编号为ZHY-HK-JFD-001，与杭州若邻进出口有限公司签订"产品购销合同"项下的货物（单价为35 100元/吨），进仓编号为ZHY-HK-JFD-002。由此可以认定，进仓编号为ZHY-HK-JFD-001的诉争货物成本价应为40 000元/吨，进仓编号为ZHY-HK-JFD-002的诉争货物成本价应为35 100元/吨。

最后，上海中海公司2013年11月6日向厦门航空开发公司出具"库存确认表"，确认诉争货物实际短少情况如下：进仓编号ZHY-HK-JFD-002的货物短少176.4吨，进仓编号HY-HK-JFD-001的货物短少72吨，共计短少货物248.4吨。法院对双方当事人共同认可的诉争货物短少数量予以确认。

综上，法院认为，原告厦门航空开发公司与被告上海中海公司双方于2012年11月1日签订的"仓储合同"系当事人双方真实意思表示，合同合法有效，双方均应当严格遵守履行协议。上海中海公司应就诉争货物短少248.4吨赔偿厦门航空开发公司损失及承担相应违约责任。厦门航空开发公司主张上海中海公司赔偿损失9 071 640元（176.4吨×35 100元/吨+72吨×40 000元/吨）及违约金124 200元（248.4吨×500元/吨）具有事实与法律依据，法院予以支持。上海中海公司辩称诉争货物存在两个仓储合同，在其未进一步提交证据佐证情形下,对其上述主张不予支持。依照《合同法》第107条、第381条、382条、387条、第391条、第394条以及《民事诉讼法》第64条的规定,判决:(1)被告上海中海公司应于本判决生效之日起10日内向原告厦门航空开发公司赔偿损失9 071 640元及相应利息(自起诉之日起算,按中国人民银行同期贷款年利率计算,应计算至本判决确定的还款之日止);(2)被告上海中海公司应于本判决生效之日起10日内向原告厦门航空开发公司支付违约金124 200元。如果未按指定的期间履行给付金钱义务,应当依照《民事诉讼法》第229条的规定,加倍支付迟延履行期间的债务利息。本案案件受理费76 170元,由被告上海中海公司负担。

【案例评析】 与上一刑事案例不同,本案例为民事纠纷。相比较刑事案件,民事法律关系主体方面主要关注主体的权利能力与行为能力。如本案中,作为商事主体来说,主要要关注原被告是否有能力缔结、履行仓储合同。而民事法律关系的客体则是权利义务关系所指向的对象,本案中,对于原告来说,是支付仓储费用的行为,而对于被告来说,则是仓储的行为。本案中,正是由于被告的仓储行为有瑕疵导致原告的损失,由此导致被告对原告的赔偿责任。

需要说明的是,法理学教材中关于法律关系中法律主体与客体的论述主要依据民法,放在刑法体系中则不是很恰当,请学生在学习中予以注意。

第三节　法律事实

一、法律关系形成、变更与消灭的条件

(1)法律规范:法律规范是法律关系的前提。

(2)法律事实:法律规范所规定的,能够引起一定法律关系产生、变更、消灭的客观情况或现象。

二、法律事实的种类

(一)依法律事实是否以人们意志为转移进行分类

(1)法律事件:法律规范规定的,不以人们的意志为转移而引起法律关系产生、变更、消灭的客观情况或现象。

(2) 法律行为：法律规范规定的，以人们的意志为转移而引起法律关系产生、变更、消灭的客观情况或现象。

（二）依法律事实的存在形式进行分类

（1）肯定式法律事实：只有当这种事实存在时，才能引起法律后果的事实。

（2）否定式法律事实：只有当这种事实不存在时，才能引起法律后果的事实。

【案例】曹某甲、朱某某诉某公司民用航空器损害责任纠纷案[①]

【案情介绍】原告朱某某与曹某乙系夫妻，原告曹某甲为朱某某与曹某乙二人的女儿。2011年11月26日，两原告及曹某乙等人乘坐被告某公司次航班从广州飞往沈阳。当日，飞机的起飞时间是下午14点40分。飞机平稳起飞后，某公司乘务组为乘客供应了饮料和飞机餐。曹某乙突然发病，一起乘坐飞机的曹某乙的妹妹曹某丙发现曹某乙身体情况异样，即向乘务员大喊："不行了，不行了"，机组人员闻某某立刻前往询问情况。曹某乙此时面色苍白且大量出汗，机组人员得知曹某乙患有心脏病、糖尿病、脑血栓等既往疾病史后，一名乘务员迅速取来吸氧设备和应急医疗箱，并为曹某乙戴好氧气面罩供其吸氧，另一名乘务员则立即播放机舱广播寻找同机乘客中是否有医务人员可帮忙施救。乘务长进入驾驶舱向空管局和地面指挥中心同时发出求救信号，请求安排紧急备降。空管和地面指挥中心告知，可安排飞机于25分钟后备降于武汉天河机场。

与此同时，同乘某公司ZH9425次航班并具有临床内科专业执业资格的黄某某医生听到广播后，跟随乘务员来到曹某乙的座位处。黄某某为曹某乙检查病情时，曾向朱某某询问曹某乙是否曾服用药物，朱某某称已给曹某乙服用过速效救心丸。这时，曹某乙出现神志不清、无法吞食药物的现象，黄某某为曹某乙进行心脏按压，几名乘务员也调整好座椅，腾出空间供曹某乙平躺。一名男乘务员和黄某某一起为曹某乙进行心脏按压急救，其他几名乘务员均在旁边帮忙，但曹某乙接受心脏按压和人工呼吸后仍无反应。乘务长见状即将危急情况传送给空管和地面指挥中心，请求安排飞机备降。在空管

---

① 深圳市宝安区人民法院一审（2012）深宝法民一初字第1579号民事判决书。

及地面指挥中心的指挥调度下,某公司 ZH9425 次航班在 16 时 09 分降落在武汉天河机场。已在机场等候的急救中心的医生携带医疗设备登机,对曹某乙进行抢救,时间大约半小时左右,曹某乙仍无任何反应,后使用担架抬下飞机,送往武汉市同济医院,曹某乙被证实死亡。

事发当日,武汉市卫生局出具的《居民病伤死亡医学证明(推断)书》载明曹某乙从发病到死亡的间隔时间大概为 2 小时,死亡原因:"Ⅰ.(A)直接导致死亡的疾病或情况:猝死;(B)引起(A)的疾病或情况:冠心病;(C)引起(B)的疾病或情况:DM。Ⅱ.其他疾病诊断(促进死亡、但与导致死亡无关的其他重要情况:高血压。死者生前上述疾病最高诊断单位:省级医院;死者生前上述疾病最高诊断依据:临床)"。

庭审中,原告主张的死亡补助费及丧葬费是按 2011 年度广东省道路交通人身损害赔偿标准计算的。交通费按 10 个人往返计算的票据计算,分别是:(1)曹某甲(原告)两张,广州—武汉/(650 元)、武汉—沈阳/(1350元);(2)朱某某(原告)两张,广州—武汉/650 元、武汉—沈阳/1350 元;(3)吴某某(死者女婿)1 张:广州—武汉/(650 元);(4)曹某某(死者妹妹)两张:广州—沈阳(870 元)、武汉—沈阳/(1350 元);(5)曹某某(死者弟弟)两张:广州—武汉(780 元)、武汉—沈阳(1350 元);(6)李某某、常某某、李某甲、李某乙、岳某某、张某某、田某某七人(均是死者朋友)14 张,事发当天广州—武汉(6440 元)(920 元/人,共计 7 人)、武汉—广州5180 元(740 元/人,共计 7 人)。精神损害抚慰金酌情计算。

此外,根据被告的申请,法院调取了曹某乙生前在沈某医学院奉天医院多次入院治疗脑梗塞、高血压、糖尿病及冠心病等疾病的病案资料,调取的证据"住院病案首页"显示,曹某乙在 2010 年 3 月、6 月两次因上述病因入院治疗,其中,2010 年 6 月 3 日的入院诊断为"2 型糖尿病、糖尿病肾病(Ⅳ 期)、糖尿病同因神经病变、心肌缺血、房颤、3 级高血压病、脑梗塞(后遗症期)、冠心病",出院诊断上述入院诊断的病症情况描述为"好转"。其疾病史记载:曹某乙患有"有高血压、冠心病 20 年,脑梗塞 9 年,糖尿病同因神经病变 4 年,心律失常、房颤、脂肪肝、胆囊结石 3 个月,慢性肾功能不全"等疾病。

据查,飞机备降是指当飞机由于不能或者不宜飞往预定着陆机场,或者不能在预定机场着陆而降落在其他机场的行为。当飞机发动机及机上设备发生故障、继续飞行影响安全,或预定着陆机场天气标准不足以保证安全降落,或飞机上发生紧急事件不适宜飞往预定着陆机场时,飞机会根据实际情况在航线沿路的备降机场降落。鉴于航空飞行的危险性及特殊性,飞机备降涉及一系列复杂的保障环节,航空器空中航行必须遵守空中交通管制单位的统一管理。因此,航空公司在备降过程中仅具有请求权,而不具有实际决定权。

法院认为,根据最高人民法院《民事案件案由规定》第九部分侵权责任的规定,在民用航空器致害责任中,因航空器的经营者与乘客之间同时存在运输合同关系,由此产生违约责任和侵权责任竞合,在请求权竞合的情形下,人民法院应当按照当事人自主选择行使的请求权,并根据诉争的法律关系的性质,确定相应的案由。因此,法院结合原告提出的诉讼请求,确定本案案由为民用航空器损害责任纠纷。

《侵权责任法》第71条规定:"民用航空器造成他人损害的,民用航空器的经营者应当承担侵权责任,但能够证明损害是因受害人故意造成的,不承担责任。"民用航空器造成他人损害的赔偿责任范围,应当包括两方面:一是对地面第三人所造成的损害责任赔偿责任;二是乘客损害赔偿责任。于本案属于"乘客损害赔偿责任"的范围,因此判定被告某公司承担责任的前提是使用过程中的民用航空器是否造成了他人损害,主要考量以下两个问题:一是航空器的经营者对航空器的使用与曹某乙的死亡是否存在因果关系;二是被告某公司在曹某乙发病时是否采取了必要的、合理的救助措施。

针对第一个问题,《民用航空法》第124条规定:"因发生在民用航空器上或者在旅客上、下民用航空器过程中的事件,造成旅客人身伤亡的,承运人应当承担责任;但是,旅客的人身伤亡完全是由于旅客本人的健康状况造成的,承运人不承担责任。"民用航空器作为一种高速运输工具,《侵权责任法》《民法通则》和《民用航空法》都规定了民用航空器的经营者应当承担无过错责任;即使是因为自然原因引起的不可抗力事件,造成他人损害的,民用航空器的经营者也要承担责任。这里所指的航空器经营者承担的无过错责任并非绝对责任,法律仍然规定了特定的免责事由。第一,被告某公司提供的证据显示,某公司涉案航班的飞机构造、设备、安全等均符合国家规定的标准,已具备全部适航条件,正常运行的航班对普通人而言不具有危险性,更无危及生命的危险性。可以确定本案的事实是,曹某乙在乘坐某公司ZH9425当次航班的过程中,该航班飞机无任何不正常飞行事件发生。第二,曹某乙身患高死亡概率的疾病,多年的住院治疗也仅为好转,而未治愈。武汉市卫生局出具的"居民病伤死亡医学证明（推断）书"载明曹某乙死亡的直接原因是"猝死"，引起猝死的原因是自身疾病发病所致。因此曹某乙在飞机上由于发病最终导致死亡，与民用航空器使用无因果关系，死者应对自身健康问题造成伤亡的损害结果承担责任。

针对第二个问题，《民用航空法》第127条第1款规定："……经承运人证明，死亡或者受伤是旅客本人的过错造成或者促成的，同样应当根据造成或者促成此种损失的过错的程度，相应免除或者减轻承运人的责任。"在旅客所持有的"航空运输电子客票行程单"上及公众媒介、网站已对不适合乘坐飞机人群作出过相关提示和一般性的说明。从法院调取的曹某乙生前多年就医病历来看，曹某乙身患脑梗塞、高血压、糖尿病及冠心病等高死亡概率的疾病，而自身患高死亡概率疾病的人通常都被理解为不适合乘坐飞机的群体。事实上，航空公司也并非是专业的医疗机构，对于飞行对各种不同旅客产生的影响不可能一一研究，科以其过重的安全运输告知义务显然不公平，也不切合实际。在这种情况下，根据"危险由其控制者承担"的理论，死者本人及其作为原告的至亲的应对曹某乙的身体状况最为了解。尽管如此，曹某乙在乘坐某公司ZH9425当次航班的过程中发病，被告某公司在事发第一时间内广播寻找同乘该次航班的医生，当值乘务员和同机医生及时提供了力所能及的救助，并作出向空中交通管制单位报告、联系地面急救中心和实施备降等系列行为，已经在最大限度内采取了必要的、合理的救助措施，已尽到安全运输与救助义务。

此外，本案原告选择侵权责任来寻求救济，是其对自身权利的处分。目前我国适用的国内航空运输赔偿标准是2006年中国民用航空总局出台的《国内航空运输承运人赔偿责任限额规定》，对每名旅客的赔偿责任限额为人民币40万元。

综上所述，曹某乙在乘坐某公司航班的过程中发病致死，与民用航空器使用无因果关系，被告某公司在曹某乙发病之时已采取了必要的、合理的救助措施。本案的损害结果系因死者自身健康问题造成，因此民用航空器经营者无需承担责任。依据《民用航空法》第124条、第127条第1款以及《中华人民共和国侵权责任法》第71条的规定，判决驳回原告曹某甲、朱某某的诉讼请求。本案受理费11253元，由原告曹某甲、朱某某承担。

第七章 ｜ 法律关系

【案例评析】法律事实是法律关系产生、变更、消灭的原因。在实践中，我们更多关注法律行为，而法律事件关注较少。基于此，我们选择了一个法律事件的相关案例，即由于旅客死亡引起的旅客与承运人之间的民事纠纷。通过本案例，学生应当了解我国民航法律中对民航运输过程旅客人身伤害的规定。

【案例】王某甲、刘某甲、刘某乙、王某乙、王某丙诉深圳航空有限责任公司、北京趣拿信息技术有限公司、北京逍遥行科技有限公司航空旅客运输合同纠纷案[①]

【案情介绍】原告王某甲和新婚妻子刘某甲、父亲王某乙、母亲刘某乙、姐姐王某丙（以下简称五原告）赴香港旅游，于2012年2月23日在被告北京趣拿信息技术有限公司（以下简称趣拿公司）经营的"去哪儿网"上，通过机票销售商链接到被告北京逍遥行科技有限公司（以下简称逍遥行公司）经营的"逍遥行商旅网"，并在该网站订购了五原告济南、深圳两地的往返机票（从济南遥墙机场至深圳宝安机场的起飞时间为2012年3月22日12时30分，从深圳宝安机场至济南遥墙机场的起飞时间为2012年3月27日13时50分）。其中，返程航班的承运人为被告深圳航空公司，航班号为ZH9927，订单号为xyx120223194808678，机票价款为690元/人（含票价510元、机场建设费50元、燃油附加费130元），共计3450元。2012年3月19日，被告逍遥行公司短信告知五原告其预定的订单号为xyx120223194808678的航班由于航空公司原因临时调整，并于2012年3月20日将五原告的上述航班调整为2012年3月28日8时55分起飞的ZH9939号航班。2012年3月25日，被告深圳航空有限责任公司（以下简称深圳航空公司）短信告知五原告，其乘坐的2012年3月27日深圳至济南ZH9927航班因公司计划原因取消；2012年3月26日，再次短信告知五原告乘坐的2012年3月28日深圳至济南ZH9939航班因公司计划原因取消，并调整为2012年3月29日ZH9939航班。之后，五原告为及时返回济南，重新订购了山东航空公司2012年3月27日15时15分自深圳飞往济南的SC1188次航班，机票价款为1240元/人（含票价1050元、机场建设

[①] 济南市中级人民法院（2015）济商终字第470号民事判决书。

137

费50元、燃油附加费140元），共计6200元。2012年3月29日，被告逍遥行公司代为退还机票款3450元。

上述事实，有原告王某甲的手机短信、照片、网页打印件、航空时刻表、机票、2012年3月27日深圳、济南两地的报纸、深圳航空顾客服务指南、深航不正常航班服务指南及原、被告的当庭陈述予以证实，足以认定。

法院认为，五原告通过网上购票的方式与被告深圳航空公司形成了航空运输客运合同关系，被告深圳航空公司作为承运人有义务按照客票载明的时间和班次运输旅客，并应在不能正常运输的情况下及时向旅客告知原因，根据旅客的要求安排其改乘其他班次或退票。本案中，被告深圳航空公司在乘机前告知五原告由于公司计划原因取消了原定班次，该次航班的取消并非由于不可抗力等法定事由造成，被告深圳航空公司的该行为构成违约，依法应当承担违约责任，赔偿因其违约给五原告造成的经济损失。该经济损失应当包括五原告为改乘其他航班而额外支出的机票差价2750元和相应的利息，及其为协调该事宜额外支出的通信费用，法院结合五原告的通讯区域、通讯资费等事项，酌情支持通信费用100元。五原告主张的经济补偿金3450元及交通费用并未额外发生，法院不予支持。五原告主张精神损害抚慰金5万元，于法无据，法院不予支持。

关于五原告要求被告深圳航空公司按照《中华人民共和国消费者权益保护法》（以下简称《消费者权益保护法》）的规定赔偿其3倍机票款的问题，《消费者权益保护法》第55条第1款规定："经营者提供商品或者服务有欺诈行为的，应当按照消费者的要求增加赔偿其受到的损失，增加赔偿的金额为消费者购买商品的价款或者接受服务的费用的三倍……"《最高人民法院关于贯彻执行〈中华人民共和国民法通则〉若干问题的意见（试行）》第68条规定："一方当事人故意告知对方虚假情况，或者故意隐瞒真实情况，诱使对方当事人作出错误意思表示的，可以认定为欺诈行为。"国家发展计划委员会制定的《禁止价格欺诈行为的规定》第3条规定："价格欺诈行为是指经营者利用虚假的或者使人误解的标价形式或者价格手段，欺骗、诱导消费者或者其他经营者与其进行交易的行为。"本案中，五原告认为被告深圳航空公司拒绝其改签至同日其他航空公司航班的要求，并隐瞒取消航班的真实原因，强迫五原告选择被告深圳航空公司的后续航班，侵犯了五原告的知情权、选择权，构成欺诈，对此，法院认为所谓欺诈消费行为是指经营者在提供商品或者服务中，故意采取虚假或者其他不正当手段欺骗、误导消费者，使消费者的合法权益受到损害的行为。本案中，被告深圳航空公司在客票销售之初，并没有采取虚假或者其他不正当手段欺骗、误导消费者之故意，在航班取消后，其公司亦采取短信通知的方式告知五原告。其公司对航班取消的具体原因虽以航班信息超过两年为由表示无法作出说明，但其公司在短信中告知的"因公司计划原因取消"，并不违反法律及其行业规定的告知义务。被告深圳航空公司在航班取消时，有义务告知五原告包括取消理由在内的相关信息，同时五原告也有权选择退票或者签转其他临近航班，被告深圳航空公司虽在保障五原告上述知情权和选择权方面有所不当，但其行为仅构成违约，并不构成欺诈。综上，对五原告要求被告深圳航空公司按照《消费者权益保护法》的规定赔偿其3倍机票款的诉讼请求，法院不予支持。

关于五原告要求被告趣拿公司、逍遥行公司承担连带赔偿责任的问题，法院认为被告趣拿公司、逍遥行公司系提供网络服务的网络交易平台，五原告通过上述网络交易平台与被告深圳航空公司建立航空运输客运合同关系，被告趣拿公司、逍遥行公司不存在未提供销售者真实信息等不当行为，故对五原告的该项请求，法院不予支持。关于被告深圳航空公司辩称的五原告的诉讼请求已经超过诉讼时效的问题，根据《民用航空法》第135条的规定，航空运输的诉讼时效期间为2年，自民用航空器到达目的地点、应当到达目的地点或者运输终止之日起计算，本案中涉案航班应当到达目的地点的时间为2012年3月27日，而五原告提起诉讼的时间为2014年3月25日，本案并未超出诉讼时效期间，故对被告深圳航空公司的该辩称理由，法院不予采信。

据此，依照《合同法》第107条、第298条、第299条，《民用航空法》第135条，《消费者权益保护法》第44条、第55条，《最高人民法院关于贯彻执行〈中华人民共和国民法通则〉若干问题的意见（试行）》第68条，《民事诉讼法》第64条第1款的规定，判决：（1）被告深圳航空有限责任公司赔偿原告王某甲、刘某甲、刘某乙、王某乙、王某丙机票差价2750元；（2）被告深圳航空有限责任公司赔偿原告王某甲、刘某甲、刘某乙、王某乙、王某丙机票差价利息（以2750元为基数，自2012年3月28日起至本判决生效之日止，按照中国人民银行同期同类贷款利率计算）；（3）被告深圳航空有限责任公司赔偿原告王某甲、刘某甲、刘某乙、王某乙、王某丙通信费用100元。上述款项，限被告深圳航空有限责任公司自本判决生效之日起 10 日内履行。如果未按本判决指定的期间履行给付金钱义务，应当依照《民事诉讼法》第 253 条的规定，加倍支付迟延履行期间的债务利息。(4) 驳回原告王某甲、刘某甲、刘某乙、王某乙、王某丙的其他诉讼请求。

【案例评析】本案中包含多个法律事实，也是由于这些法律事实，本案中各法律主体之间的法律关系也在发生变化。首先，五原告通过网上购票的方式与被告深圳航空公司缔结了航空运输客运合同。这是双方在意思表示一致的基础上作出的法律行为，在双方之间建立了航空旅客运输合同法律关系，双方的权利义务均受合同约束；其次，被告深圳航空公司在乘机前告知五原告由于公司计划原因取消了原定班次，这一取消航班的法律事实也属于法律行为，被告深圳航空公司的该行为构成违约，依法应当承担违约责任。应当注意的是，本案中被告是由于"公司计划原因"取消了原定班次，这一"公司计划原因"对于本案中的法律关系来说，属于法律事件，由于这一事件可归责于被告，因此被告需要承担违约责任；而如果是由于发生了不可抗力而导致取消原定航班，则不可抗力同样属于法律事实，但由于不可抗力不可归责于被告，因此在该情形下，被告不需要承担违约责任；最后，五原告认为被告深圳航空公司存在欺诈行为，应按照《消费者权益保护法》的规定赔偿其 3 倍机票款。如果存在被告存在欺诈，则欺诈也属于法律行为，而且双方的权利义务关系也会因此而改变——被告需要赔偿原告 3 倍机票款。但这一主张没有被法院所认可，从而也没有发生变更原被告间权利义务的效果。

第八章 法律责任

法律责任是法学的一个重要概念，一定程度上来说，法律的存在及其运行，最终都是为了确定相应法律主体的法律责任。本章的主要内容包括法律责任的涵义、构成和种类、法律责任的认定与归结、法律责任的承担方式和法律责任的减轻与免除等内容。通过本章的学习，学生应当对法律责任有一个相对完整、清晰的认知。

第一节 法律责任释义

一、法律责任的语义

（一）法律责任的概念

法律责任是指由特定法律事实所引起的对损害予以补偿、强制履行或接受惩罚的特殊义务，即因违反第一性义务而引起的第二性义务。

（二）法律责任的本质

（1）法律责任是居于统治地位的阶级或社会集团依据法律标准对行为给予的否定性评价。

（2）法律责任是自由意志支配下的行为引起的合乎逻辑的不利法律后果。

（3）法律责任是社会为维护自身生存条件而强制性地分配给某些社会成员的负担。

【案例】自贡市贡井玻纤有限责任公司诉中材科技股份有限公司财产损害赔偿纠纷案①

【案情介绍】 原、被告于 2011 年 1 月 5 日签订一份"加工合同",双方约定被告中材科技股份有限公司为原告自贡市贡井玻纤有限责任公司加工铂金漏板,原告可委托被告办理航空托运事宜,原告向被告提供代办托运委托书,合同有效期限为 2011 年 1 月 1 日至 12 月 31 日。2011 年 12 月 7 日原告委托被告加工 600 孔铂金漏板一台,并以传真方式约定被告于 2011 年 12 月 9 日将加工好的漏板以航空方式运至成都。原告在约定的时间内没有收到被告托运的漏板,原告立即与被告联系,被告向原告提供了航空货运单、货邮舱单,被告填写的航空货运单运输的是"模具、纸箱",且没有对该货物进行保价。现原告以被告托运时没有对货物进行保价,未尽到注意义务,给原告造成损失为由向法院提起诉讼,请求判令被告赔偿原告损失 1 120 179.05 元;本案诉讼费及其他实现债权的费用由被告承担。其间,被告以原告不支付加工费、货款为由向南京市雨花台区人民法院起诉。2012 年 8 月 21 日南京市雨花台区人民法院作出(2012)雨商初字第 131 号民事判决书,原告不服该判决上诉至南京市中级人民法院,该院在审理中认定:"中材科技公司与贡井玻纤公司于 2011 年 1 月 5 日签订的加工合同中载明漏板交货地点为南京,贡井玻纤公司可委托中材科技公司办理航空托运事宜,贡井玻纤公司发给中材科技公司的传真中亦言明贡井玻纤公司委托中材科技公司通过航空运输方式将 D600 型漏板运送至成都。中材科技公司与贡井玻纤公司通过航空运输方式向对方寄送漏板时,均在航空运输单上将货物品种标注为'模具、纸箱',双方存在将漏板表述为'模具,纸箱'的交易习惯。中材科技公司为贡井玻纤公司加工 600 孔铂金漏板一台,垫付的铂金 1502.70 克,价值 480 864 元(以 2012 年 12 月 9 日上海黄金交易所铂金收盘价格每克 320 元计算),加工费及购买树脂款 124 323.50 元,共计 605 187.50 元。2011 年 12 月 9 日,中材科技公司发出的漏板重量是 2258.40 克。中材科技公司系受贡井玻纤公司的委托将涉案漏板交由航空公司运输,故中材科技公司将涉案漏板交付航空公司办理托运手续后,已完成约定之交货义务,货物所有权已转移给贡井玻纤公司,此后货物发生的风险及造成的损失,均应由贡井玻纤公司

---

① 自贡市贡井区人民法院(2013)贡井民二初字第 237 号民事判决书。

承担。"南京市中级人民法院据此判决：（1）撤销南京市雨花台区人民法院（2012）雨商初字第131号民事判决；（2）自贡市贡井玻纤有限责任公司于判决生效之日起10日内支付中材科技股份有限公司580 267.50元及利息（从2012年5月30日起至判决偿付之日，按中国人民银行同期贷款利率计算）。

法院认为，原、被告订立加工合同，合同约定交货地点为南京，原告可委托被告办理航空托运事宜。之后，被告依约为原告办理货物航空运输，并将货物交由承运人，途中货物丢失，其毁损、灭失的风险应由原告承担。被告在托运货物时，对途中可能出现货物毁损、灭失的风险本应当有足够的预见，但却未尽到注意义务，没有对货物进行保价，造成原告不能全额得到赔偿，其行为有过错，应承担相应的民事责任。原告委托被告办理航空运输，对所托运之货物未明确保价要求，且双方之前业务往来中，均以"模具、纸箱"形式进行托运，隐瞒托运货物的真实属性，对被告受托未办理运输保价原告应当知道，造成本案发生，原告亦有过错，也应承担相应的责任。结合本案中双方的过错程度，宜由被告承担60%的责任，原告自行承担40%的责任。原告的赔偿范围为涉案600孔铂金漏板一台，铂金量为2258.40克，价值722 688元，以及被告为原告加工漏板的加工、材料费124 323.5元，合计为847 011.5元。故对原告要求被告赔偿损失1 120 179.05元的诉讼请求，法院予以支持508 206.9元。

原告主张除被告添加1502.7克铂金外，另有755.7克铂金，系原告在南京玻璃纤维研究设计院以每克681.5元购买并存放于被告处，应据此赔偿，但证据不充分，法院不予支持，对755.7克宜以2012年12月9日上海黄金交易所铂金收盘价格每克320元计算。原告主张被告给付实现债权的费用，因于法无据，法院不予支持。

被告辩称该案经南京市两级人民法院审理，属"一事不再理"，应驳回原告起诉。因南京两级人民法院审理事实是基于被告依据双方合同主张货款，是违约之诉，而本案是原告承担货物损失风险后以被告行为有过错主张赔偿提起的侵权之诉，不属"一事不再理"，故被告的辩解理由不成立，法院不予采纳。据此，依照《民法通则》第106条、第131条，《合同法》第141条、第142条、第145条，以及《最高人民法院关于民事诉讼证据的若干规定》第2条、第63条的规定，判决：（1）被告中材科技股份有限公司于本判决生效之日起 7 日内赔偿原告自贡市贡井玻纤有限责任公司 508 206.9 元；如果未按本判决指定的期间履行金钱给付义务，应当依照《民事诉讼法》第 253 条的规定，加倍支付迟延履行期间的债务利息；(2) 驳回原告自贡市贡井玻纤有限责任公司的其他诉讼请求。

【案例评析】法律责任是法律诉讼的指向和最终结果，所有诉讼最终都是对被告一方是否承担法律责任作出判断。因此，了解法律责任的规定是了解法律的必要条件。本案中，双方对损失均有过错，因此，法院判定双方均承担一定的法律责任。

二、法律责任的构成

（一）法律责任构成的概念

法律责任构成是指认定法律责任时必须考虑的条件和因素。

（二）法律责任构成要素

（1）责任主体：因违反法律、违约或法律规定的事由而承担法律责任的人。

（2）违法行为或违约行为：法律责任的核心构成要素，包括作为和不作为。

（3）损害结果：违法行为或违约行为侵犯他人或社会的权利和利益所造成的损失和伤害。

（4）主观过错：行为人实施违法行为或违约行为时的主观心理状态。

【案例】闫某某运输毒品案[①]

【案情介绍】2014 年 8 月 6 日 6 时许，被告人闫某某欲将毒品运至武汉，遂携带毒品乘坐昆明至武汉 8L9957 航班。当日 9 时许，在该航班抵达武汉天河机场后，公安人员将闫某某抓获，当场从其携带的背包内查获用避孕套外包装、内用黑色塑料包裹的毒品疑似物 6 包。公安人员将闫某某带至武汉市第三人民医院进行检查，DR 照片显示其体内还存留有毒品疑似物若干，随后闫某某又从体内排出毒品疑似物 107 包。经鉴定，上述 113 包毒品疑似物净重 473.76 克，均为毒品甲基苯丙胺片剂（俗称"麻果"）。

---

① 武汉市中级人民法院一审（2015）鄂武汉中刑初字第 00001 号刑事判决书。

法院认为，被告人闫某某违反国家对毒品的管理制度，非法运输毒品甲基苯丙胺片剂473.76克，其行为已构成运输毒品罪，且数量大。公诉机关指控的犯罪事实成立，罪名准确。本案现有证据不能排除被告人闫某某受人指使运输毒品的可能性，且其归案后如实供述犯罪事实，认罪态度好，具有坦白情节，可依法对其从轻处罚。依照案件审理时适用的《刑法》第347条第1款和第2款第1项、第67条第3款、第55条第1款、第56条第1款、第59条第1款、第64条的规定，判决：（1）被告人闫某某犯运输毒品罪，判处有期徒刑15年，剥夺政治权利3年，并处没收个人财产人民币1万元（刑期从判决执行之日起计算。判决执行以前先行羁押的，羁押一日折抵刑期一日，即自2014年8月7日至2029年8月6日止。）；（2）收缴的毒品甲基苯丙胺473.76克由公安机关予以没收。

【案例评析】责任构成在不同的法律关系中有不同的具体表现形式。如刑法中犯罪构成要素包括主体、主观方面、客体和客观方面。学生在面对不同的法律关系时，需要根据法律关系的性质，确定法律责任的构成。

【案例】邓某某与重庆神州航空体育运动俱乐部有限公司、重庆两江蚕业发展有限公司生命权、健康权、身体权纠纷案[①]

【案情介绍】2014年9月30日，两江蚕业公司（甲方）与神州运动俱乐部（乙方）签订了"关于联合打造北碚通用航空飞行基地的初步合作协议"，约定由甲方负责通用航空飞行基地临时飞行跑道的建设及配套设施建设，乙方负责提供通用航空飞行基地的空中飞行器及相关配套设施，共同打造航空小镇。2015年10月19日17时许，邓某甲驾驶二轮摩托车搭载邓某某经过重庆市北碚区东阳街道上坝1号时，遇到罗宾逊R44II型民用航空器返回重庆市蚕业科学技术研究院准备着陆，邓某甲遂让邓某某坐在其胸前，双脚支撑二轮摩托车，在重庆市蚕业科学技术研究院围墙外面的公路边停驻观看。罗宾逊R44II型民用航空器从邓某某头顶上空飞过后，邓某甲与邓某某随二轮摩托车摔倒在地。邓某某受伤当日，即被送往重庆医科大学儿童医院门诊诊疗，诊断为右肱骨骨折。2016年4月15日门诊病历诊断为右侧肱骨下端骨折，体检显示右肘轻度肘内翻。庭审中，经委托，西南政法大学司法鉴定中

---

① 重庆市第一中级人民法院（2017）渝01民终1667号民事判决书。

心于 2016 年 7 月 28 日作出如下鉴定意见：（1）邓某某目前属于 IX（9）级伤残；（2）邓某某的续医费评定为 1000 元人民币；（3）邓某某的护理期限评定为 60 日。

事故发生后，重庆市公安局北碚区分局黄桷派出所分别对事故现场目击者王某某、朱某某以及邓某丙进行了询问。朱某某在 2015 年 10 月 20 日公安机关的询问笔录中陈述："其中有一个成年男子带了一个小娃，男子身体坐在摩托车上面，小孩坐在摩托车的油箱上面，该男子把小孩抱住的。后面飞机从试飞跑道飞回蚕种场的时候要经过蚕种场的小门位置，当飞机经过蚕种场小门的位置飞到院子里面的时候带小孩的那个男子的摩托车侧倒了，小娃也从摩托车上面摔了下来……飞机飞行高度大概有七八米，有点风，但是不至于把人吹倒……没有设置警戒线，只是我们几个保安在蚕种场小门和对面的坝上维持秩序。"

王某某在 2015 年 10 月 21 日公安机关的询问笔录中陈述："当飞机试飞完后，往蚕种场球坝飞回来的时候，经过了邓某甲的上空，距离大概 25 至 30 米左右……当时飞机声音很大，气流也很大，邓某甲还有旁边的人都在抬头看飞机，这时候，我听朱某某说了一句车子都倒了，我就转过头去看，邓某甲的车子已经倒在地上，邓某甲和他的孙子也都随车子倒在地上……飞机飞回去的时候，经过了我的头上，有很大的气流和声音，但是我觉得气流不可能把人吹倒……那天的情况不像那种人多的场面，需要我们拉警戒线，这种情况没有安全隐患，也没有那个必要拉警戒线。"

邓某甲在 2015 年 10 月 20 日的公安机关询问笔录中陈述："当时我没有下车，是骑在车子上的，我的双腿挨着地支撑着车子，车子的支架没有支，在车上，我孙子还是在我胸怀前坐起的，我的双手掌着车把……当时我也没有看到娃身上有啥子外伤和流血，我想着没事，然后我扶起车子就骑走了。走到前面那个桥的地方，我孙子还在哭，我就问他，他说他很痛。后面，我就回来去找蚕种场……"

一审法院查明，邓某某与其父亲邓某乙系农村居民，邓某某的母亲王某某系城镇居民，邓某乙与王某某自 2014 年 8 月起居住在重庆市×××社区，其收入方式为非农业生产。邓某甲与邓某某系爷孙关系，庭审中，原告陈述事故发生时，邓某甲系受原告父母的委托接原告放学。

一审法院还查明，神州运动俱乐部于 2016 年 8 月 15 日单方面委托北京美科洁净环境检测有限公司对罗宾逊R44II型直升机（4座）作了风速检测报告，报告显示罗宾逊R44II型直升机（4座）飞行高度在距离地面20米时的平均风速最大值为2.86米/秒，飞行高度在距离地面30米时平均风速最大值为2.47米/秒。

经一审法院现场勘验，罗宾逊R44II型民用航空器着陆地长约28.1米，宽约18.5米，着陆地大门处与相对方均有围墙。事发时，着陆点距离着陆地大门的距离约为9.3米，着陆地大门距离公路的距离约为5.7米，着陆点与事故发生点的斜线距离约为19.52米。

此外，神州运动俱乐部在一审庭审中认可其系罗宾逊R44II型民用航空器的实际使用者。其在指定的期限内未提供该民用航空器登记所有人的相关资料。

一审法院认为，公民的健康权受法律保护。本案当事人争执的焦点为：（1）邓某某受伤是否与罗宾逊R44II型民用航空器存在因果关系；（2）原被告的法律责任如何划分。

邓某某受伤是否与罗宾逊R44II型民用航空器存在因果关系。法院认为，当事人对自己提出的主张，有责任提供证据。同时，《民用航空法》第149条规定："组织实施作业飞行时，应当采取有效措施，保证飞行安全，保护环境和生态平衡，防止对环境、居民、作物或者牲畜等造成损害。"《通用航空飞行管制条例》第12条规定："从事通用航空飞行活动的单位、个人实施飞行前，应当向当地飞行管制部门提出飞行计划申请，按照批准权限，经批准后方可实施。"第22条规定："从事通用航空飞行活动的单位、个人组织各类飞行活动，应当制定安全保障措施，严格按照批准的飞行计划组织实施，并按照要求报告飞行动态。"《中国民用航空飞行规则》第25条规定："直升机的起飞着陆地带，应当根据具体情况划定，起飞着陆地点面积的直径应根据机型确定。其长宽均不得小于旋翼直径的两倍……"本案中，原告出示证据证明了其摔倒是在罗宾逊R44II型民用航空器经过其头顶时发生的；被告神州运动俱乐只提供了北京美科洁净环境检测有限公司的检测报告，拟证明罗宾逊R44II民用航空器产生的风速不会把二轮摩托车及骑坐在上面的人吹倒。法院认为，该检测报告是神州运动俱乐部单方面委托作出的，原告不予认可；且根据北京美科洁净环境检测有限公司的计量认证证书显示，该公司的检测产品、类别为工作、居住场所环境条件，对风速检测依据的标准是洁净室及相关受控环境，而被告未对此作出合理的辩解，故对该检测报告不予采纳。被告神州运动俱乐部未出示证据证明原告摔倒与飞行活动无因果关系，同时也未举证证明其飞行活动经过了批准并制定了安全保障措施以保障地面安全。综上，法院认为罗宾逊R44II型民用航空器的飞行与原告邓某某受伤存在因果关系。

被告神州运动俱乐部还辩称，原告受伤后离开了事故地点，20分钟后才返回，不排除其在其他地方受伤的可能，法院认为，邓某甲事发后对此问题在公安机关的陈述符合日常生活逻辑，神州运动俱乐部也未提供证据证明邓某某在其他地点受伤，故对该辩解意见不予采纳。

一审法院认为，被告神州运动俱乐部提出未参与司法鉴定，对鉴定意见不予认可的辩解意见，法院认为，该鉴定意见是在本案中由法院委托具有资质的鉴定机构及鉴定人员作出的，被告神州运动俱乐部是在鉴定结论作出后另行追加的被告，且未提供证据证明该鉴定存在程序违法、鉴定意见明显依据不足等足以推翻鉴定意见的事由，对神州运动俱乐部未参与鉴定的情形也通过重新质证的方式予以解决，故对该辩解意见不予采纳。

关于原被告的责任如何划分的问题。法院认为，依照《侵权责任法》第71条规定："民用航空器造成他人损害的，民用航空器的经营者应当承担侵权责任，但能够证明损害是因受害人故意造成的，不承担责任。"《民用航空法》第157条第1款规定："因飞行中的民用航空器或者从飞行中的民用航空器上落下的人或物，造成地面（包括水面，下同）上的人身伤亡或者财产损害的，受害人有权获得赔偿；但是，所受损害并非造成损害的事故的直接后果，或者所受损害仅是民用航空器依照国家有关的空中交通规则在空中通过造成的，受害人无权要求赔偿。"本案中，被告未举证证明损害是原告故意造成的，也未举证证明原告受伤仅是民用航空器依照国家有关的空中交通规则在空中通过造成的，故应当承担侵权责任。第161条规定："依照本章规定应当承担责任的人证明损害是完全由于受害人或者其受雇人、代理人的过错造成的，免除其赔偿责任；应当承担责任的人证明损害是部分由于受害人或者其受雇人、代理人的过错造成的，相应减轻其赔偿责任……"本案中，邓某甲带着邓某某观看民用航空器飞行活动时，是骑坐在摩托车上的，且未放下摩托车的安全支架，其行为对邓某某摔倒受伤也存在过错，故应当减轻赔偿义务人的赔偿责任。因邓某甲是受原告父母的委托接原告放学,故原告父母与邓某甲构成了委托监护关系,邓某甲的过错责任由原告的法定代理人承担。因民用航空器属于高空、高速运输工具,对周围的环境具有高度危险性,故综合本案案情,酌情认定由被告神州运动俱乐部对原告的损失承担70%的赔偿责任。依照《民用航空法》第158条规定的赔偿责任,由民用航空器的经营人承担,所谓经营人,是指损害发生时使用民用航空器的人。本案中,被告神州运动俱乐部系损害发生时使用民用航空器的人,故应由其承担赔偿责任,两江蚕业公司不承担赔偿责任。

对邓某某的损失,认定如下:(1)医疗费。根据原告提供的医疗费收据,对产生医疗费1146.8元予以支持;(2)残疾赔偿金。原告邓某某虽系农村居民,但其母亲为城镇居民,其父亲与其母亲从2014年8月起就居住在重庆市××××区,其收入方式为非农业生产,故应参照城镇居民标准计算为27 239元/年×20年×20%=108 956元;(3)后续医疗费。根据鉴定意见,对后续医疗费1000元予以支持;(4)护理费。根据鉴定意见,护理期限为60日,计算为100元/天×60天=6000元;(5)鉴定费。根据票据,对鉴定费2000元予以支持;(6)交通费。原告虽无票据,但确实前往重庆医科大学附属儿童医院门诊就诊,酌情支持300元。(7)住宿费。原告未提供住宿发票,不予支持;(8)残疾辅助器具费。原告未提供相关发票,不予支持;(9)精神抚慰金。原告受伤时年龄尚小,且构成九级伤残,酌情支持4000元。

综上,原告的损失为123 402.8元,经审判委员会讨论决定,由被告神州运动俱乐部承担70%的赔偿责任,即86 381.96元。一审法院判决:(1)由被告重庆神州航空体育运动俱乐部有限公司于本判决生效之日起10日内赔偿原告邓某某残疾赔偿金、精神抚慰金、医疗费、护理费、交通费等各项损失共计86 381.96元;(2)驳回原告邓某某的其他诉讼请求。

二审中,神州俱乐部与邓某甲均未提供新证据。

二审另查明,邓某甲于2015年10月20日在北碚区公安分局黄桷派出所陈述,"飞机就飞了过来,飞在了我的头顶上,距离大概有15米左右,飞机过来的时候,速度也不是很快,但是有很大的气流和声音,飞机飞来的时候,我就感觉到有一股很强的气流冲到我的身上,然后我的双腿就支撑不住了,然后我、我孙子和车子一下子就往右边倾倒在地上。"在邓某甲回答民警询问"你孙子的骨折是怎么造成的"时,邓某甲称:"当时飞机的气流把我、我孙子，还有摩托车一下子吹倒了，我孙子被摔倒在地上，造成了骨折。"在回答民警询问"为什么认为是飞机的气流造成了摔倒时"，邓某甲称："当时就是感觉到被气流冲击的双腿支撑不稳了，就被吹倒了，我还记得，我当时坐在车上，很稳固，没有受到其他的外力。"

二审还查明，邓某甲及证人朱某某、王某某均陈述现场没有其他人摔倒。

二审中，神州俱乐部表示愿意从人道主义角度出发，给付邓某某50 000元。

法院认为，本案二审的争议焦点在于邓某某受伤与神州俱乐部组织的飞机飞行是否存在因果关系。现依据查明的事实，结合相关法律规定，对该争议焦点评析包括以下几个方面。

依据法律规定，当事人对自己提出的诉讼请求所依据的事实或者反驳对方诉讼请求所依据的事实有责任提供证据加以证明。没有证据或者证据不足以证明当事人的事实主张的，由负有举证责任的当事人承担不利后果。本案系因民用航空器运行中是否致人损害所引发的侵权责任纠纷，民用航空器属于高空、高速运输工具，具有高度危险性，因其所造成损害所引发的侵权纠纷应适用无过错责任原则，受害人仍应就侵权行为、因果关系、损害事实承担举证责任。

由于高度危险作业的特殊性，不应过于苛求受害人所承担的举证责任，但受害人的举证应达到高度盖然性的标准。具体至本案而言，邓某某要求神州俱乐部赔偿损失，其应就神州俱乐部的侵权行为与其受伤的后果之间存在因果关系承担举证的责任应达到使人相信其摔倒受伤有较大可能性系直升机飞行所产生风力所致的标准，但综观本案事实，邓某某的举证未达到该标准，具体理由如下：首先，邓某甲在陈述中认可事故发生时摩托车未支脚架，其本人骑在摩托车上，双脚着地以保持车辆平衡，邓某某坐在其胸前。众所周知，两轮摩托车在没有脚架支撑时，车辆本就难以保持平衡，邓某甲作为车辆骑行人在抬头观看飞机时还需照顾邓某某，车辆更难保持平衡，加之邓某某年幼，儿童天性活泼，又遇飞机飞行，完全可能因兴奋而引发身体晃动导致车辆失去平衡而摔倒；其次，邓某甲驾驶的摩托车的重量明显超过一般人的体重，邓某甲关于直升机飞行的风力将摩托车吹到并导致邓某某摔倒受伤的陈述与日常生活经验明显不符，也与现场除邓某甲及邓某某外并无其他人摔倒的情况存在矛盾；最后，证人朱某某、王某某的证言也进一步印证案发时的情况，即直升机飞行时虽有较大气流，但不可能将人吹倒。故邓某某未能举证证明其摔倒受伤与直升机飞行之间存在因果关系，其要求神州俱乐部承担侵权责任的请求缺乏事实依据，依法应予驳回。鉴于神州俱乐部在二审中表示自愿向邓某某支付50 000元，法院予以尊重。

综上所述，因二审中出现新的证据，法院依法予以改判。依照《侵权责任法》第71条、《民事诉讼法》第170条第1款第2项的规定，判决：（1）撤销重庆市北碚区人民法院（2016）渝0109民初5279号民事判决；（2）驳回邓某某的诉讼请求；（3）重庆神州航空体育运动俱乐部有限公司于本判决生效之日起10日内给付邓某50 000元。如果未按本判决指定的期间履行给付金钱义务，应当依照《民事诉讼法》第253条的规定，加倍支付迟延履行期间的债务利息。一审案件受理费773.43元。减半收取386.72元，鉴定费2000元，二审案件受理费763.82元，均由邓某某负担。

本判决为终审判决。

【案例评析】本案是航空器飞行过程中造成地面第三人损害纠纷。我们发现，一审与二审法院所总结的争议焦点（邓某某受伤与神州俱乐部组织的飞机飞行是否存在因果关系）和适用法律都是一致的，但却得出不同的判决结果。造成差异的原因主要在于两级法院对于法律的不同理解所致。在被告应当对损害结果承担无过错责任的前提下，一审法院将举证责任加诸被告，而认为被告"未举示证据证明原告摔倒与飞行活动无因果关系"，因此应当承担责任。二审法院则认为"受害人仍应就侵权行为、因果关系、损害事实承担举证责任"，而受害人"未能举证证明其摔倒受伤与直升机飞行之间存在因果关系"，因此法院未能支持其诉讼主张。根据这一案例两级法院的不同处理我们可以看出法律责任构成问题的复杂性。学生在实践中遇到相关问题要仔细体会法条的内涵，结合实际情况，作出自己的判断。

三、法律责任的种类

（一）民事法律责任

【案例】张某某诉卡塔尔航空公司上海代表处财产损害赔偿纠纷案[①]

【案情介绍】原告张某某诉称，原告于2013年7月15日在意大利罗马市MLTSUKOSHI商场购买了RIMOWA紫色旅行箱一件，型号为SALSAAIR（SN

---

① 上海市黄浦区人民法院（2014）黄浦民一（民）初字第3044号民事判决书。

号：××××××××××××）。次日，原告搭乘卡塔尔航空公司航班抵达上海浦东机场。在到达机场领取托运行李时，原告发现托运的 RIMOWA 旅行箱拖轮部位严重毁损，随即与浦东机场行李查询室取得联系，机场方面初步鉴定了毁坏程度，并确认责任方为被告公司。当时因有两个同款的箱子受损，机场将表格弄错。机场工作人员多次联系被告公司驻浦东机场联系人，对方几经推诿才出现，并一再强调卡塔尔航空公司虽应为此负责，但只能赔偿人民币 1000 元。在机场方面的建议下，原告于 2013 年 7 月 17 日前往 RIMOWA 中国授权维修公司开具毁损鉴定，并且根据卡塔尔航空公司要求向其总部多次提交申诉邮件，但至今协商未果。现起诉来院要求被告赔偿 RIMOWA 同款同色全新行李箱一件或按维修中心鉴定书零售价赔偿人民币 5280 元（原告同意将损坏的 RIMOWA 行李箱交付被告），支付翻译费人民币 300 元。

被告卡塔尔航空公司上海代表处辩称，原告确实就托运的行李箱损坏与其交涉过，但不清楚行李箱的具体损坏程度。原告所填写的表格载明行李箱右上角损坏，并非其诉称的拖轮部位损坏。根据相关规定，行李有损坏，在可以恢复原状的情况下，应先恢复原状，进行修复，在能恢复原状的情况下，被告愿意承担相应费用；原告主张的翻译费无法律依据，故表示不同意原告的诉讼请求。

法院经审理查明，原告于 2013 年 7 月 15 日在意大利购买了 RIMOWA 紫色旅行箱一件，型号为 SALSAAIR（SN 号：××××××××××××）。2013 年 7 月 16 日，原告搭乘卡塔尔航空公司航班抵达上海浦东机场。到达机场在领取托运行李时，原告发现托运的 RIMOWA 旅行箱严重毁损，随即与浦东机场工作人员联系，并找被告协商，但经多次协商未果。

另查明，2013 年 7 月 18 日，RIMOWA 中国授权维修中心出具了书面意见，载明："RIMOWA 旅行箱，型号为 SALSAAIR（SN 号：××××××××××××）因外力作用，箱体变形严重，无法修复原样。零售价格 5280 元。特此证明。"原告为本案支付了翻译费人民币 300 元。

法院认为，公民和法人的合法财产受法律保护，侵害他人财产的，财产损失按照损失发生时的市场价格或者其他方式计算。现原告被损坏的 RIMOWA 旅行箱经 RIMOWA 中国授权维修中心确认箱体变形严重，无法修复原样，零售价格为人民币 5280 元，故原告根据 RIMOWA 旅行箱的零售价格要求被告赔偿的诉讼请求，法院依法予以支持；关于翻译费人民币 300 元，属原告为本案实际支出的费用，亦应由被告予以承担。据此，依照《侵权责任法》第 19 条的规定，判决被告卡塔尔航空公司上海代表处在本判决生效之日起 10 日内赔偿原告张某某人民币 5580 元（原告应将被损坏的 RIMOWA 旅行箱交付被告）。

【案例评析】本案作为民事诉讼，其核心问题在于被告是否承担货物损失的民事责任以及承担多大的民事责任。法院根据《侵权责任法》判令被告承担原告的全部损失。

（二）刑事法律责任

【案例】孙某某犯劫持航空器案

【案情介绍】被告人孙某某从 1993 年 7 月起，即着手实施劫机的犯罪预备活动。1993 年 11 月 26 日，孙某某购得天津至上海的机票一张。同月 28 日 14 时，孙某某携带早已准备好的火药包及引燃线，登上中国国际航空公司"波音 737" 1523 次航班飞机。飞机起飞后不久，孙某某即以引爆火药包相威胁，胁迫机组人员将飞机飞往台湾地区，并对机组人员说："我的炸药是真的，要是不去，我马上就炸飞机。"机组人员采取措施后，孙某某在南京机场被抓获。

南京市中级人民法院认为，被告人孙某某精心预谋，以引爆火药的胁迫手段劫持航空器，严重破坏正常的航空秩序，危害乘客的生命财产安全，其行为构成《关于惩治劫持航空器犯罪分子的决定》中规定的劫持航空器罪，应予严惩，应当判处无期徒刑；依照《刑法》第 53 条第 1 款的规定，对孙某某应当剥夺政治权利终身。据此，该院于 1994 年 1 月 13 日判决被告人孙某某犯劫持航空器罪，判处无期徒刑，剥夺政治权利终身。

【案例评析】刑事法律责任是我国法律体系中最为严厉的法律责任，因此在民航领域中，对于一些严重危害航空安全的行为均作为犯罪来处理，并规定了较重的刑罚。劫持航空器罪更是最为严重的危害航空安全犯罪之一，对其处罚也是最重的。此外，为了保证国际航空安全，各国间缔结了多个有关航空犯罪的国际公约，规定各缔约国有义务对公约规定的危害航空安全的行为作为犯罪处理。我国也积极履行相关义务。

153

(三) 行政法律责任

【案例】中南局对沙特阿拉伯航空实施行政处罚案①

【案情介绍】 2015年5月2日，沙特阿拉伯航空公司SV885航班（广州—利雅得）发生一起旅客充电宝冒烟事件，对于本次事件，该公司未直接向中南局进行危险品事故征候信息初始报告和书面报告，仅在中南局要求下，于5月18日提交内部调查报告。以上事实有该公司调查报告及中文译本、该公司广州办事处整改计划、相关当事人调查笔录等证据为证。

针对沙特阿拉伯航空公司未按规定报告危险品事故征候信息的违法行为，中南局认为，沙特阿拉伯航空公司上述行为违反了《中国民用航空危险品运输管理规定》（CCAR-276-R1）第92条的规定，依据《中国民用航空危险品运输管理规定》（CCAR-276-R1）第133条的规定，中南管理局于2015年6月作出行政处罚决定（中南局罚决政法字〔2015〕5号），对沙特阿拉伯航空公司罚款人民币20 000元。

【案例评析】 与刑事案件不同，行政案件不是通过法院的判决而得以确认，行政责任的确定多是由行政机关作出。以民航业为例，根据《民用航空法》《中华人民共和国行政处罚法》以及国务院行政法规、民航规章的规定，行政处罚主体多是由民航主管机关以及公安机关依照法定程序针对违法主体作出。

【案例】姚某某诉上海市公安局国际机场分局要求撤销行政处罚决定案②

【案情介绍】 2012年4月15日19时15分许，在南方航空公司CZ6800航班飞机上，第三人夏某某对原告姚某某在飞机起飞滑行途中使用手机的行为进行劝阻，双方引发纠纷，继而有互殴行为。经浦东新区人民医院验伤，夏某某双上肢外伤，左下颌软组织挫伤。被告上海市公安局国际机场分局（以下简称公安机场分局）接报后，于当日受理本案，并进行调查处理，对第三人进行处罚事先告知后，于2012年4月26日对原告姚某某作出行政拘

---

① "中南局对沙特阿拉伯航空公司实施行政处罚"，http://www.caac.gov.cn/local/ZNGLJ/ZN_DQYW/201604/t20160425_35066.html, 2016年11月24日访问。
② 上海市浦东新区人民法院一审（2012）浦行初字第240号行政判决书。

留5日，罚款200元的处罚决定，并于当日送达原告。原告对被诉处罚决定不服提起行政复议，上海市公安局于2012年8月21日复议维持，原告仍不服，遂诉至法院，要求撤销被诉处罚决定。目前被诉处罚决定尚未执行。

根据《中华人民共和国治安管理处罚法》（以下简称《治安管理处罚法》）第7条、第91条的规定，被告公安机场分局依法具有对原告作出行政处罚决定的法定职权。本案中，原告与第三人发生纠纷并有互殴行为，被告经过受理、调查、处罚事先告知程序，适用《治安管理处罚法》第43条第1款规定作出被诉处罚决定，事实清楚，适用法律正确，处罚适当。原告认为其动手打人属于正当防卫，第三人手部系被锐器划伤，与原告无关的主张，法院不予采纳。原告称被告拒绝对其开具验伤单，传唤时间超过24小时的说法，与其自己签名、捺印的询问笔录、传唤证所记载的内容不符，法院难以采信。故原告要求撤销被诉行政处罚决定之诉请，法院不予支持。

综上，依照《行政诉讼法》第54条第1项的规定，判决维持上海市公安局国际机场分局于2012年4月26日作出的沪公（机）行决字〔2012〕第2001200352号行政处罚决定。案件受理费人民币50元，由原告姚某某负担（已预缴）。

【案例评析】如上述第一个案例所显示，行政责任的处罚决定多由行政机关作出。如果行政相对人对处罚决定不服，则可以通过行政诉讼的方式要求法院审查行政机关的行政处罚决定。本案即是一个行政诉讼案例——由于原告不服公安机关的行政处罚决定而向法院起诉，即所谓"民告官"的案件。行政诉讼的出现表明了行政机关的决定要接受司法审查，这对于限制行政机关的滥用职权具有重要意义，是我国实现依法治国的重要举措。

（四）违宪责任

违宪责任是指因违反宪法而应当承担的法定的不利后果。违宪通常是指有关国家机关制定的某种法律、法规和规章，以及国家机关、社会组织或者公民的某种行为与宪法的规定相抵触。在我国，全国人民代表大会及其常务委员会负责监督宪法实施，认定违宪责任。在我国法律实践中，违宪的责任追究非常罕见，在民航业中更是几乎无人提起。本教程认为，民航规章如果违反宪法规定，可能会引起违宪责任，但该种情形甚少发生，也通常不会通过追究违宪责任的方式予以解决。

第二节　法律责任的认定与归结

一、法律责任的认定与归结的含义

法律责任的认定与归结是指对因违法、违约或法律规定的事由而引起的法律责任，进行判断、认定、追究、归结以及减缓和免除的活动。

二、法律责任的认定与归结的原则

（1）责任法定原则。
（2）因果联系原则。
（3）责任与处罚相当原则。
（4）责任自负原则。

【案例】叶某某走私珍贵动物制品案[①]

【案情介绍】2013年2月24日15时许，被告人叶某某乘坐从亚的斯亚贝巴到广州的ET606航班从广州白云机场口岸入境时，选择无申报通道通关，未向海关申报任何物品。经海关工作人员指引进入海关查验区接受查验时，在被告人叶某某携带的行李箱内查获疑似象牙原牙段及制品共计17件。经华南野生动物物种鉴定中心鉴定，涉案物品为脊索动物门哺乳纲长鼻目象科现代象象牙原牙段及制品，净重6.48千克，属于受《濒危野生动植物种国际贸易公约》附录Ⅰ和附录Ⅱ保护的珍贵动物制品，经核算价值共计人民币270 002.16元。

法院认为，被告人叶某某逃避海关监管，携带国家禁止进出口的珍贵动物制品入境，其行为构成走私珍贵动物制品罪。公诉机关指控叶某某犯罪的事实清楚，证据确实、充分，指控的罪名成立。被告人叶某某走私珍贵动物制品数额为270 002.16元，依法应当处5年以上10年以下有期徒刑，并处罚金。被告人叶某某系初犯，且归案后如实供述自己的罪行，认罪态度较好，

---

① 广州市中级人民法院一审（2014）穗中法刑二初字第120号刑事判决书。

依法可以从轻处罚。依照《刑法》第 151 条第 2 款、第 64 条、第 67 条第 3 款,《最高人民法院、最高人民检察院关于办理走私刑事案件适用法律若干问题的解释》第 9 条第 2 款第 2 项的规定,判决:(1) 被告人叶某某犯走私珍贵动物制品罪,判处有期徒刑 5 年,并处罚金 10 000 元(刑期自判决执行之日起计算。判决执行前先行羁押的,羁押一日折抵刑期一日,即自 2014 年 2 月 24 日起至 2019 年 2 月 23 日止;罚金自判决发生法律效力第二日起 1 个月内向法院缴纳);(2) 扣押的象牙制品 6.48 千克予以没收(由广州白云机场海关执行)。

【案例评析】本案例为刑事责任的认定。根据我国法律规定,犯罪与处罚问题,即刑事责任应当由我国法院认定。需要注意的是,不同的法律责任,认定的方式、程序、要件及情节都有所不同。因此,法理学中对法律责任的认定与归结是各个部门法相关内容的抽象,并不能与各种责任认定与归结一一对应。在今后学习各个部门的时候,一方面应当将法理学的内容与部门法的内容一一印证,另一方面也需要注意各个部门法的不同特点及制度。学生在学习法理学的时候,要切记这一点。

【案例】中国东方航空股份有限公司与华泰财产保险股份有限公司上海分公司保险纠纷案

【案情介绍】2007 年 8 月 31 日,华泰财产保险股份有限公司上海分公司(以下简称华泰保险上海分公司)与骐驰科技有限公司(以下简称骐驰公司)签订"货物运输保险单",载明被保险人为骐驰公司;货物为生物电信号处理系统;提单号为 160-23853395;计费重量 3 千克;总保险金额 9868.10 美元;装载工具为空运 CX250;起运时间 2007 年 8 月 31 日;起运地伦敦;目的地西安;中转地香港;承保条件包含"航空运输货物保险条款"和"航空运输货物战争险条款"等。保险单背面所附条款为海洋运输条款。

2007 年 6 月 13 日,骐驰公司与中国陕西中电进出口有限公司(以下简称陕西中电公司)签订买卖合同一份,编号为 SID17070-1,约定陕西中电公司向骐驰公司购买小动物呼吸机一台价值 8226 美元;生物电信号处理系统一台,价值 8971 美元;交货期为 90 天。2007 年 8 月 30 日,国泰航空公司签发了不可转让空运单,号码为 160-23853395;空运单载明,托运人为骐驰公司;收件人为陕西中电公司;货物为生物电信号处理系统一台;合约号为

SID17070；起运机场为伦敦希思罗机场，至中国香港机场后由港龙航空公司运至中国西安咸阳机场；第一承运人为国泰航空公司；货运申报价值栏载明未申明价值。上述货物 2007 年 9 月 2 日运抵咸阳机场后，由航空运输承运人的代理人东方航空公司下属西北分公司确认后将货物放在东方航空公司所属监管仓库指定的货位。上述货物于 2007 年 9 月 3 日在海关进行了报关。2007 年 10 月 11 日，中国东方航空股份有限公司（以下简称东方航空公司）西北分公司向陕西中电公司出具丢失证明，内容为"贵公司运单号为 160 - 23853395 的一件货物 2007 年 9 月 2 日 KA940 航班到达西安咸阳机场，经我处工作人员和搬运队确认后此货放在了指定的货位，当天此货情况正常。9 月 6 日货主提货时在我处到达库房内未找到此票货物。我处工作人员随后进行了对库及其他措施，进行寻找但均没有找见此件货物，现已确定货物在我处库房内丢失。"陕西中电公司就此向东方航空公司索赔。2007 年 12 月 5 日，华泰保险上海分公司向被保险人骐驰公司支付了保险赔偿款 9868.10 美元后，向原审法院提起诉讼，请求判令东方航空公司赔偿 8971 美元（暂按 2007 年 9 月 2 日美元对人民币汇率 7.53 计算为人民币 67 551.63 元）。

  法院认为，本案系骐驰公司就涉案货物向华泰保险上海分公司投保货物运输险，货物在东方航空公司所有的仓库发生灭失，华泰保险上海分公司依据保险合同向骐驰公司理赔后，以东方航空公司侵权为由代位骐驰公司请求赔偿的纠纷。从涉案货物的空运单来看，涉案货物由第一承运人国泰航空公司从伦敦希思罗机场运至中国香港机场后，由港龙航空公司再运至西安咸阳机场，放入承运人的机场代理东方航空公司所有的仓库，后在东方航空公司仓库灭失。涉案运输系航空运输，根据《民用航空法》的规定，因发生在航空运输期间的事件，造成货物毁灭、遗失或者损坏的，承运人应当承担责任；航空运输期间是指在机场内、民用航空器上或者机场外降落的任何地点，托运行李、货物处于承运人掌管之下的全部期间。本航空运输的承运人为国泰航空公司及港龙航空公司，东方航空公司并不是承运人，涉案货物虽放入东方航空公司的仓库，但仍在机场内，属航空运输期间，处于承运人掌管之下，尚未交付，而东方航空公司与骐驰公司之间并无合同关系，故涉案货物灭失对骐驰公司承担责任的应是本次航空运输的承运人。现华泰保险上海分公司以东方航空公司侵权为由提起诉讼，关于相应货物灭失原因的举证责任在华泰保险上海分公司，华泰保险上海分公司对此未能充分举证，其要求东方航空公司赔偿的诉讼请求,缺乏依据,不予支持。华泰保险上海分公司可依法另行向涉案货物的承运人提起相关诉讼。

据此,依照《合同法》第 60 条第 1 款、《保险法》第 45 条、《民用航空法》第 125 条、《最高人民法院关于民事诉讼证据的若干规定》第 2 条的规定,判决驳回华泰保险上海分公司的诉讼请求。一审案件受理费 1488 元,由华泰保险上海分公司承担。

【案例评析】本案为华泰财产保险股份有限公司上海分公司代位向中国东方航空股份有限公司请求赔偿的案件,最终原告败诉。本案涉及侵权责任与违约责任竞合的情形。原告如果就违约请求赔偿的话,只能按照合同关系向违约的合同向对方请求赔偿,但被告与被代位公司没有合同关系,基于合同的相对性原则,不承担违约的合同责任;而原告如果基于侵权请求被告承担赔偿责任的话,则原告并没有充分举证证明被告的侵权,因此,其主张也不能成立。因此,在法律责任的认定与归结中,需要严格把握责任构成的条件。

第三节　法律责任的承担

一、法律责任的承担与法律责任的实现

法律责任通过法律责任的承担与实现来发挥作用。因此,在法律实践中,法律责任的承担与法律责任的实现是法律责任制度的重要环节。

二、法律责任承担的方式

(1) 惩罚:即法律制裁,是国家强制责任主体的人身、财产和精神实施制裁的责任方式。

(2) 补偿:通过国家强制力或当事人要求,责任主体以作为或不作为形式弥补或赔偿所造成损失的责任方式。

(3) 强制:国家通过国家强制力迫使不履行义务的责任主体履行义务的责任方式。

【案例】被告人梁某某盗窃案①

【案情介绍】 2011年8月16日23时许,被告人梁某某在搬运从桂林到天津的BK2820航班乘客的行李箱时,乘人不备,打开行李箱,盗得失主韦某某行李箱内现金人民币2900元。

2011年8月26日14时许,被告人梁某某在搬运从桂林到杭州的CZ3265航班乘客的行李箱时,乘人不备,打开行李箱,盗得失主施某某行李箱内现金人民币3000元。

破案后,公安机关在被告人梁某某处缴获赃款人民币3106元。

被告人梁某某以非法占有为目的,秘密窃取公民财物,数额达人民币5900元,数额较大,其行为已触犯《刑法》第264条的规定,构成盗窃罪。公诉机关指控被告人梁某某犯盗窃罪成立,法院予以支持。被告人梁某某主动退赔部分赃款,在开庭审理中当庭认罪,法院酌情对其予以从轻处罚。依照《刑法》第264条,第72条,第73条第2款、第3款,第64条,第53条的规定,判决被告人梁某某犯盗窃罪,判处有期徒刑1年3个月,缓刑1年6个月,并处罚金人民币11 000元(缓刑考验期从判决确定之日起计算)。

【案例评析】 法律责任的承担方式与法律责任的种类直接关联。刑事责任的承担包括我国《刑法》规定的主刑和附加刑;行政责任的承担主要是警告、罚款、行政拘留、责令停产停业、暂扣或者吊销许可证等;而民事责任的承担方式则更为多样,如停止侵害、排除妨碍、消除危险、返还财产、恢复原状、修理、重作、更换、赔偿损失、支付违约金、消除影响、恢复名誉等。确定法律责任的性质是法律责任承担方式的前提。

【案例】赵某某等诉北京乔海航空设备有限公司等民用航空器损害责任纠纷案②

【案情介绍】 赵某甲生前系鄂尔多斯市通用航空有限责任公司飞行员,其持有中国民航颁发的商用飞行执照。2015年4月27日,赵某甲向鄂尔多斯市通用航空有限责任公司请假,申请休假回老家过"五一"假期并得到批准。4月29日,赵某甲到达河南省周口市,河南乔治公司工作人员接待了赵

---

① 桂林市象山区人民法院一审(2012)象刑初字第142号刑事判决书。
② 密云县人民法院(2016)京0118民初3860号民事判决书。

某甲并为其安排了住宿。4月30日，河南乔治公司工作人员接待了丁先生，赵某甲与丁先生开始认识交流。5月2日，丁先生接到通知：将MY-002飞机从安徽省淮北市濉溪县飞回河南省周口市，随后丁先生带赵某甲在河南乔治公司体验飞行。5月3日，丁先生、赵某甲及河南乔治公司工作人员一起驾车到达淮北市濉溪县MY-002飞机的停放地。在为飞机加油后，丁先生和赵某甲一起进入飞机，飞机起飞后，向南飞行约500米，飞行高度约20米，飞机发生左侧倾斜，随即在安徽省濉溪县开发区X路中段坠地起火，丁先生及赵某甲均当场死亡。

事发飞机型号为CH750HD的两人座轻型运动飞机，其零部件系由陈某某委托北京A公司进口，于2013年7月至2014年初在北京乔海公司完成装配。2014年初，该飞机被运至江苏乔治海茵茨飞机制造有限公司完成地面测试及飞行试验。2015年4月，飞机由江苏乔治海茵茨飞机制造有限公司运至河南乔治公司。因淮北市九天城建测绘有限公司意向购买此型飞机，2015年4月20日，河南乔治公司受陈某某指令，安排人员驾驶该飞机飞到淮北，并停放在淮北市濉溪县开发区安徽省B公司院内，供淮北方面考察。

另查，涉事航空器属于北京乔海公司所有，该航空器未取得中国民航的型号认可和生产许可证。此次事故坠毁的航空器未取得中国民航的适航证、国籍登记证和民用航空器电台执照，该次飞行活动未向军用或民用航空管部门申报，系一起非法飞行的通用航空一般飞行事故。事故发生后，中国民用航空华东地区管理局对北京乔海公司处以人民币10万元的行政处罚。2016年8月15日民航局对赵某某关于"5·3"通航事故处理问题的信访进行回复，内容为：（1）关于北京乔海公司涉嫌无适航证书进行飞行的行为，正在由民航华东地区管理局依法处理。该公司涉嫌未取得生产许可证书而从事生产活动的行为，正在由民航华北地区管理局依法处理。（2）关于河南乔治公司涉嫌未经空中交通管制单位许可、无适航证书进行飞行的行为，正在由民航华东地区管理局依法处理。（3）关于对陈某某进行处罚问题，民航行政机关认为没有对公司实际控制人进行处罚的法律依据。

北京乔海公司、河南乔治公司、江苏乔治海茵茨飞机制造有限公司的实际控制人均为陈某某。丁先生生前系美国国籍，其受江苏C公司邀请，2015年4月15日进入中国境内，4月16日到达河南从事商务活动，为陈某某所控制的上述公司提供飞行工作，但其未持有中国民航飞行执照或执照认可函。

再查，赵某甲系1979年2月13日出生。赵某某系赵某甲之父，赵某甲之母胡某某已于2004年去世，赵某甲系独生子。2006年5月26日，赵某某与陈某甲登记结婚。李某某系赵某甲之妻，赵某某系赵某甲与李某某之女，赵某乙于2009年7月7日出生，系赵某甲的被抚养人。赵某甲的遗体现未火化，仍存放于殡仪馆。

法院认为，民用航空器造成他人损害的，民用航空器的经营者应当承担侵权责任，但能够证明损害是因受害人故意造成的，不承担责任。被侵权人死亡的，其近亲属有权请求侵权人承担侵权责任。本案中，涉案航空器未取得中国民航的型号认可和生产许可证，未取得中国民航的适航证、国籍登记证和民用航空器电台执照，且涉事飞行活动未向军用或民用航空管部门申报，系一起非法飞行事件，涉案航空器的驾驶员丁先生亦未取得中国民航飞行执照或执照认可函，现乘坐该航空器的赵某甲在飞行事故中死亡，航空器的经营者应当承担侵权责任。北京乔海公司作为该航空器的所有者，河南乔治公司作为此次飞行活动的参与实施者，均应当承担侵权责任。陈某某虽然系北京乔海公司及河南乔治公司的实际控制人，但其行为应视为职务行为，所产生的法律后果由其代表的公司承受。陈某甲与赵某某结婚时，赵某甲已27岁，早已成年，陈某甲与赵某甲之间并未形成继母子的抚养关系，陈某某不成为民法上的赵某甲第一顺序继承人，故陈某甲作为原告起诉要求被侵权人承担侵权责任，主体不适格。赵某甲在涉案飞行事故中死亡，赵某某、赵某乙及李某某作为赵某甲的第一顺序继承人，可以请求被侵权人承担民事责任。综上，对于赵某某、赵某乙及李某某要求北京乔海公司及河南乔治公司赔偿丧葬费、死亡赔偿金、被扶养人生活费的诉讼请求，理由正当充分，法院予以支持。丧葬费数额按照2015年北京市职工月平均工资乘以6个月予以确定。死亡赔偿金的数额按照2015年北京市城镇居民可支配收入52 859元乘以20年予以确定。被扶养人生活费数额按照2015年北京市城镇居民人均消费支出36 642元乘以赵某乙需要被抚养的13年再除以2予以确定。根据《最高人民法院关于适用〈中华人民共和国侵权责任法〉的通知》，原告赵某某、赵某乙及李某某要求的被扶养人生活费计入死亡赔偿金。赵某某、赵某乙及李某某因赵某甲的死亡产生精神痛苦，结合本案赵某甲死亡情况及其为独生子等事实，法院酌定精神损害抚慰金数额为10万元。停尸费属于丧葬费范畴，赵某甲死亡所发生的合理停尸费已包含在法院认定的丧葬费之中，故对于赵某某、赵某乙及李某某另行要求支付殡仪馆停尸费44 720元之诉讼请求，法院不予支持。三被告辩称赵某甲及丁先生均具有过错，要求减轻侵权人的侵权责任，缺乏法律依据，法院不予采信。

依照《侵权责任法》第18条、第71条，《最高人民法院关于审理人身损害赔偿案件适用法律若干问题的解释》第17条、第18条、第27条、第28条、第29条的规定，判决：（1）被告北京乔海航空设备有限公司及河南乔治海茵茨飞机制造有限公司于本判决生效之日起7日内赔偿原告赵某某、赵某乙及李某某丧葬费42 516元、死亡赔偿金1 295 353元、精神损害抚慰金10万元，以上共计1 437 869元；（2）驳回原告赵某某、赵某乙及李某某的其他诉讼请求。

【案例评析】本案件属于侵权责任纠纷，在责任承担方面，主要是通过金钱赔偿的方式对受害人的损失进行救济。在司法实践中，各赔偿项目及其计算方式是实务人员的基本功课。尤其对于学生来说，不仅要了解在特定情形下侵权人是否应当赔偿，也要熟悉各项赔偿金额如何计算。

三、法律责任的减轻与免除

（一）"免责"与"不负责任"的概念比较

免责：虽然违法者在事实上违反了法律，并具备承担法律责任的条件，但由于法律规定的某些主客观条件，可被部分或全部免除法律责任，即责任存在但被免除。

不负责任（无责任）：虽然违法者在事实上或形式上违反了法律，但并不具备承担法律责任的条件，故没有法律责任，即责任自始不存在。

（二）免责的条件和方式

(1) 时效免责。

(2) 不诉免责。

(3) 自首、立功免责。

(4) 补救免责。

(5) 协议免责或意定免责。

（6）自助免责。

（7）人道主义免责。

【案例】 金某某受贿案[①]

【案情介绍】2000年至2003年，被告人金某某在担任杭州萧山机场工程建设指挥部计财处处长及浙江航空投资公司副总经理期间，利用职务之便，先后收受承建萧山机场航站楼土建工程的龙元建设集团股份有限公司项目经理徐某某、供应萧山机场配电柜的杭州欣美成套电器制造有限公司高某某、承建萧山机场照明工程的杭州珍琪电器有限公司副总经理童某某的贿赂合计人民币1 008 000元、美元5000元。

1998年，龙元建设集团股份有限公司以比国家定额下浮30.2%的价格中标承建杭州萧山机场航站楼土建工程，徐某某为龙元建设集团股份有限公司负责该工程的承建人。在工程建设过程中，经萧山机场工程建设指挥部与龙元建设集团股份有限公司协商并订立补充协议，对该工程增加及变更部分下浮率由30.2%调整为15%。2002年下半年，国家审计署驻上海特派员办事处在对萧山机场工程进行整体审计过程中对该土建工程增加及变更部分下浮率的调整提出异议，被告人金某某主管的萧山机场工程建设指挥部计财处汇总材料后以指挥部的名义就该土建工程补充协议等问题向国家审计署驻上海特派员办事处进行书面说明，上海特派员办事处最后采纳该书面说明，对补充协议的下浮率调整之事未予提及。其间徐某某为此向金某某提出其愿意拿出1 000 000元处理此事。2002年12月16日，徐某某为感谢金某某在国家审计署驻上海特派员办事处对其工程审计时的帮助及平时对其工程的关照，由其妻潘某某到杭州市商业银行市府大楼支行以潘某某的名义办理一本存折并存入人民币500 000元，后徐某某赶至被告人金某某在萧山机场指挥部的办公室，将该存折连同存折密码一起送给金某某，被告人金某某予以收受。后被告人金某某因无该存折相应身份证，又将该存折交由徐某某去取款，徐某某于2003年5月15日将该存折内的500 000元现金取出，后送至被告人金某某在杭州施家花园的家中，被告人金某某予以收受。2003年1月，徐某某又通过其妻潘某某准备了1张存有500 000元的杭州商业银行西湖储蓄卡，后

[①] 绍兴市越城区人民法院一审（2007）越刑初字第4号刑事判决书。

在被告人金某某的办公室将该储蓄卡送给被告人金某某,并将该储蓄卡密码告知被告人金某某,被告人金某某予以收受。被告人金某某分多次从银行自动柜员机将该500 000元全部取现。被告人金某某收受徐某的该1 000 000元人民币连同其的其他钱款,于2006年开始通过福建泉州亚泰制药有限公司驻杭州办事处投资到了杭州能达洲海运有限公司。

2000年国庆节前,被告人金某某在担任杭州萧山机场建设指挥部计财处处长期间,负责供应萧山机场配电柜的杭州欣美成套电器制造有限公司业务员高某某,为了使被告人金某某在货款结算上予以关照,邀请被告人金某某在一家餐馆吃饭。饭后高某某送给被告人金某某1只装有8000元人民币的信封和1件衬衫的手提袋,被告人金某某予以收受。

2000年夏天,被告人金某某在担任杭州萧山机场建设指挥部计财处处长期间,承建杭州萧山机场航站楼高架桥道路照明系统、室外泛光灯照明系统、出发层反射灯光照明系统的杭州珍琪电器有限公司副总经理童某某为了让被告人金某某在货款结算上予以关照,在杭州大厦门口送给被告人金某某1只装有5000美元的信封,被告人金某某予以收受。

被告人金某某身为国家工作人员,利用职务上的便利,非法收受他人钱财并为他人谋取利益,数额在10万元以上,其行为已构成受贿罪。公诉机关指控的罪名成立,法院予以支持。被告人金某某犯罪后在接受检察机关调查时,主动交代了司法机关尚未掌握的其收受他人贿赂的犯罪事实,属自首,可依法从轻处罚。在法院审理期间,被告人金某某检举揭发他人犯罪行为,业已查证属实,具有立功表现,可依法从轻处罚。同时鉴于本案的赃款已被全部退清,被告人认罪态度较好,可酌情对被告人金某某从轻处罚。被告人金某某提出要求从轻处罚的意见及辩护人据此提出要求从轻处罚的意见法院予以采纳。依照《刑法》第385条第1款、第386条、第383条第1款第1项、第93条、第67条、第68第1款、第64条的规定,判决:(1)被告人金某某犯受贿罪,判处有期徒刑11年,并处没收财产人民币20万元(刑期从判决执行之日起计算。判决执行以前先行羁押的,羁押一日折抵刑期一日,即自2006年8月26日起至2017年8月25日止);(2)扣押在绍兴市越城区人民检察院的被告人金某某的人民币1 050 000元,其中人民币1 048 349.5元(其中5000美金折算成人民币40 349.5元)属受贿款,予以没收。

【案例评析】 本案中被告人被认定具有自首和立功的法定从轻情节以及赃款全部清退、认罪态度较好等酌定从轻情节，因此法院对被告人进行了从轻判决。需要我们注意的是，不同法律责任的承担过程中免责的情形虽然有些共通之处，但不同之处更多。因此，对此部分的学习不能不求甚解，而应当对不同部门法对免责条件的规定有清晰的认知，不可张冠李戴。

第九章 法律程序

法律的运行是在一定空间、按照一定时序来进行的,这里空间、时间的规定,就构成了法律程序。法律程序贯穿于法律运行的全过程,而且法律程序不仅是实现实体法律的工具,其本身也具有独立的法律价值。目前我国无论是立法、司法,对法律程序重要性的认知仍不够充分。通过本章的学习,学生不仅要掌握法律程序的概念、要点以及发挥作用的方式,同时也要理解在现代法治社会中,法律程序的工具性价值和独立价值。

第一节 法律程序概述

一、法律程序释义

(一)法律程序的概念

法律程序是指人们遵循法定时限和时序并按照法定方式和关系进行法律行为。

(二)法律程序的特点

(1)法律程序具有法律上的意义。

(2)法律程序旨在作出法律决定。

(3)法律程序针对的是旨在形成法律决定的相互行为。

(4)法律程序是在法定时间和空间展开的。

（5）法律程序具有形式性和相对独立性。

（6）法律程序可以进行价值填充。

二、法律程序对法律行为的调整方式

（1）抑制：通过法律程序的时空要素，克服、防止法律行为的随意性和随机性。

（2）导向：通过法律程序的时空要素，指引人们的法律行为按一定指向在时间上得以延续、在空间上得以进行。

（3）缓解：通过法律程序的时空要素，缓解人们行为与心理冲突，消除紧张气氛，为解决纠纷行为提供秩序条件。

（4）分工：通过法律程序的时空要素，实现程序角色分配。

（5）感染：通过法律程序的时空要素，使行为主体对程序造成的心理状态无意识地服从。

三、法律程序对于法律适用的作用

（1）法律程序是约束权力的重要机制。

（2）法律程序是理性选择的有效措施。

（3）法律程序是结论妥当性的前提。

【案例】何某某、符某某诉中国民用航空飞行学院民用航空器损害责任纠纷案[①]

【案情介绍】 2013年7月14日下午，中国民用航空飞行学院（以下简称航空学院）广汉分院飞行学员唐某甲与何某甲驾驶C172/B-7906飞机计划执行广汉—绵阳（飞越）—南充（落地）—遂宁（飞越）—广汉学生机长转场训练，15:55飞机在南充机场正常落地，16:02唐某甲按照管制指挥将飞机滑行至4号停机位，机头向西停放，设置停留刹车，并将发动机设置到慢车功率，约1000转/分钟。16:06，何某甲下机后与飞机螺旋桨相撞导致当场死亡。2013年7月29日，原告何某某、符某某与被告航空学院达成"关于因何某甲死亡给予其直系亲属精神安抚金等相关事宜的协议书"，协议约

---

① 南充市高坪区人民法院（2014）高坪民初字第1731号民事判决书。

定：" 甲方（航空学院）一次性给予乙方（何某某、符某某）精神安抚金50万元人民币；给予乙方丧葬费2.3万元人民币；给予乙方交通费1.5万元人民币；免除何某甲已经发生的训练费用29.7531万元人民币，合计83.5531万元人民币。"同时约定："在局方调查报告作出之后，若乙方对于涉及与甲方的相关事宜提出异议，可以向甲方所在地或乙方所在地或事故发生地人民法院提起诉讼。"协议签订后，被告按约履行了协议。2013年8月30日，民航西南地区管理局"7·14"事故调查组作出"航空器事故/事故征候及其他不安全事件调查报告"，结论为："经调查，这是一起通航训练中飞行学员在地面被螺旋桨桨叶击中死亡的通用航空一般飞行事故。导致事故发生的最大可能是该飞行学员下机后未按安全路线绕行飞机。"原告对该报告不服，遂于2014年6月30日起诉来院，提出上述诉讼请求。

法院另查明，何某甲，男，汉族，1994年2月6日出生，2011年9月进入航空学院学习，2012年10月19日开始在广汉分院进行飞行训练。截至事发前，何某甲驾驶C172飞机机型飞行时间为110分16秒，已取得私用驾驶员执照，飞机单发陆地和仪表等级，执照号440882199402062755。

上述事实，有身份证复印件、户口簿复印件、死亡医学证明书、火化证明、户口注销证明、飞行学员送培协议、飞行学生培训合同及附件、西南局发明电（2013）1606号报告、"航空器/事故征候及其他不安全事故调查报告"、"关于因何某甲死亡给予其直系亲属精神安抚金等相关事宜的协议书"、收条、飞行学员安全教育培训记录、中国民用航空飞行学院广汉分院下发学习材料内容、广汉分院学员袁某某笔记本、飞机飞行指南等证据在卷佐证，足以认定。

法院认为，原告何某某、符某某与被告航空学院签订的"关于因何某甲死亡给予其直系亲属精神安抚金等相关事宜的协议书"是双方当事人的真实意思表示，不违反相关法律法规的强制性规定，法院对其效力予以确认。根据该协议书中"在局方调查报告作出之后，若乙方（何某某、符某某）对于涉及与甲方（航空学院）的相关事宜提出异议，可以向甲方所在地或乙方所在地或事故发生地人民法院提起诉讼"之约定，原告有权在局方调查报告作出之后对涉及航空学院的相关事宜提起诉讼，但该约定是以民航西南地区管理局"7·14"事故调查组作出的"航空器事故/事故征候及其他不安全事件调查报告"中涉及被告航空学院承担责任为前提。原告何某某、符某某虽然对此调查报告存有异议，但是并没有提交相应的证据以推翻该调查报告。本案中事故调查组所作出的调查报告已经明确事故发生的最大可能在于何某甲下机后未按安全路线绕行飞机，属于何某甲自己的原因造成的一般飞行事故。虽然该调查报告对事故发生的原因用语是"最大可能"而非"确定"，但事故发生当日全过程无目击证人，事发地点南充机场的监控设施也未监控到事故发生过程，民航西南地区管理局只能以逻辑推理的措辞最大限度地还原事发时的真相，其调查报告结论"导致事故发生的最大可能……"的用语符合客观事实。法院对该调查报告的真实性、合法性和关联性予以采信。事故调查报告已经确认被告航空学院提供了适航的飞机，当天执飞的飞机不存在安全隐患；被告航空学院也在日常的教学活动中对何某甲进行了安全操作方面的教育，何某甲系航空学院四川广汉分院的在校学员，在校期间不仅进行了飞行技术培训，还进行了安全驾驶培训，学院也进行了严谨的训练规范和管理，且事故发生前何某甲已经取得私用驾驶员执照，其驾驶C172飞机机型飞行时间为110分16秒。相对于一般人，何某甲更应该清楚违规操作飞机所造成的后果，更应当严格、谨慎地按照规范的操作流程驾驶飞机。何某甲比一般人更熟悉飞机的安全操作，也应该尽最大的注意义务避免事故的发生，但由于何某甲未按安全路线绕行飞机，导致了事故的发生。《民用航空法》第161条规定："依照本章规定应当承担责任的人证明损害是完全由于受害人或者其受雇人、代理人的过错造成的，免除其赔偿责任……"此次事故是何某甲个人造成的，被告航空学院不需要承担事故责任。因原、被告双方在协议书中对精神安抚金、丧葬费、交通费以及免除的训练费均已经进行了明确的约定，同时约定被告在履行支付上述费用的义务后原告不得在任何时候以任何名义对被告再次提出对于上述费用的主张。该协议还约定协议是双方真实意思的表示，且公平、合理。在协议签订后被告也已经履行了支付上述费用的义务。原告未提交相应的证据证明其诉讼请求，根据《最高人民法院关于民事诉讼证据的若干规定》第2条规定："当事人对自己提出的诉讼请求所依据的事实或者反驳对方诉讼请求所依据的事实有责任提供证据加以证明。没有证据或者证据不足以证明当事人的事实主张的，由负有举证责任的当事人承担不利后果。"法院判决：驳回原告何某某、符某某的诉讼请求。

【案例评析】若从最简单的方面来理解法律程序，我们可以说，法律程序为当事人提供了一个有操作性的、有步骤、有预期的解决纠纷的途径。同时，在这一途径中，通过法律程序结构、辩论方式乃至法庭建筑、衣着等各个方面的设计，将纠纷解决导入一个理性的程序之中，缓解对立双方的对立情绪，避免矛盾的激化，最终作出一个各方更容易服从的法律结果。

从本案例来看，一个大有前途的学生在学习过程中意外死亡，如果不经过法律程序，我们很容易想象可能出现的场景，如在学校门口挂起横幅，包围乃至围攻学校主管人员等等。这些场景在所谓的"医闹"，或是在校学生出现意外死亡的情形下屡见不鲜。在此，我们要感谢本案中的学生家属选择法律诉讼的方式。虽然他们最终败诉，但这一过程中法律的尊严、理性的精神得以彰显。我国应当通过多种方式鼓励发生纠纷的人员选择诉讼或者准诉讼的方式来解决纠纷，而不应当让"闹"的方式大行其道。

【案例】奥凯航空有限公司与褚某某财产损害赔偿纠纷案

【案情介绍】奥凯航空有限公司（以下简称奥凯航空公司）在一审中起诉称，奥凯航空公司于2005年11月7日签订了飞行人员借调协议，依据上述借调协议，褚某某由国航公司调至奥凯航空公司从事飞行工作。褚某某在奥凯航空公司工作期间，奥凯航空公司附条件地借给其安家费495 000元，2006年1月起又为其办理了商业保险并替其缴纳了5年的投保金76 174.5元。奥凯航空公司还为褚某某垫付了个人应缴纳的公积金、社保金费用。但褚某某于2011年1月擅自停飞，并要求调回国航公司。褚某某擅自停飞后，因无法确定借调协议是否有效，奥凯航空公司依旧垫付了其个人应缴的社保金和公积金，并支付其工资。同时，褚某某向法院起诉要求终止借调关系。北京市第二中级人民法院以（2012）二中民终字第05602号判决书判决借调关系终止。但褚某某擅自停飞给运营造成严重的影响及经济损失，奥凯航空公司为此向北京市顺义区劳动争议仲裁院提起劳动仲裁，顺义区劳动仲裁院（2012）第2133号《不予受理通知书》，决定不予受理奥凯航空公司的劳动争议仲裁申请。奥凯航空公司遂提起诉讼，北京市顺义区人民法院（2012）顺民初字第6703号民事裁定书以主体不适格为由，驳回了奥凯航空公司的诉讼请求，后北京市第二中级人民法院（2013）二中民终字第06848号民事裁定书维持原审裁定。鉴于人民法院认为双方之间纠纷不属于劳动争议范围，而褚某某的侵权行为确实给奥凯航空公司造成了重大损失，奥凯航空公司诉至一审法院，请求判令褚某某返还奥凯航空公司安家费 495 000 元，商业保险 76 174.5 元，返还奥凯航空公司垫付的公积金、社保费用个人部分 129 154.26 元，返还多支付的工资 77 588.19 元，返还欠款 15 000 元等。

一审法院向褚某某送达起诉状后，褚某某在法定答辩期内向一审法院提出了管辖权异议，认为其自 2012 年 9 月起至今迁至广东省深圳市宝安区，故北京市顺义区人民法院对本案没有管辖权，请求将本案移送至褚某某住所地广东省深圳市宝安区人民法院审理。

法院经审理认为，奥凯航空公司系因其履行与中国国际航空股份有限公司签订的"中国国际航空股份有限公司与奥凯航空公司飞行人员借调协议"及与褚某某签订的"关于安家费的借款协议"时支付相应款项而与褚某某产生纠纷。奥凯航空公司提交的证据尚不足以证明系因褚某某对奥凯航空公司构成侵权导致其支付相应款项，而褚某某亦否认双方存在侵权的法律关系。故本案不宜依据侵权行为地确定案件管辖，应依据一般地域管辖原则确定案件管辖。根据《民事诉讼法》第 21 条规定："对公民提起的民事诉讼，由被告住所地人民法院管辖……"本案被告褚某某住所地在广东省深圳市宝安区，故本案应由广东省深圳市宝安区人民法院管辖。综上，一审法院裁定：原审被告褚某某对本案所提出的管辖权异议成立。本案移送至广东省深圳市宝安区人民法院管辖。

【案例评析】 没有法律程序的法律运行是不可想象的。国家通过适用法律程序的方式，将纠纷解决导入固定的法律程序，一方面使得实体法得以落实；另一方面也通过法律程序的设置，让法律程序的独立价值得以发挥。从本案来看，由于原告对与被告之间的法律关系认识不准确，起诉至没有管辖权的法院，而被告提出管辖权异议，案件最终移送至有管辖权的法院。这样的波折是由于实体法律认识错误而导致法律程序错误。司法实践中，更多的是由于法律程序错误而导致法律事实认定错误或者实体法律适用错误，如近些年出现的一些冤假错案。因此，法律程序不仅是落实实体法的工具，同时也是实体法的保证。没有正当的程序也就不会有正当的结果。程序正义优于实体正义，是法律人的思维方式。

第二节　正当法律程序

正当法律程序是源于美国宪法的概念,而随着美国宪法实践,这一概念的内容也不断丰富,对于保护公民合法权益、规范法律运行秩序起到了重要的作用。近些年,这一概念及其所蕴含的理念也被很多国家所接受。

一、正当法律程序的构成要件

(1) 程序的分化。

(2) 对立面的设置。

(3) 程序中立。

(4) 自由平等且实质性的参与。

(5) 理性对话与交涉。

(6) 信息充分和对等。

(7) 公开。

(8) 及时和终结性。

二、正当法律程序的价值

(1) 促进实体目标的实现。

(2) 增进效益和福利。

(3) 限制权力恣意以保障权利。

(4) 保证决定的正当化。

(5) 对尊严的尊重。

【案例】郑某某诈骗案[①]

【案情介绍】经审理查明,2013年6月中旬至10月末,被告人郑某某在网上购买警察制服并伪造南方航空公司工作人员证件,其与被害人曹某某交往过程中,谎称自己是航空公司的安保警察,以帮助被害人曹某某安

---

① 沈阳市皇姑区人民法院一审(2014)皇刑初字第243号刑事判决书。

排到省公安厅工作并为其购买房屋为由,在沈阳市皇姑区珠江街100号的经典生活小区14号楼715室,先后多次骗取被害人曹某某共计人民币11万元,后于2013年10月31日返还被害人曹某某人民币4万元,其余赃款被其挥霍。

2013年9月至10月间,被告人郑某某谎称自己是航空公司的安保警察,以帮助将被害人王某某安排到民航公司航医室工作为由,在沈阳市皇姑区怒江街158号的建设银行等地,先后多次骗取被害人王某某共计人民币11余万元,其余赃款被其挥霍。

法院认为,被告人郑某某以非法占有为目的,采用虚构事实的方法,骗取他人财物,数额巨大,其行为已构成诈骗罪。被告人郑某某如实供述自己罪行,可从轻处罚。辩护人所提辩护意见合理,法院予以采纳。依照《刑法》第266条、第67条第3款、第64条的规定,判决:被告人郑某某犯诈骗罪,判处有期徒刑5年3个月,并处罚金人民币3万元。

【案例评析】法律程序是法律运行的过程的总称。任何法律决定的作出,都需要一定的法律程序,正确的程序是正确的法律决定的前提和保证。因此,程序正义在法律人的眼中是至关重要的,甚至高于实体正义。而我国目前的法律实践中一个很大缺陷是对程序的忽视,这既构成我国法治建设的阻碍,同时也导致民众对法律的不理解。普及法律程序的重要意义对我国法治建设至关重要。

【案例】王某某与德国汉莎航空公司航空运输损害责任纠纷案[①]

【案情介绍】2013年6月,王某某报名参加中国政法大学组织的赴欧法律考察团。2013年10月7日,法国驻华大使馆向王某某签发了申根签证。2013年10月26日早上,王某某随考察团成员一起在首都机场三号航站楼德国汉莎航空公司(以下简称汉莎航空公司)值机柜台办理了当天北京飞往法兰克福(航班号LH721)、法兰克福飞往维也纳(航班号LH1240)的汉莎航空公司联程航班登机牌及行李托运手续,并顺利通过安全检查和出入境边防检查后,到达登机口候机。登机开始时,汉莎航空公司工作人员将考察团所有成员的护照和登机牌统一收缴,以考察团成员签证有问题为由,在众目睽

[①] 北京市第三中级人民法院(2015)三中民终字第10833号民事判决书。

睽之下拒绝其登机，并将其带至出入境边防检查口。边检人员以航空公司拒载为由给考察团成员办理了相应出境注销手续，并发还了护照。随后，汉莎航空公司工作人员将已作相应处理的登机牌退给考察团成员，成员回到出发大厅领回各自托运行李。此时，汉莎航空公司航班已正常起飞，而考察团成员与汉莎航空公司人员一直交涉到当天下午5点多，汉莎航空公司始终称在与法国大使馆核实成员的签证情况未果，让其继续等消息。因汉莎航空公司未对考察团作出任何食宿安排，成员当晚自行组织入住酒店，准备次日继续交涉。10月27日上午，成员接到汉莎航空公司工作人员电话通知说成员可以在改签航班后成行，随即全团人员迅速集合赶到汉莎航空公司值机柜台，但汉莎航空公司工作人员又告知当天已没有可改签航班，并未对其前一天的拒载行为作出任何解释与致歉，更未安排成员的任何食宿。考察团再度离开首都机场，入住酒店等候。10月28日上午，因已耽误两天，为不影响后续行程和预订的返程计划，考察团被迫决定放弃奥地利的行程，在向汉莎航空公司支付机票改签手续费后，改签了当天北京飞往法兰克福（航班号LH721）、法兰克福飞往慕尼黑（航班号LH114）的汉莎航空公司联程航班，方才成行。王某某诉称，由于汉莎航空公司的责任，导致其未能实现奥地利的行程，不仅给其造成经济损失，还给其带来了挥之不去的心理阴影，留下终身遗憾。在与汉莎航空公司交涉的三天里，丝毫感受不到汉莎航空公司任何的诚意和歉意，王某某表示，自己和全体团员的心情一样，处于郁闷、焦虑、愤怒的纠结状态，但始终保持着理智、克制、容忍。汉莎航空公司作为国际知名航运企业，无端猜疑并拒载，贬损其人格，伤害其感情，理应承担不可推卸的责任。现要求：（1）汉莎航空公司在《人民日报》《中国日报》中文版和英文版向王某某赔礼道歉；（2）汉莎航空公司向王某某赔偿经济损失2万元；（3）汉莎航空公司向王某某赔偿精神损害抚慰金8000元。

汉莎航空公司在原审法院辩称，不同意王某某的诉讼请求，王某某起诉内容与事实有出入。王某某向法国大使馆申请的是商务签证，说是在法国开一个为期7天的会议，但在临登机时，我公司接到法国大使馆的通知，说王某某可能存在骗签行为。如果上述骗签情况属实，王某某因此被遣返，我公司也会受到罚款，因此，我公司不允许王某某登机是基于法国大使馆的决定。根据《中国民用航空旅客、行李国际运输规则》，承运人可以基于安全原因或者其他原因拒绝承运，承运人必须遵循目的地国家法律。因此，我公司为遵循该法律拒绝王某某登机不应承担法律责任。另外，我公司认为，不允许王某某入境是法国大使馆的行为，王某某起诉我公司缺乏法律依据。

一审法院经审理查明，2013年6月，王某某报名参加中国政法大学组织的赴欧法律考察团。王某某申请申根商务签证，并向法国驻华大使馆陈述其计划参加由法国公证人最高理事会组织的自2013年10月25日起至11月7日的会议。2013年10月7日，法国驻华大使馆向王某某签发了申根签证。2013年10月26日早上，王某某随考察团成员一起在首都国际机场三号航站楼汉莎航空公司值机柜台办理了当天北京飞往法兰克福（航班号LH721）、法兰克福飞往维也纳（航班号LH1240）的汉莎航空公司联程航班登机牌及行李托运手续，并在通过安全检查和出入境边防检查后，到达登机口候机。后汉莎航空公司工作人员就其发现的王某某签证中的问题征询法国大使馆在首都国际机场联络处官员的意见，法国驻华大使馆以王某某或者其代理（旅行社）为获取签证而对法国大使馆作出了虚假陈述为由，建议汉莎航空公司拒绝允许王某某于2013年10月26日登机，以避免根据欧盟法律可对违反欧盟法律的航空公司施加的每一乘客5000欧元的罚款。汉莎航空公司随后拒绝王某某登机。

庭审中，王某某称拒载的起因是其考察团的一位团员因晚到而与汉莎航空公司工作人员发生口角，激怒了汉莎航空公司工作人员，汉莎航空公司的现场负责人扬言要"把整团拿回来"，故汉莎航空公司是蓄意怀疑在先；王某某另称汉莎航空公司在2013年10月27日电话通知其可以在改签航班后成行。王某某对上述陈述未提交证据，汉莎航空公司均予以否认，称谁对王某某签证有所怀疑不重要，重要的是王某某的行为是否存在骗签，另王某某在10月27日是到机场和法国大使馆工作人员交涉的，汉莎航空公司未通知当天改签。

后鉴于王某某的职务以及为避免事态恶化，法国领事决定允许王某某继续后续的旅游行程。2013年10月28日，王某某向汉莎航空公司支付改签手续费后，改签了当天北京飞往法兰克福（航班号LH721）、法兰克福飞往慕尼黑（航班号LH114）的汉莎航空公司联程航班启程。

一审法院认定的上述事实有护照、登机牌、证明函、公证书等书证及当事人庭审陈述在案佐证。

一审法院审理后认为，当事人的合法权益受到法律保护。双方当事人系航空运输合同关系，该合同关系的成立及履行均应符合法律规定，故双方在履行该合同时理应遵守相关国家和地区的法律。因王某某签证问题，法国驻华大使馆基于欧盟法律建议汉莎航空公司拒绝王某某于2013年10月26日登机，故汉莎航空公司的拒载行为系基于法国驻华大使馆的建议，其目的是遵守而非违反相关法律，后虽然法国驻华大使馆综合各方面因素决定允许王某某继续后续的旅游行程，但根据上述事实，法院难以认定汉莎航空公司在履行航空运输合同中存在过错。现王某某在本案中向汉莎航空公司主张的权利，法院均不予支持。综上，原审法院依据《合同法》第8条、《民用航空法》第127条的规定，判决驳回王某某的全部诉讼请求。

一审判决后，王某某不服，向法院提起上诉，其认为一审判决采信的证明函来源不明，缺失客观性、合法性及证据效力，一审法院疏于查证。一审判决对举证责任的分配明显不公，对其调查取证申请只字未提，导致案件真相仍处于汉莎航空公司设计的暗箱之中，一审判决对汉莎航空公司的违约事实及性质认定不清，不当适用外国法，错误界定免责事由和追责原则。综上请求二审法院撤销原判，改判汉莎航空公司赔偿其经济损失20 000元人民币，并由汉莎航空公司承担本案诉讼费用。

汉莎航空公司辩称，一审判决认定事实清楚，证据采信确实充分，适用法律正确，应予维持。王某某的上诉完全是基于对案件证据的单方面曲解及臆测，不肯正视法国驻中国大使馆的证明事实，不肯正视其存在骗签行为的事实，无视相关法律的规定，应予驳回其全部诉讼请求。

二审法院经审理查明，二审诉讼中，法院询问双方当事人对本案适用准据法的意见，双方均同意本案适用中华人民共和国法律进行审理。汉莎航空公司另提出，根据中国的法律指向适用的欧盟法律也应该适用于本案。

就本案的案由问题，王某某一审起诉状写明的是航空运输损害责任纠纷，二审诉讼中王某某提出本案应以合同纠纷进行审理，汉莎航空公司主张本案应当与一审案由保持一致。

二审诉讼中，王某某申请法院向北京出入境边防检查总站调查取证，调取范围是2013年10月26日北京出入境边防检查总站下辖的北京机场出入境边防检查站在王云志的护照签证页面盖有"2013-10-26北京（出）"字样的红章上加盖"注销"字样蓝章的原因和过程及相应记录档案。经法院电话核实，该单位工作人员表示过边检之后，如果当事人是被边防检查站的工作人员带回，边防总站会有对"注销原因"的记录。如果当事人是被航空公司的工作人员带回，护照上只会盖上"注销"的章，但不会留下"注销"原因的记录，该条出入境记录将被删除，经查询，工作人员表示王某某2013年10月26日的出入境记录已无法查询。双方当事人对此均无异议。法院询问汉莎航空公司在什么条件下对王某某的签证产生的怀疑，汉莎航空公司表示在登机口汉莎航空公司人员在登机的时候要核查旅游的行程单，汉莎航空工作人员看到旅游行程单显示有商务和旅游混同。商务比例很少，大部分都是旅行。由于是法国大使馆签发的签证，法国大使馆联络官认为会有骗签的可能，建议带回。

二审诉讼中，法院询问王某某被拒绝登机后汉莎航空公司是否向其说明原因，王某某回答："（汉莎航空公司）说我们的签证有疑问，把我们带出来了。"

就损失的问题，双方当事人均认可王某某发生了2000元的改签费用，汉莎航空公司认为应由王某某自行承担。王某某对其主张的其他损失并未进行充分举证。

法院查明的其他事实与原审法院一致。

上述事实，有各方当事人陈述等证据在案佐证。

二审法院认为，根据《最高人民法院关于适用〈中华人民共和国民事诉讼法〉的解释》第522条规定："有下列情形之一，人民法院可以认定为涉外民事案件：（一）当事人一方或者双方是外国人、无国籍人、外国企业或者组织的；（二）当事人一方或者双方的经常居所地在中华人民共和国领域外的；（三）标的物在中华人民共和国领域外的；（四）产生、变更或者消灭民事关系的法律事实发生在中华人民共和国领域外的；（五）可以认定为涉外民事案件的其他情形。"本案中汉莎航空公司为外国企业，故本案系涉外民事案件。

本案中，王某某在一审诉讼中以航空运输损害赔偿纠纷为案由起诉立案，且王某某的职业系律师，具有法律专业知识，能够意识到其选择的案由对案件的影响，应当对自己选择的案由负责，故法院对于王某某在二审诉讼中将案件案由变更为航空运输合同不予支持。航空运输损害责任纠纷是指在民用航空器运行过程中造成航空器内部或者地面、水面的他人人身或者财产损害所产生的纠纷,就本案而言,王某某所起诉的事实并不满足该案由规定的条件,法院认为,根据最高人民法院的相关规定,当事人起诉的法律关系与实际诉争的法律关系不一致的,人民法院结案时应当根据法庭查明的当事人之间实际存在的法律关系的性质,相应变更案件的案由。据此,法院根据查明的事实及王某某一审诉讼中选择案由的类别,将本案的案由最终确定为侵权责任纠纷。

就本案适用的准据法问题,根据《中华人民共和国涉外民事关系法律适用法》第44条规定:"侵权责任,适用侵权行为地法律,但当事人有共同经常居所地的,适用共同经常居所地法律。侵权行为发生后,当事人协议选择适用法律的,按照其协议。"本案系侵权纠纷,双方当事人均同意适用中华人民共和国法律进行审理,故法院准用我国法律对本案进行审理。

王某某在本案中主张损失赔偿,其依据的主要事实是王某某被汉莎航空公司拒绝登机影响了王某某的行程导致其旅程费用损失,并在拒绝其登机后至重新登机前未对王某某进行妥善安排导致食宿费用及机票改签费的损失。汉莎航空公司认可拒绝王某某登机的事实,但认为其拒绝登机行为合法,无须承担任何责任。故本案的二审争议焦点在于汉莎航空公司拒绝王某某登机、不对王某某安排后续食宿及收取改签费是否合法。

本案中,汉莎航空公司援引《中国民用航空旅客、行李国际运输规则》并同时提交了法国驻中国大使馆警务联络处的证明等证据进行抗辩。综合审查全案证据,法院认为,根据《中国民用航空旅客、行李国际运输规则》第29条规定:"承运人可以安全原因,或者根据其规定认为属下列情况之一的,有权拒绝运输旅客及其行李,由此给旅客造成的损失,承运人不承担责任:(一)为遵守始发地、经停地、目的地或者飞越国家的法律及其他有关规定;(二)旅客的行为、年龄、精神或者健康状况不适合旅行,或者可能给其他旅客造成不舒适,或者可能对旅客本人或者其他人员的生命或者财产造成危险或者危害;(三)旅客未遵守承运人的有关规定;(四)旅客拒绝接受安全检查;(五)旅客未按规定支付适用的票价及有关费用;(六)旅客未出示有效客票;(七)旅客不能证明本人即是客票上'旅客姓名'栏内载明的人;(八)旅客未出示有效的旅行证件;(九)旅客可能在过境国寻求入境、旅客可能在飞行中销毁其证件或者旅客不按承运人要求将旅行证件交由机组保存。"具体到本案,王某某二审诉讼中陈述汉莎航空公司当时拒绝其登机的理由是认为其签证可能存在问题，而法国驻中国大使馆警务联络处的证明显示针对王某某申根签证（商务）的否定意见，以及建议汉莎航空公司拒绝王某某的签证均由英国和法国移民联络官员签发，且经欧盟批准。证明亦显示如汉莎航空公司允许王某某登机，汉莎航空公司可能根据欧盟法律招致罚款的不利后果。综合上述证据可以推知，汉莎航空公司系为遵守始发地、经停地、目的地或者飞越国家的法律及其他有关规定而实施的拒绝王某某的登机行为，故汉莎航空公司拒绝登机的行为不具备违法性及主观过错，其不应当承担相应的民事责任。王某某虽不认可法国驻中国大使馆警务联络处的证明，但其提供的证据并不足以推翻其证明力，法院对于王某某该部分的上诉意见不予支持。

由于汉莎航空公司拒绝王某某登机的行为不存在过错，其也不负有为被拒绝登机旅客安排食宿、改签机票的义务，故王某某要求汉莎航空公司承担其被拒绝登机后食宿费用、每天的补偿费用以及改签费用依据不足，法院均不予支持。此外，本案系侵权案件，原审法院适用《合同法》处理本案不当，二审法院依法予以纠正。

另外需要指出的是，王某某的行为是否骗签并不属于人民法院审理民事案件审查的范围，法院尊重相关外交机构依据其职责作出的决定及出具的证明，虽未支持王某某的诉讼请求但并不意味着法院认定王某某存在骗签的行为。法院希望汉莎航空公司在今后的航空运输服务中在遵守相关法律法规、确保飞行安全的前提下能够以人为本，最大限度地尊重旅客的出行自由。

综上所述，原判决虽有瑕疵，但判决结果正确，法院依照《侵权责任法》第6条、《民用航空法》第127条、《民事诉讼法》第170条第1款第1项、《最高人民法院关于适用〈中华人民共和国民事诉讼法〉的解释》第334条的规定，判决驳回上诉，维持原判。

【案例评析】本教程涉及案例的主要内容是案件情况与法院判决，这可能会引起学生一定的误解，认为案件的事实清清楚楚地摆在法院眼前，而法院可以简单地依照案件事实适用相关法律作出判决。事实上，无论是事实认定或是法律适用，其过程都要复杂得多。作为司法程序核心的庭审，通过控辩审三方庭审结构的设置，使得对立意见得以进行理性交涉，对案件的相关信息进行充分沟通,作为裁判者的法官在此基础上作出相对合理的判决。为了体现这一过程,本案例不仅包括案件情况与法院判决的内容,也将原被告双方以及上诉人、被上诉人的意见以及两级法院的意见一一罗列其中。希望学生一方面从中了解正当程序对庭审的重要影响,另一方面,也能够对法院判决的作出过程有一个感性的认识。

第十章

法的制定

法的制定（立法）是法律产生的重要方式，而随着现代国家功能越来越完备，法的制定（立法）很多时候甚至是法律产生的唯一方式。而法的制定（立法）直接关系到法律本身是否具有科学性，从而影响甚至决定其适用。因此，研究法的制定（立法），为法的制定（立法）活动提供理论和技术支持，也是法理学的一个重要领域。本章主要讨论立法体制、立法过程、立法程序以及立法原则等法的制定（立法）过程中的各个问题。

第一节 立法的概念

一、立法释义

立法是指特定主体依一定职权和程序，运用一定技术，制定、认可和变动法的活动。立法活动是法律运行的逻辑起点，在整个法律活动中具有重要的作用。完善的立法为后续的法律活动打下良好的基础，相反，如果立法活动本身出现问题，制定的法律质量低劣，则后续的法律活动也必然运行不畅。

二、立法的特征

（1）立法是由特定主体进行的活动。
（2）立法是依据一定职权进行的活动。
（3）立法是依据一定程序进行的活动。

（4）立法是运用一定技术进行的活动。
（5）立法是制定、认可和变动法的活动。

第二节　立法体制

一、立法体制释义

立法体制是由关于立法权限、立法权运行和立法权载体诸方面的体系和制度所构成的有机整体。

二、中国现行立法权限划分体制

从立法权限划分的角度看，中国现行立法体制是中央统一领导和一定程度分权的、多级并存、多类结合的立法权限划分体制。从民航法律来看，我国民航法律的立法体系主要由全国人民代表大会常务委员会及其常务委员会、国务院、交通运输部（民航局）以及相关地方立法机关和行政机关构成的立法权限划分体制。

第三节　立法过程和立法程序

一、立法过程

一般来说，立法需要立法准备、由法案到法和立法完善三个部分，三个部分首尾相接，形成一个循环往复，不断完善的立法过程。

（1）立法准备：这一过程的工作主要是立法调研、法律草案的起草、修改等。充分的立法准备是科学立法的基础。

（2）由法案到法：这一过程主要表现为法律草案的通过。由于我国多元、多层级的立法体制，这一过程也表现为不同形式。

（3）立法完善：这一过程表明立法并不以法律通过为结束，法律制定完成之后，需要关注立法的实效，并为完善法律展开新一轮的立法工作。

二、立法程序

（1）提出法案。

（2）审议法案。

（3）表决和通过法案。

（4）公布法律。

【中国民航局政策法规司机构职责】[①]

（1）组织协调民航行业发展方针政策和重大问题的研究，提出民航行业发展的政策建议，组织起草民航行业发展综合政策。

（2）负责民航行业立法的相关工作，组织起草民航行业法律、法规和规章的立、改、废草案。

（3）组织指导民航行政机关行政执法，负责行政执法监督，承办相关行政复议、行政应诉和民事应诉工作。

（4）负责民航监察员的基础法律知识培训、考核和证件管理工作。

（5）负责民航行业法律研究及其信息收集工作，指导民航企事业单位的法律工作。

（6）负责局法律顾问和法律事务工作。

（7）负责国际民航法律事务，组织参加国际民航法律会议，组织研究、谈判、签订和向国家报批国际民航公约、条约及协定，开展对外法律交流。

（8）负责与世界贸易组织有关的民航政府机构的工作。

（9）办理民用航空器所有权、抵押权、占有权和优先权的登记以及变更、注销工作，承担民用航空器国际利益登记的相关管理工作。

（10）负责民航行业体制改革工作和民航行业社团组织的管理工作。

（11）承办民航企业和机场联合、兼并、重组的审批和改制、融资的审核工作，受理民航企业、机场关于不公平竞争行为的投诉，维护民航企业、机场和公众合法权益。

（12）承办局领导交办的其他事项。

---

① 民用航空局：http：//www.caac.gov.cn/dev/zcfgs/，2016年12月20日访问。

第四节 立法的原则

一、立法原则概念

立法原则是指立法主体据以进行立法活动的重要准绳，是立法指导思想在立法实践中的重要体现。立法活动都需要遵循立法原则。

二、中国立法的基本原则

（一）宪法原则

宪法作为我国的根本大法，其他任何法律的制定都直接或者间接来自宪法的授权，任何法律的内容都不得与宪法相违背。因此，宪法原则是我国立法活动的基本原则。

（二）法治原则

法治原则是现代国家治理的基本原则，我国也将建设社会主义法治国家作为我国的建设目标。法治原则在立法中主要体现在三个方面：（1）立法活动的各个环节应当遵循法律的规定；（2）立法的内容应当有利于社会进步，有利于保障人民权利；（3）关于立法活动的法，应当在立法活动中获得普遍遵守。

（三）民主原则

立法活动应当遵循民主原则。民主原则在立法过程中主要体现在立法主体、立法内容和立法程序三个方面。这要求在立法活动中扩大立法主体的广泛性，尽可能增加人民参与立法的途径，立法内容应体现人民的利益。

（四）科学原则

立法活动中的科学原则，要求立法活动尊重立法活动的规律，克服立法中的主观随意性和盲目性，降低立法成本，增加立法成效。

我国民航法律体系内最为重要的法律是《民用航空法》，该法律于1996年3月1日实施，迄今已有20余年。而这20余年是我国民航业飞速发展的20余年，因此，我国民航法中的一些内容亟待修改。民航法修改也是我国民航法学界近些年的热点话题，诸多学者以及相关单位对此都极为关注。下文节选自刁伟民、杨惠的学术论文《修订民航法的几点建议》，对民航法修改感兴趣的学生可以参看。

【民航法修改】 关于修改中国民航法的几点建议[①]

在评论中国民航法时，我将它的大部分内容与美国联邦航空法、国际民用航空组织对其成员国的示范法和由美国联邦航空局国际处提供的建议示范条款的相关部分进行了比较。我的报告将与国际民航组织附件Ⅰ、Ⅵ、Ⅷ和文件8335、9389一致。我对中国民航法新增部分的建议主要建立在美国联邦航空局建议示范条款的基础上。我的建议如果出自美国联邦航空法或其他地方，我将特别注明出处。

估计中国不会全部采纳美国联邦航空局的建议条款。但我建议选择部分条款，从而满足国际条约和美国联邦航空局的要求，弥补相应的缺陷。

（1）关于前述有关报告对中国民航法的评价的第一点和第二点，中国民用航空总局和美国联邦航空局的联合报告提到："主要的担忧来自于暗示的授权。中国民用航空总局的权力在法律中没有严格的规定，其通过使用行政法规行使安全监督的职能的能力只能是假设，而不是出于法律授权。缺少法律的强制力，中国民用航空总局在获得资源以行使安全职能方面的能力将会受到限制。"我必须补充的是中国《民用航空法》第3条看起来没有要求设立由民航局长领导的有力的民航当局。这就需要人们去假定民航局长有法律授权来领导这个机构。

关于这个问题有许多途径可以解决，但以下的建议可能会有帮助。我建议可以这样修改中国《民用航空法》第3条："中国民用航空总局是国务院领导下的民用航空主管部门，由民航局长领导。民航局长对全国的民用航空活动实施统一的监督和管理，他可以采取其认为必要的任何措施以实施本法，根据法律和国务院决定的授权发布有关民航活动的规章和决定。""民航局长设立的地区民航管理机构根据局长的授权监督和管理他们各自地区的民用航空活动。"

（2）关于局长的一般权力问题。这一部分可以在第3条单独增加一段，明确规定局长有权规定、复审、复查和执行法律法规。民航总局已经开始发布规章。《民用航空法》第38条（笔者注：应该是37条）规定："民用航空

[①] 刁伟民、杨惠："修订民航法的几点建议"，载《中国民航》2005年2月，第61~63页。

第十章 法的制定

器适航管理规定，由国务院制定。"我知道国务院相关的法规是《中华人民共和国民用航空器适航管理规定》。此规定的第4条声明中国民用航空总局有权颁布适航管理规定。显然，这是对适航管理的授权。然而，还须发布所有民航安全规章的授权。一个全面的、综合的航空法应包含读者想知道的一切信息，它的一个重要方面是建立起大众对国内和国际航空业的信心。我建议，如果授权领导中国民用航空总局的民航局长制定法规，应删除第38条，对民航局局长的一般权力应作以下几个方面的授权。

"授权局长开展行动、进行调查、发布和修订命令，制定和修正必要的一般或特别规则、规章、标准和程序以执行本法规定。并且进一步授权部分或全部地修正、更改、暂时吊销和撤销其颁发的证书或执照。"

"局长可随时复查任何航空器发动机、螺旋桨、机上设备、航行设施、航空代理，或复查任何航空人员。如果根据复查的结果，或者根据民航局局长其他任何调查的结果，其认为存在航空安全的需要时，可以发布修改令，部分或全部修正、更改、暂时吊销或撤销任何类型的证书、产品合格证、适航证书（包括机场运营许可证书）或航空机构证书（包括维护机构）。在修正、更改、暂时吊销或撤销任何上述证书之前，局长应将其准备采取的措施所依据的任何指控和理由告知证书持有人，而且，除紧急情况外，应给予证书持有人对指控进行答辩并就执照的修正、更改、暂时吊销或撤销进行听证的机会。"

(3) 关于授权局长在颁发航空承运人合格证之前，要求承运人提供足够的证据来证明其在航空运输中安全运营的能力问题。我从头到尾查阅了中国《民用航空法》，发现没有一个规定可以支持提供这种证明的要求。除了对第93条第4款的解释有一点可能性，即"法律、法规规定的其他条件"。当然，第93条包含了在颁发航空承运人合格证之前应具备的条件。我建议中国《民用航空法》应在第92条和第93条规定以下内容：

"在局长判定申请者有足够合适的设备、并能根据本法和其后制定的规则、规章和标准进行安全运营后，局长应颁发航空承运人合格证。每一个航空承运人合格证应包括必要的合理的内容、条件和限制，以确保航空运输安全，在航空承运人合格证上应明确承运人被允许运营的指定的始发地和目的地、航路。"

(4) 关于"民航法中没有明确授权民航局长可以开发适航调整项目"和

"在民航法中没有授权民航局长不仅可以在中国民用航空总局范围内授权代理，而且可以对局长认为合适的私人（私有团体）进行授权代理"的问题。随着航空业不断发展，出于时间效率和使用可利用资源的考虑，对私人的授权代理是绝对必要的。颁布技术标准、航空人员检查、航空器适航性检查和适航指令等领域都需要授权代理。我注意到民航总局法规183部（有这种情况），但在《民用航空法》中没看到这样的授权。这里我推荐审查和采用美国联邦航空局示范条款第601条，在中国民航法中现在还没有此类规定。我将全面提出此条款并在我认为是绝对必要之处标注下划线。为强调重点，下划线将随时出现。对民航法的这部分补充应放在中国《民用航空法》的第四部分，它主要涉及航空器适航项目。

在这次讨论中，我建议在法律中增加这样一条："特别授权民航局长组建中国民用航空总局，特别是建立一个飞行标准和适航管理机构。"关于这点可包括以下几个方面的表述。

民航局局长被授权和有义务通过随时制定和修订下列规章，促进商业航空运输中的民用航空器飞行安全：

①为安全利益，制定和修订航空器及其发动机、螺旋桨的设计、原材料、工艺、构造和运行管理的最低标准；

②为安全利益，制定和修订机上设备管理的最低标准；

③为安全利益，制定和修订下列合理的规则和规章：

a. 管理航空器及其发动机、螺旋桨和机上设备的检查、维修和翻修；

b. 管理为此类检查、维修和翻修而配备的装备和设施；

c. 在民航局局长的裁量权之内，规定此类检查、维修和翻修的周期、方法，并包括可由适当的有资格的私人或私有组织对其进行查验和报告的规定，他们的查验和报告可被民航局局长接受，并视同于民航当局内部被授权行使此职能的官员和雇员的行为。

④为安全利益，制定和修订合理的规则和规章以管理对航空器及其发动机、螺旋桨、机上设备的服务和航油的储备和供应。

⑤为安全利益，制定和修订合理的规则和规章以管理航空人员和航空承运人其他雇员的最长服务时间。

⑥在局长认为基于国家安全和商业航空运输安全需要时，可制定和修

订合理的规则和规章或最低标准以管理其他（民用航空）活动、方法和程序。

（5）关于"当涉及公共利益时，法律应规定授权民航局局长豁免对规则和条例要求的遵守"问题。当我们通过严格和可靠的规则试图涵盖所有的情况时，在保证安全水平时，总是会有例外。我已经看过中国民用航空总局规章第111部并且发现人们已经意识到对规章进行豁免的需求，实际上第111部37条就规定了豁免。民航法没有为这种豁免权提供支持。豁免的需要肯定也会在民用航空的其他领域出现。我并不建议授予民航局局长对民航法的豁免权，因为很明显民航局长不处于一个可改变法律本身的位置上，其仅能改变依民航法制定的规章。因此，建议在第3条民航局长的一般权力中，增加以下豁免权："在公共利益需要时，民航局局长可随时豁免对依本法制定的规则或规章的要求的遵守。"

（6）在中国《民用航空法》中规定了个人和组织在行使其权力之前，应获得某项检查或资格证书，因此建议中国《民用航空法》应包括一个一般禁止性规定以避免违反规定的行为出现（上述"第六"部分）（在国际航空运输中来自其他国家的航空器和航空人员除外）。我建议采用美国联邦航空局示范条款609部分（a）和（b），作为民航法单独的条款，明确规定违反航空法的行为。

①以下行为属于非法行为：

a. 任何人在商业航空运营中使用无有效适航证书的民用航空器，或在使用时违反航空器适航证书上的规定；

b. 任何人，无相应的航空人员执照，而以航空人员的身份从事与民用航空运输中使用或将要使用的民用航空器、航空器发动机、螺旋桨和机上设备相关的服务，或在服务中违反执照中的任何内容、条件和限制，或违反依本法颁发的任何命令、规则和条例；

c. 任何人雇佣没有航空人员执照的人员从事与民用航空运输中使用的航空器相关的工作；

d. 任何人从事航空运营时无航空承运人合格证，或违反承运人合格证的规定；

e. 任何人在民用航空器运行中违反局长根据本法发布的任何规则、条例和证书的规定；

f. 任何航空学校和维修机构执照的持有人，违反执照的内容、条件和限制，或违反依本法制定的有关此类执照的命令、规则或条例；

g. 任何人无民航局局长依照本法63条规定所要求的机场运营许可证，而从事机场运营时。

②来自其他国家的航空器和航空人员，除遵守有关这类航空人员的空中交通规则外，可以根据局长规定的限制条款和条件，在一定程度上，豁免本条a款规定的约束。

（7）《芝加哥公约》附件1有关航空主管部门人员的培训问题（上述"第七"部分）。我建议采用美国联邦航空局示范条款305d，其内容为："局长可设立一所或多所学校，培训中国民航总局的雇员，使他们能正确地履行被授权的所有职能。局长也可要求其他政府机构的人员、外国政府机构的人员和航空工业的人员参加此学校的培训。"

（8）虽然目前中国《民用航空法》已包含了废止、暂停、警告罚款等形式的强制措施，但如果增加民事处罚部分，对违反法律和规章的行为进行规定，并制定在暂停情况下的复议程序，还是很有帮助的。由于美国联邦航空局和国际民航组织认为处罚部分是适当的，我就不再讨论或为法律中的新条款提出建议了。

我相信以上这些对中国民航法修改的建议，将解决中国与美国联邦航空局的联合报告和国际民航组织的评论中指出的现行航空法中存在的问题。然而，要做好这样一个使法律与法规协调的全面工作，必须对所有已通过的法律法规的每一部分逐一进行审议，使其与有关的法律条款相符合。

我知道到中国国务院的行政法规可以补充民航法中缺少的授权。然而，当法律为航空安全监督体系的规章提供全面的法律基础时，会更容易获得全社会对国际航空业的信心和对规章的服从。所以提出以上建议以供参考。

第十一章

法的实施

法的实施是是法律发挥作用的途径，是法律运用于社会的全过程。在以往的法理学研究中，法的制定（立法）受到更多的关注，而法的实施则被冷落。立法者总是默认法律在制定之后就会按照立法者的预想在社会中发挥作用。而随着法律研究的不断深入，人们越来越认识到这是立法者以及法律人过于理想化的想象，法的实施受到政治、经济、社会等多种因素的影响。法律研究者要深入法律的实施过程中对这些因素进行识别、判断，并作出相应的对策研究以利于法律目的的实现。本章围绕法律实施的基本方式——守法、执法、司法，对相关的主体、体系及执法原则等问题进行阐述。

第一节 守法

一、守法的概念

（一）守法的概念

守法是指国家机关、社会组织和公民个人依照法的规定，行使权利（权力）和履行义务（职责）的活动。

（二）守法的构成要素

（1）守法主体：一个国家或社会中应当遵守法律的主体。

（2）守法范围：守法必须遵守的行为规范种类，在我国包括宪法、法律、行政法规、部门规章、地方性法规、地方政府规章等。

(3) 守法内容：行使法律权利，履行法律义务。

二、守法的根据和理由

(1) 法的要求。
(2) 守法主体出于契约式的利益和信用的考虑。
(3) 惧怕法律制裁。
(4) 出于社会压力。
(5) 出于心理惯性。
(6) 道德的要求。

三、守法的主客观条件

(1) 主观条件：守法主体的主观心理状态和法律意识水平。包括政治意识、法律观念、道德观念和文化教育程度等。

(2) 客观条件：守法主体所处的客观社会环境。包括法制状况、政治状况、经济状况、民族传统、国际形势和科技发展等。

【案例】任某某诉中国民用航空局不履行信息公开义务案[①]

【案情介绍】任某某诉称，其于2013年12月8日向民航局申请公开《民航工作国家秘密范围的规定》（以下简称《民航秘密规定》），民航局于2014年1月9日回复任某某，以涉密为由拒绝公开相应信息。任某某为科研需要申请政府信息公开，民航局拒绝政府信息公开应详细说明理由，并提供相关证据，民航局简单以涉密为由拒绝政府信息公开违反法律规定，故起诉至法院，请求撤销民航局作出的告知函，并判令民航局依法公开《民航秘密规定》。

民航局辩称，民航局于2013年12月17日收到任某某申请公开《民航秘密规定》的申请。《民航秘密规定》系民航局与国家保密局联合发文，根据《政府信息公开条例》第14条第3款的规定，民航局于2013年12月26日征求了国家保密局的意见，民航局于2014年1月9日书面告知任某某不予公开《民航秘密规定》及不公开的法律依据，故民航局作出的不予公开的行政行为合法有效。另外，民航局对任某某的答复行为并未侵犯其合法权益，请人民法院对于请求事项不属于行政审判权限范围的裁定驳回。

---

① 北京市第二中级人民法院一审（2014）二中行初字第1223号行政判决书。

法院根据合法有效的证据以及当事人的有关陈述，查明 2013 年 12 月 17 日，民航局收到任某某寄送的申请公开《民航秘密规定》的信函。民航局针对任某某要求获取《民航秘密规定》的申请函询了国家保密局的意见，后于 2014 年 1 月 9 日作出告知函，并送达任某某。任某某不服上述告知函，起诉至法院。

依据《政府信息公开条例》第 4 条及第 13 条的规定，民航局作为民用航空事业的主管行政机关，依法具有应申请人的政府信息公开申请作出政府信息公开告知书的法定职权。

《政府信息公开条例》第 8 条规定："行政机关公开政府信息，不得危及国家安全、公共安全、经济安全和社会稳定。"第 14 条第 3 款规定："行政机关对政府信息不能确定是否可以公开时，应当依照法律、法规和国家有关规定报有关主管部门或者同级保密工作部门确定。"第 21 条第 2 项规定："对申请公开的政府信息属于不予公开范围的，应当告知申请人并说明理由。"本案中，任某某向民航局申请公开《民航秘密规定》，民航局基于该文件系民航局与国家保密局联合发文的事由，就该文件的公开事宜征求国家保密局的意见，并无不当。民航局在收到国家保密局的复函后，依据《政府信息公开条例》第 8 条的规定决定对《民航秘密规定》不予公开，并告知任某某，符合法律的相关规定。

民航局于 2013 年 12 月 17 日收到任某某有关《民航秘密范围》的政府信息公开申请后，征求了国家保密局的意见，于 2014 年 1 月 9 日作出告知函并送达任某某，符合《政府信息公开条例》有关答复程序的规定，行政程序合法。

综上，民航局依照法定职权作出告知函，认定事实清楚，适用法律正确，行政程序合法。任某某诉请撤销告知函并请求判令民航局公开《民航秘密规定》的诉讼理由不能成立，法院对其诉讼请求不予支持。依照《最高人民法院关于执行〈中华人民共和国行政诉讼法〉若干问题的解释》第 56 条第 4 项的规定，判决驳回原告任某某的诉讼请求。

【案件评述】守法是法律运行的常态，普遍的守法也是法治社会的基本标志。我国长期以来的普法宣传工作中，都对守法极为重视，将公民守法作为普法活动的基本目标。然而，我们的普法很多时候更着重于法律义务的履行，而忽视了权利的行使。本书选取了上述案例，正是试图揭示这一误区：守法也包括权利的行使。无论是民事权利的主张，或是对行政机关进行监督、批评，都是公民的守法行为，也是我们建设法治国家所应当大力提倡的行为。本案中，虽然原告的诉讼请求不能成立，但其做法却值得学习。

第二节　执法

一、执法的概念

（一）执法的概念

执法是指国家行政机关和法律授权、委托组织及其公职人员在行使行政管理权过程中，依法定职权和程序，贯彻实施法律的活动。

（二）执法的特征

（1）执法主体的特定性：执法主体必须是法定的主体。

（2）执法内容的广泛性：执法涉及社会生活的方方面面，人们的衣食住行等各个方面的保障，都离不开执法行为。

（3）执法活动的单方性：执法是一种单方作出的、有强制性的行为。与合同不同，不需要双方的合意。

（4）执法行为的主动性：执法主体必须按照法律规定的职权主动行使。执法权的行使对于执法主体来说，既是权力，也是义务。如果怠于行使权力，则涉嫌渎职。

（5）执法行使的优益性：执法机关在行使执法权时，乙方享有法定的行政优益权，即执行权具有优先行使和实现的效力。

二、执法体系

（一）执法体系的概念

执法体系是指具有不同职权范围的行政机关、社会组织执法而构成的互有分工、相互配合的有机联系的整体。

（二）执法体系的构成

执法体系包括行政机关执法、法律授权组织执法和行政委托社会组织执法。

三、执法的原则

（1）合法原则。执法行为必须符合法律规定，严格奉行"法无明文规定即禁止"的法律精神。

（2）合理原则。在法律留有执法裁量权之处，执法机关不能滥用职权，应当保证职权的合理行使。

（3）效率原则。执法必须考虑到执法效率，尽量通过较少的执法成本获得更大的社会收益。

【案例】沈某某辱骂水泼南航空姐机闹案[①]

【案情介绍】 2016年4月10日20时30分许，北京至广州的CZ323航班旅客沈某某在后舱两名空乘在收完餐之后，来到后舱厨房间，说："你们刚才倒桑果汁时洒在我身上了，我要求你们给我道歉，并写一份深刻的书面检讨。"

乘务员说："先生对不起，我们给你道歉，但书面检讨我们写不了。"

沈某某说："如果你不给我写检讨，你们就给我等着。"说罢就进了洗手间。

出来后，他再次回到厨房间，拿起服务台上的大瓶矿泉水，倒了两杯水，然后将两名空乘从头浇到脚，并扬言说："我知道你们南航在金边的驻地，如果你不给我写检讨，信不信我找当地朋友收拾你们？我认识你们南航广州的领导，你们谁有后台，我连你们后台一块收拾！"在此期间，还对乘务员进行推搡。

随后乘务长来到后舱，沈某某拒绝正常沟通。当班安全员通知了广州机场公安，并进行了信息的收集。机场公安局民警接报到场后将沈某某带回派出所进行调查。

经调查取证，沈某某的行为已构成公然侮辱他人。机场公安局根据《治安管理处罚法》第42条第2项的规定，对违法行为人沈某某处以行政拘留3日。

[①] "男子辱骂水泼南航空姐机闹被拘三日"，http://news.sina.com.cn/o/2016-04-13/doc-ifxrcuyk2818886.shtml，2016年12月12日访问。

【案例】 李某某扰乱航空器秩序案①

【案情介绍】 2015年1月9日，MU2036航班的航程为从达卡飞往昆明，再从昆明飞往北京。航班原计划是2015年1月9日20时45分从昆明起飞，但由于天气原因延误。2015年1月9日23时45分左右，乘客开始登机，其间发生部分乘客与值机柜台协商赔偿的事宜。2015年1月10日凌晨2时左右，所有乘客登机结束，飞机关闭舱门。因天气原因，飞机需要除冰，除冰需要关闭空调。2015年1月10日凌晨3时左右，飞机开始除冰，空调关闭。空调关闭后，部分乘客情绪激动。除冰完毕后，飞机准备起飞时，紧急出口被强行打开。2015年1月10日凌晨4时20分，昆明长水机场航站区派出所值班民警接昆明长水机场TOC报警称有旅客擅自将停靠在112号登机廊桥旁的东航MU2036航班上的应急舱门打开。接报后，值班民警于2015年1月10日凌晨4时25分赶到位于昆明长水机场航站楼东侧112号登机廊桥旁。通过112号登机廊桥进入MU2036号飞机内部，在42A位置左侧，一扇应急舱门呈开启状，41L及42L位置右侧的两道应急舱门均呈开启状。2015年1月10日云南省公安厅民用机场公安局直属公安分局（以下简称机场公安直属分局）将MU2036的部分乘客（包括李某某）及机组乘务人员带回进行询问调查，并制作询问笔录及辨认笔录。2015年1月11日凌晨2时将李某某拘留至昆明市公安局拘留所接受处罚，现李某某已接受完处罚。

2015年1月10日，机场公安直属分局制作云机场公（直）审字（2015）第0065号"公安行政处罚审批表"。2015年1月10日23时机场公安直属分局民警通过电话将云机场公（直）行拘通字（2015）第0065号"被行政拘留家人通知书"内容通知李某某家属彭某某。2015年1月10日23时50分，机场公安直属分局向李某某送达"行政处罚告知笔录"并告知拟处罚的事实、法律依据以及陈述、申辩权利，李某某表示其没有带动闹事，是反映情况。2015年1月11日，机场公安直属分局法制科审核了"李某某扰乱航空器秩序案卷宗"，制作"李某某扰乱航空器秩序案阅卷记录"，同意行政拘留。2015年1月11日，机场公安直属分局向李某某送达云机场公（直）行罚决字（2015）0065号《行政处罚决定书》，内容为李某某在2015年1月10日凌晨3时45分许，在昆

---

① "李某某不服云南省公安厅民用机场公安局直属公安分局公安管理行政处罚案"，http://kmgd.ynfy.gov.cn/xzzdxal/79381.jhtml，2016年10月8日访问。

明长水机场 MU2036 次航班上扰乱航空器秩序，以上事实有当事人陈述、旁证等证据证实。根据《治安管理处罚法》第 23 条第 1 款第 3 项的规定，决定给予李某某行政拘留 10 日的处罚。

【案件评析】执法是指行政机关及其工作人员适用法律的活动。在民航活动中，主要的执法机关是民航主管部门及公安部门。一般来说，民航主管部门管理的对象是航空运输企业、机场等民航运营部门；公安部门则主要以旅客作为管理对象。上述两个案例是机场公安对违法旅客进行执法活动。主要法律依据是《治安管理处罚法》第 23 条第 1 款第 2 项、第 3 项、第 4 项规定："有下列行为之一的，处警告或者二百元以下罚款；情节较重的，处五日以上十日以下拘留，可以并处五百元以下罚款：（二）扰乱车站、港口、码头、机场、商场、公园、展览馆或者其他公共场所秩序的；（三）扰乱公共汽车、电车、火车、船舶、航空器或者其他公共交通工具上的秩序的；（四）非法拦截或者强登、扒乘机动车、船舶、航空器以及其他交通工具，影响交通工具正常行驶的。"

第三节　司法

一、司法的概念和特点

（一）司法的概念

司法是指国家司法机关依法定职权和程序，具体应用法律处理案件的专门活动。

（二）司法的特点

（1）专属性：司法只能由国家司法机关及其司法人员行使，其他任何国家机关、社会组织和个人都不能行使此项权力。

（2）程序性：司法活动必须严格依照法定程序进行。

（3）专业性：司法是司法机关运用法律处理案件的专门活动，它需要专业的判断，这就要求司法人员必须具有精深的法律专业知识和丰富的经验，即司法具有很强的专业性。

(4) 权威性：司法是国家司法机关以国家强制力为后盾，以国家的名义运用法律处理案件的专门活动，因此，它所作出的裁决具有很大的权威性。

【案例】宇某某受贿案[①]

【案情介绍】 2003 年初至 2008 年 3 月，被告人宇某某利用担任中国民用航空总局人事教育司（后更名为民航局人事科教司）司长的职务之便，先后帮助北京通用科技有限公司和北京市核特控制技术有限责任公司的法定代表人、总经理孙某某（另案处理）承揽了长春龙家堡机场（现已更名为长春龙嘉国际机场）登机桥采购项目、首都机场 T2 航站楼的 EDS（炸药自动探测）设备采购项目及分层管理系统升级改造项目、黑龙江省机场管理集团公司 X 光安检设备与配套系统供应项目、2008 年中国民用航空局爆炸物探测仪器采购项目等。自 2004 年春节至 2009 年春节，被告人宇某某先后六次共计收受孙某某的贿赂款人民币 295 万元、美元 4 万元，折合人民币 3 281 063 元。

2007 年 6 月，被告人宇某某利用担任民航局人事科教司司长的职务便利，为黑龙江省机场管理集团有限公司干部李某某的亲戚刘某某被录用到民航黑龙江空管分局工作提供了帮助。同年 9 月初，李某某将存有人民币 5 万元、户名刘某某的银行卡送给宇某某之妻，宇某某之妻在征得宇某某同意后，将此款用于其家庭消费支出。

2009 年 10 月 30 日，被告人宇某某主动到民航局纪检组如实交代了其任职期间的犯罪事实，并主动将犯罪所得赃款现金人民币 300 万元、美元 4 万元全部退缴。

法院认为，被告人宇某某身为国家工作人员，利用职务便利为他人谋取利益，非法收受他人财物，其行为构成受贿罪。廊坊市人民检察院指控被告人宇某某犯受贿罪的事实清楚，证据确实、充分，指控罪名成立。被告人宇某某犯罪后主动向纪检监察机关投案，并如实供述犯罪事实，系自首。其辩护人提出宇某某具有自首情节、积极退缴全部犯罪所得、认罪态

---

① "宇某某受贿案"，http://www.njucasereview.com/web/judicial/public/procuratorate/20120516/015935.shtml，2016 年 11 月 23 日访问。

度好的辩护意见属实，法院予以采纳。综合全案，在适用刑罚时对被告人宇某某可依法减轻处罚。依照《刑法》第 385 条第 1 款，第 386 条，第 383 条第 1 款第 1 项、第 2 款，第 67 条第 1 款，第 59 条，第 64 条的规定，判决：（1）被告人宇某某犯受贿罪，判处有期徒刑 7 年，并处没收个人财产人民币 30 万元；（2）被告人宇某某违法所得依法予以追缴。

【案例评析】习近平总书记指出，司法是维护社会公平正义的最后一道防线。为了维护这一防线，司法权力应当由司法机关专属行使，不受其他国家机关、社会团体和个人的干涉。另一方面，司法活动也应当严格按照法律程序进行，由法官运用自己的专业知识对案件进行判断，最终作出具有权威性的判决。本案清晰地反映出司法活动专属性、程序性、专业性、权威性的特征。无论罪犯是普通百姓或者是身处高位的官员，我们总能通过司法活动，获得最终的公平正义。

二、司法体系

（一）司法体系的概念

司法体系是由国家宪法规定的享有国家司法权，依法处理案件的专门组织机构即司法主体所构成的体系。

（二）我国司法体系的构成

1. 人民法院

（1）地方各级人民法院：①基层人民法院；②中级人民法院；③高级人民法院。

（2）专门人民法院：①军事法院；②铁路运输法院；③林业法院；④海事法院。

（3）最高人民法院。

2. 人民检察院

（1）地方各级人民检察院：①县、县级市、自治县、市辖区检察院；②省、自治区、直辖市分院检察院；③自治州、省辖市检察院；④省、自治区、直辖市检察院。

（2）专门人民检察院：①军事检察院；②铁路检察院。

（3）最高人民检察院。

三、司法的原则

(1) 司法法治原则:"以事实为依据,以法律为准绳"。
(2) 司法平等原则:"公民在法律面前一律平等"。
(3) 司法权独立行使原则。
(4) 司法责任原则。
(5) 司法公正原则。

【案例】冯某某与海南航空股份有限公司劳动争议案[①]

【案情介绍】 冯某某与海南航空公司于 2001 年 7 月建立劳动关系,冯某某从事飞行工作。2013 年 9 月 23 日,冯某某向海南航空公司邮寄一份"解除劳动关系通知书",主要内容为:冯某某与海南航空公司于 2001 年 7 月建立劳动关系,从事飞行员工作,冯某某现依据《中华人民共和国劳动合同法》(以下简称《劳动合同法》)第 37 条规定,正式提出解除劳动关系,并提前 30 日书面致函海南航空公司,请海南航空公司依法为冯某某办理相关手续,包括出具解除劳动关系证明及安保评价、办理劳动人事档案、社会保险关系、空勤人员体检档案、飞行技术履历档案、飞行经历记录本、驾驶员飞行记录簿、飞行执照、飞行员执照关系、空勤登机证的移交手续,请海南航空公司给予明确的书面回复并明确交接工作的所有事宜。海南航空公司于 2013 年 9 月 25 日签收该邮件,但一直未给冯某某办理解除劳动关系的相关手续。冯某某从 2013 年 10 月 26 日开始便不再到海南航空公司处上班,海南航空公司亦未安排冯某某执行飞行任务。2013 年 10 月 28 日,冯某某作为申请人,以海南航空公司为被申请人,向海南省劳动人事争议仲裁委员会提起劳动仲裁,请求裁决:(1) 被申请人(即本案海南航空公司) 出具解除劳动关系的证明及安保评价,办理申请人的劳动人事档案、社会保险关系的转移手续,将申请人的航空人员健康记录本、体检合格证、飞行技术履历档案、飞行经历记录本、驾驶员飞行记录本、飞行员执照关系、空勤登机证移交到中国民用航空中南地区管理局暂存保管;(2) 被申请人支付 2011 年至 2013 年未依法支付的法定节假日加班费 29 256.72 元及 25% 经济补偿金 7314.18

[①] 海口市中级人民法院二审 (2014) 海中法民一终字第 1779 号民事判决书。

元。该仲裁委受理后出具《案件逾期告知书》，以该案受理后已超过45日未作出仲裁裁决为由告知冯某某可就该劳动争议事项向法院起诉。冯某某遂向原审法院起诉。审理中，冯某某、海南航空公司确认以下几个事实。冯某某入职时与海南航空公司签订无固定期限的劳动合同，双方的劳动关系存续期间为2001年7月至2013年10月25日止。海南航空公司认可冯某某的航空人员健康记录本、体检合格证、飞行技术履历档案、飞行经历记录本、驾驶员飞行记录簿、飞行员执照关系在其手中。但双方均主张冯某某的空勤登机证在对方手中。另查明以下事实：(1) 冯某某在下列法定节假日执行飞行任务：2011年10月1日、2日（国庆节）工作9小时15分钟，2012年1月1日（元旦）工作6小时47分钟，2012年4月4日（清明节）工作4小时3分钟，2012年9月30日（中秋节）工作5小时42分钟，2013年1月1日（元旦）工作3小时27分钟，合计29小时14分钟，其中2011年为9小时15分钟，2012年为16小时32分钟，2013年为3小时27分钟。(2) 冯某某的工资通过建设银行和中国银行发放，经核算，冯某某2011年全年工资总额为664 828.34元，月平均工资为55 402元；2012年全年工资总额为800 540.44元，月平均工资为66 712元；2013年1~9月工资总额为1 196 592.82元，月平均工资为132 955元。(3) 海南航空公司主张其已按冯某某每月工资组成部分中的基本工资、住房津贴、交通津贴、通讯津贴的3倍标准给冯某某发放了节假日加班工资，但海南航空公司对此未举证证明。冯某某否认海南航空公司已支付加班工资。

  法院认为，冯某某与海南航空公司于2001年7月建立无固定期限劳动关系。后冯某某于2013年9月23日给海南航空公司邮寄一份《解除劳动关系通知书》，海南航空公司于同年9月25日签收该邮件。《劳动合同法》第37条规定："劳动者提前三十日以书面形式通知用人单位，可以解除劳动合同……"法律赋予了劳动者单方解除劳动合同的权利，冯某某就解除劳动关系已提前30日书面告知了海南航空公司，其对此项权利的行使符合法律规定，故双方的劳动关系应予解除。解除劳动关系的时间为海南航空公司收到该通知之日即2013年9月25日后第31日，即2013年10月26日。双方的劳动关系解除后，海南航空公司应按照《劳动合同法》第50条的规定及时为冯某某出具解除劳动关系的证明，办理人事档案、社会保险关系等的转移手续。根据民航总局的相关规定，海南航空公司在双方的劳动合同解除后，应到其所属的民航地区管理局为冯某某办理空勤人员体检档案、飞行技术履历档案等档案材料的移交手续。同时，按照《关于印发中国民航空勤登机证管理规定的通知》[民航发（2011）66号]及民航总局的相关规定，空勤登机证持证人员因变更工作单位换发证件时，应当向批准单位提交的材料包括原单位安保评价原件。因此，出具安保评价证明属海南航空公司的附随义务。故冯某某诉请海南航空公司出具解除劳动关系的证明及安保评价证明，办理劳动人事档案、社会保险关系的转移手续，将冯某某的航空人员健康记录本、体检合格证、飞行技术履历档案、飞行经历记录本、驾驶员飞行记录簿、飞行员执照关系等向所属的民航地区管理局移交，符合法律规定，予以支持。海南航空公司辩称上述事项不属于民事诉讼受理范围，无法律依据。由于空勤登机证不属于飞行技术档案范围，冯某某要求海南航空公司移交，于法无据，不予支持。

关于节假日加班费问题。冯某某自2011年起至2013年在法定节假日加班，其中2011年加班9.25小时，2012年加班16.53小时，2013年加班3.45小时。劳动法意义上的工资，即用人单位依据国家有关规定或劳动合同的约定，以货币形式直接支付给本单位劳动者的劳动报酬，一般包括计时工资、计件工资、奖金、津贴和补贴、延长工作时间的工资报酬及特殊情况下支付的工资等。海南航空公司应当以冯某某基于职业劳动所获得的报酬按3倍标准向冯某某支付法定节假日加班工资，海南航空公司认为加班费仅计算基本工资及各种津贴的数额，不符合法律规定。而且，海南航空公司没有举证证明其已按3倍标准向冯某某支付节假日加班工资，应承担举证不能的法律后果。故原审法院对海南航空公司已依法向冯某某支付上述节假日加班的工资报酬的辩称不予认定。根据《劳动法》第44条的规定，海南航空公司应当向冯某某支付不低于工资的300%的工资报酬。参照《劳动和社会保障部关于职工全年月平均工作时间和工资折算问题的通知》第2条的规定，折算日工资、小时工资时不剔除国家规定的11天法定节假日，即海南航空公司已向冯某某支付的工资中包含了法定节假日加班期间的一倍工资。海南航空公司应以冯某某当年度月平均工资为标准，支付冯某某节假日加班工资差额，具体计算为：2011年加班工资5890元[小时工资×（月平均工资55 402元÷月平均工作天数21.75天÷日工作时间8小时）×加班时间9.25小时×节假日工资差额（300%－100%）]；2012年加班工资12 675元［小时工资×（月平均工资66712元÷月平均工作天数21.75天÷日工作时间8小时）×加班时间16.53小时×节假日工资差额（300%－100%）]；2013年加班工资5272元［小时工资×（月平均工资132 955元÷月平均工作天数21.75天÷日工作时间8小时）×加班时间3.45小时×节假日工资差额（300%－100%）]。合计加班工资差额23 837元。冯某某诉请海南航空公司支付加班工资的25%经济补偿金，符合法律规定，经济补偿金计为5959元（2 383 7×25%）。综上所述，依照《劳动合同法》第31条、第37条、第50条第1款，《劳动法》第44条第3项，《违反和解除劳动合同的经济补偿办法》第3条的规定，判决：（1）海南航空公司须于本判决发生法律效力之日起10日内向冯某某出具解除劳动关系的证明及安保评价证明；（2）海南航空公司须于本判决发生法律效力之日起10日内为冯某某办理劳动人事档案、社会保险关系的转移手续，并将冯某某的航空人员健康记录本、体检合格证、飞行技术履历档案、飞行经历记录本、驾驶员飞行记录簿、飞行员执照关系移交到中国民用航空中南地区管理局；（3）海南航空公司须于本判决发生法律效力之日起10日内支付冯某某节假日加班工资差额23 837元及25%的经济补偿金5959元；（4）驳回冯某某的其他诉讼请求。如果未按本判决指定的期间履行给付金钱义务，应当依照《民事诉讼法》第253条的规定，加倍支付迟延履行期间的债务利息。案件受理费10元，由冯某某负担5元，海南航空公司负担5元。

【案例评析】司法是司法机关适用法律的活动。我国的司法机关包括法院与检察院，因此，法院与检察院适用法律的活动即我国的司法活动。实践中，我们通常更为关注法院的司法活动，这是因为法院的判决具有最终的法律效力。本案中，航空公司与其空勤人员的劳动纠纷就是通过司法途径得以解决的。

第十二章

法律职业

现代社会的一个显著特征是高度的分工,由此导致高度的专业化。现代法律的运行和操作也是如此。法律的专业化导致法律职业的出现,反过来,法律职业也促进了法律的进一步发展。本章着重介绍法律职业的概念、特征和历史,以及围绕法律职业形成的法律教育制度、职业考试与培训制度、职业任职制度、职业待遇制度等职业制度。

第一节 法律职业概述

一、法律职业的概念

法律职业是指以律师、检察官、法官为代表的、受过专门的法律专业训练,具有娴熟的法律技能与伦理的人士所构成的具有自治性的职业共同体。法律职业是法律人的归宿,也是法律培训的原因。没有法律职业,也就不会有所有关于法律的一切。

二、法律职业的特征

(1)法律职业的技能以系统的法学理论或法律学问为基础,并不间断地培训、学习和进取。

(2)法律职业共同体内部传承着一种职业伦理,维护着这个团体的社会地位和声誉。

(3) 法律职业共同体成员专职从事法律活动，具有相当大的自主性或自治性。

(4) 加入职业共同体必须受到认真考察，获得许可证，取得头衔。

【案例】毛某某妨害公务案[①]

【案情介绍】2012年11月25日早8时许，被告人毛某某驾驶陕D××××2黑色桑塔纳轿车与其父毛某在西安咸阳国际机场T2航站楼进行非法营运。当毛某某的载客行为被民航陕西机场公安局场区派出所民警白某发现询问时，毛某拒绝配合并驾车强行驶离，白某在后追赶，后毛某某下车对白某进行殴打，毛某也过来将白某抱住，毛某某驾车逃离。白某将毛某带回局内询问，毛某某赶到公安局对正在办公室内询问毛某的白某进行殴打，致白某右侧眉骨处皮下出血，颈部、左手背部皮外伤。

另查，被告人毛某某家属已代为赔偿受伤民警白某医疗费人民币2700元。

法院认为，被告人毛某某以暴力阻碍国家机关工作人员依法执行公务，其行为已构成《刑法》第277条第1款规定的妨害公务罪，西安市莲湖区人民检察院指控被告人毛某某的犯罪事实及罪名成立。鉴于被告人认罪态度良好，又已赔偿被害民警损失，法院依法对其从轻处罚。为维护社会管理秩序，根据《刑法》第277条第1款、第67条第3款的规定，判决被告人毛某某犯妨害公务罪，判处有期徒刑6个月（刑期自判决执行之日起计算，判决执行前先行羁押2个月又12天，羁押一日折抵刑期一日。即自2013年4月22日起至2013年8月9日止）。

【案例评析】本案作为一个刑事案件，在这个过程中出场的检察官、法官，包括律师都是法律职业的从业人员，他们分享共同的法律知识与规范，共同维护法律职业共同体的社会地位和声誉，而在他们的共同努力之下，案件才能有效率地依法得以解决，被损害的权益得以回复，社会重新正常运转。因此，法律职业人员需要法律，法律也需要法律职业人员才能得以正常运转。

---

① 西安市莲湖区人民法院一审（2013）莲刑初字第00182号刑事判决书。

【案例】昆明市文学艺术界联合会服务公司与云南祥鹏航空有限责任公司、云南石林航空旅游服务股份有限公司、海南航空公司、大新华航空有限公司股东出资纠纷案[①]

2003年3月26日,海南航空公司、山西航空有限责任公司(以下简称山西航空公司)、老石航公司共同向云南省人民政府发出"关于对云南石林航空旅游股份有限公司进行资产重组的请示"。主要内容为老石航公司成立于1992年,是经云南省政府和民航总局批准登记注册的地方股份制通用航空企业,注册资本为4800万元。海航集团有意对老石航公司进行资产重组,重组方案为:海南航空公司受让上海西域实业有限公司持有的老石航公司全部股权,成为公司控股股东,聘请中介机构对老石航公司原有资产进行评估,以此界定原有股东在重组后的新公司中的股权比例。海南航空公司以1~2架波音737型飞机和1~2架多尼尔飞机入股,并投入2000万元现金作为流动资金,从而扩大老石航公司的资本金,使注册资本达到3亿~10亿元。重组后的老石航公司改名为昆明航空有限责任公司,并申请变更经营范围。之后,海南航空公司、山西航空公司分别受让了老石航公司24.7%、30%,合计54.7%的股份。2003年4月10日,海南航空公司、山西航空公司、老石航公司签订"重组协议",约定拟由海南航空公司、山西航空公司对老石航公司进行重组。海南航空公司、山西航空公司以2架波音737型飞机和2架多尼尔飞机入股,并投入2000万元现金作为流动资金,从而扩大老石航公司的资本金,使注册资本不低于3亿元。同时聘请中介机构对老石航公司原有资产进行评估,以此界定原有股东在重组后的新公司中的股权比例。重组后的老石航公司的新股东按照《中华人民共和国公司法》(以下简称《公司法》)的规定,按其出资比例享有作为公司股东的各种权利。经云南省政府相关部门研究同意,云南省人民政府于2003年6月19日向中国民航总局发出"云南省人民政府关于云南石林旅游航空股份有限公司资产重组事的函",表示云南省人民政府同意由海南航空公司、山西航空公司、老石航公司对老石航公司进行资产重组,即由海南航空公司、山西航空公司以部分飞机和流动资金入资重组老石航公司。2003年8月8日,中国民用航空总局向海南航空公司、山西航空公司、老石航公司作出"关于云南石林旅游航空股份有限公司

[①] 昆明市中级人民法院(2015)昆民五终字第19号民事判决书。

重组的批复",原则同意海航按所报方案对老石航公司实施重组。重组后,该公司的名称和经营范围不变,继续在原通用航空经营许可证载明的经营范围内开展经营活动,如需变更,按规定另行报批。2004年5月13日,中国民用航空总局向海南航空公司、山西航空公司、老石航公司作出民航政法函(2004)306号批复,原则同意在民航政法函(2003)557号批准的重组方案上,将对老石航公司重组的形式调整为重组设立云南石林航空有限责任公司,由该公司继承老石航公司的经营范围。

2004年5月25日,海南航空公司、山西航空公司、老石航公司作出股东会决议,决定设立云南石林航空有限责任公司并批准了公司章程。2004年6月3日,亚太中汇会计师事务所有限公司出具亚太验(2004)第52号验资报告,对云南石林航空有限责任公司的注册资本进行审验。主要内容为,云南石林航空有限责任公司的注册资本为771 580 000元。其中海南航空公司缴纳现金出资292.67万元,投入D328-300多尼尔客机3架,评估值为37 414.75万元,总计37 707.42万元。山西航空公司缴纳现金出资4707.33万元,投入波音B737-300客机1架,评估值为17 643.33万元,DHC-8-400冲八客机1架,评估值为16 999.92万元,总计39 350.58万元。老石航公司缴纳现金出资100万元。以上实物出资,海南航空公司、山西航空公司尚未与云南石林航空有限责任公司办妥所有权过户手续,但海南航空公司、山西航空公司承诺按照有关规定在公司成立后一年内办妥相关实物资产的过户手续。2004年6月10日,云南石林航空有限责任公司登记成立。注册资本为7.7158亿元,股东为山西航空公司、海南航空公司、老石航公司,持股比例分别为51%、48.87%和0.13%。2005年5月10日,云南石林航空有限责任公司名称变更为祥鹏航空公司。2005年10月8日,被告股东会作出减少公司注册资本金的决议,同意将公司注册资本从7.7158亿元减少为5100万元,所有股东以货币资金出资。其中山西航空公司将投资金额由39 350.58万元减少为4707.33万元,海南航空公司将投资金额从37 707.42万元减少为292.67万元,老石航公司的投资金额100万元不变。山西航空公司、海南航空公司、老石航公司,持股比例分别为92.3%、5.7%和2%。并办理了工商变更登记。2006年2月13日,海南航空公司将其持有的祥鹏航空公司的5.7%的股权转让给海航集团有限公司。老石航公司将其持有的祥鹏航空公司2%的股份,分别转让给山西航空公司和海南航空公司。同日,被告股东会决议由海航集团有限公司将投资金额增加至 10 192.67 万元。被告的注册资本由 5100 万元增加至 15 000 万元。之后被告的注册资本和股东发生了多次变更，截至 2014 年 2 月，被告的注册资本为 176 682.5914 元，实收资本为 161 019.9571 元，股东为大新华航空公司、云南省人民政府国有资产监督管理委员会、海南航空公司，持股比例分别为 52.8982%、13.3173%、33.7845%。

原告昆明市文学艺术界联合会服务公司于 2004 年 4 月从老石航公司的原股东云南南亚经济技术合作有限公司处受让了老石航公司 22.2% 的股份。2005 年 1 月 5 日，老石航公司股东会通过"关于同意股权转让的决议"，同意原告将持有的老石航公司 839.3528 万股股份转让给海南航空公司，将 407.044 万股股份转让给山西航空公司。2005 年 1 月，原告和海南航空公司、山西航空公司分别订立股权转让协议，约定原告将其持有的老石航公司 839.3528 万股股份（占老石航公司总股权 5614.4 万股的 14.95%，对应净资产为 3 308 692.42 元）转让给海南航空公司。原告将其持有的老石航公司 407.044 万股股份（占老石航公司总股权 5614.4 万股的 7.25%，对应净资产为 1 604 549.84 元）转让给山西航空公司。海南航空公司、山西航空公司按照在有资质的产权交易中心成交的价格，在成交后的 10 日内将款项划转到产权交易中心的监管账户上。待双方完成股权变更的工商登记手续后，再由产权交易中心将交易款项划转到原告的账户。协议的履行期限为 9 个月，自合同生效之日起。原告和海南航空公司、山西航空公司又分别订立股权置换协议，约定海南航空公司将其持有的云南石林航空有限责任公司的 0.43% 的股权和原告持有的老石航公司 839.3528 万股股权进行等值置换，山西航空公司将其持有的云南石林航空有限责任公司的 0.32% 的股权和原告持有的老石航公司 623.1984 万股股权进行等值置换。海南航空公司、山西航空公司按照在有资质的产权交易中心成交的价格，在成交后的 10 日内将款项划转到产权交易中心的监管账户上。待双方完成股权变更的工商登记手续后，再由产权交易中心将交易款项划转到原告的账户。原告在收到股权转让款的 10 日内，将其划转到海南航空公司、山西航空公司的账户上，用于购买海南航空公司持有的云南石林航空有限责任公司 0.43% 的股权、山西航空公司持有的云南石林航空有限责任公司 0.32% 的股权。协议的履行期限为 9 个月，自合同生效之日起。两份股权转让协议订立后，昆明市产权交易中心于 2005 年 2 月 23 日分别出具了编号为 0502025、0502026 两份产权交易凭证。但海南航空公司、山西航空公司没有向原告支付股权转让款，也没有将云南石林航空有限责任公司的相应股份置换给原告。2009年4月8日，昆明产权交易中心向云南省工商行政管理局出具情况说明，表示原告于2005年2月在昆明产权交易中心已经将其持有的老石航公司22.2%的股权分别转让给海南航空公司839.3528万股股权、山西航空公司407.0545万股股权。但老石航公司没有更改其股东名册，也没有办理工商变更登记。老石航公司现在的工商登记中，原告仍然持有22.2%的股份。

2010年3月10日，原告向被告提交了"关于主张云南祥鹏航空有限责任公司股权的具体意见"和其他文件材料。2010年4月，原告对云南省工商行政管理局的相关行政行为向国家工商行政管理总局提出行政复议，国家工商行政管理总局于2010年7月30日作出工商复字（2010）77号行政复议决定书，决定维持云南省工商行政管理局的具体行政行为。2012年，原告和案外人石林阿诗玛文化旅游开发公司、鲁布革水电科技实业公司向北京市第二中级人民法院提起行政诉讼，要求确认中国民航局民航函（2009）101号《民航企业机场联合重组改制准予许可决定书》的行政许可行为违法，责令由中国民航局重新作出确认原告、海南航空公司、山西航空公司在祥鹏航空公司的出资、出资比例、航空经营主体资格的具体行政行为。北京市第二中级人民法院于2012年9月19日作出（2012）二中行初字第542号行政裁定，认为原告、石林阿诗玛文化旅游开发公司、鲁布革水电科技实业公司和被诉行政许可行为缺乏法律上的利害关系，驳回起诉。2013年1月6日，北京市高级人民法院作出（2012）高行终字第1844号行政裁定书，驳回原告、石林阿诗玛文化旅游开发公司、鲁布革水电科技实业公司提起的上诉，维持一审裁定。

一审法院认为，本案庭审中，原告明确表示其诉讼请求是要求确认被告云南祥鹏航空有限责任公司重组完成即2005年5月10日时，原告在被告处有1246.3968万元的出资，并按照被告当时5100万元的注册资本确认其持股比例，由被告签发出资证明，办理工商登记。本案主要诉讼标的是确定原告和被告之间具有出资关系，系确认之诉。

《公司法》第27条规定："股东可以用货币出资，也可以用实物、知识产权、土地使用权等可以用货币估价并可以依法转让的非货币财产作价出资；但是，法律、行政法规规定不得作为出资的财产除外。对作为出资的非货币财产应当评估作价，核实财产，不得高估或者低估作价。法律、行政法规对评估作价有规定的，从其规定。"原告主张其与海南航空公司、山西航空公司订立股权转让和置换协议，原告将其持有的1 246.3968万股股份对被告进行了股权投资。《最高人民法院关于适用〈中华人民共和国公司法〉若干问题的规定（三）》第11条第1款规定："出资人以其他公司股权出资，符合下列条件的，人民法院应当认定出资人已经履行出资义务：（一）出资的股权由出资人合法持有并依法可以转让；（二）出资的股权无权利瑕疵或者权利负担；（三）出资人已履行关于股权转让的法定手续；（四）出资的股权已依法进行了价值评估。"原告和海南航空公司、山西航空公司的股权置换协议没有实际履行，原告没有取得被告股份。即使股权转让协议和股权置换协议履行完毕，原告取得被告0.75%的股份，但被告并不因此获得原告持有的老石航公司22.2%的股份，从而使之成为被告的法人财产。股权转让和置换协议并非原告对被告进行股权出资，其属于原告和海南航空公司、山西航空公司相互转让股权的性质，原告和被告之间没有股权出资的事实存在。

原告主张，原告是老石航公司重组的发起人、出资人。老石航公司重组完成后，原告当然是重组的新公司的出资人。海南航空公司、山西航空公司没有任何出资就将老石航公司的5132.41万元财产变为被告资产。被告2005年的注册资本5100万元就是老石航公司5132.41万元实收资本金的真实反映。对于原告的上述主张，一审法院评判包括以下几个方面。

按照2003年的重组请示和"重组协议"，海南航空公司、山西航空公司、老石航公司的重组方案是在老石航公司法人人格不变的基础上，由海南航空公司、山西航空公司增资扩股，重新界定老石航公司各股东的出资数额和股份比例。如果按照这一重组方案施行，原告当然是重组的老石航公司的出资人。但从民航局民航政法函（2004）306号批复和被告设立的工商档案看，被告由系海南航空公司、山西航空公司、老石航公司发起设立，出资人（股东）并不包括原告。被告和老石航公司是两个独立的法人主体。原告认为被告减资时的注册资本5100万元就是老石航公司的财产。但实际上在被告设立时的验资报告中，注册资本分为实物出资和货币出资两个部分。其中实物出资是海南航空公司、山西航空公司分别投入飞机，验资时飞机的所有权并未变更到被告名下。这一实物出资行为是否违反了当时的注册资本管理规定和会计准则，是否属于虚假出资系另一法律范畴，本案中不作判断。但用于出资的飞机型号与重组请示中记载的老石航公司拥有的飞机型号不同，没有证据表明被告设立时的实物出资来源于老石航公司的资产。而5100万元货币出资，是2004年五六月期间，由海南航空公司、山西航空公司、老石航公司分别缴存到指定的验资账户。原告是老石航公司股东，但并非老石航公司财产的按份共有人。原告并不因老石航公司对被告出资而成为被告的出资人。原告关于老石航公司的全部财产转换为被告的注册资本的主张缺乏事实依据，不能成立。

从增资扩股到重组设立，老石航公司的重组方案发生了重大变化，并未按照"重组协议"约定的增资扩股方案施行。即使海南航空公司、山西航空公司在老石航公司重组过程中通过控股或其他方式取得了老石航公司的控制权，对老石航公司的财产进行处置或将其转为被告的财产，也并未履行《重组协议》约定的方案。由于老石航公司的财产并非原告所有，哪怕上述假设存在，也不等同于原告向被告出资，不能成为原告和被告之间存在出资关系的事实依据。因此，本案中原告没有证据证明其向被告缴纳了出资，其确认出资数额和比例的诉讼请求缺乏事实基础，一审法院不予支持。出资关系不能成立的情况下，原告请求颁发出资证明、办理工商登记等给付内容没有前提依据，不予支持。至于被告或第三人可能侵害原告股东权益的行为，不是本案审理范围，原告可以另行主张。综上所述，一审法院依据《公司法》第3条、第4条、第26条、第27条，《最高人民法院关于适用〈中华人民共和国公司法〉若干问题的规定（三）》第11条，《中华人民共和国民事诉讼法》第64条的规定，判决驳回原告昆明市文学艺术界联合会服务公司的全部诉讼请求。一审案件受理费100元（原告已预交），由原告承担。

原审判决宣判后，原审原告不服，向法院提起上诉。上诉人的上诉请求为：（1）撤销昆明市西山区人民法院（2014）西法民初字第14号民事判决书；（2）按照新设重组云南石林旅游航空股份有限公司重组完成时5100万元注册资本，确认上诉人在被上诉人的22.2%（1246.3968万股权）股份；（3）依法责令被告向上诉人签发股权证明，办理股权工商登记。其主要上诉理由是：（1）一审审判程序不公平、不合法。①一审法院对本案举证责任分配不公平。本案是因民用航空企业股权重组引起的股东资格纠纷。2003年海南航空公司、山西航空公司按照民航局批准的股权重组协议和重组方案，新设重组老石航公司。该新设重组，虽然是新设，但其为附条件的新设，重组老石航就是新设所附的条件。2004年新设的被上诉人吸收、兼并、整合了老石航公司的经营资产后，老石航公司一无所有，其法人人格应当消灭，但没有消灭，被变更登记为云南石林航空旅游服务股份有限公司。上诉人在老石航公司的股权已经被吸收、整合、兼并到被上诉人公司，成为其资产，但其没有按照股权重组协议和方案，给上诉人签发股权证书，办理股权登记。一审中，上诉人对股权被兼并、吸收、整合的事实已经举证，为补强证据，上诉人依法申请一审法院调取老石航公司被重作的相关文件、财产移交清单、财产权属变更文件等证据，但一审法院没有调取。该证据是由被上诉人等持有，但其未向法院提交，该证据举证不利的责任应当分配给被上诉人一方，一审对此举证责任分配有误。②一审法院没有追加被上诉人的重组股权出资人昆明铁路局、鲁布革水电合计实业公司为本案共同原告，无视公共利益。(2) 一审法院对上诉人证据认证错误。对上诉人提交的审计报告、股权转让、股权置换协议认证错误。对被上诉人2006年3月6日《公司章程修正案》认证错误。对被上诉人董事马某某代表被上诉人与文联公司法定代表人的电子邮件往来，及上诉人法定代表人与海航公司邮件，发给大新华航空公司的传真认证为没有签收记录错误。(3) 一审法院认定本案事实、法律关系错误。①本案案由及基本法律事实、法律关系认定错误，本案是上诉人基于生效的行政裁定书，认定上诉人在民用航空企业股权重组过程中股东权利受到侵犯依法提起的股东资格确认之诉，不存在上诉人向被上诉人出资的约定或法定义务，一审认定为是出资纠纷，没有事实和法律依据，且违背本案重组的形式。②一审法院认定被上诉人、第三人老石航公司是"两个独立的法人主体"错误。新设被上诉人是附条件的重组行为，新设的被上诉人，由海南航空公司、山西航空公司、老石航公司以货币、实物出资设立，不是以老石航公司股东的股权出资设立，被上诉人承继老石航公司的经营范围，就是依法将老石航公司股东按份共有的股权吸收兼并整合为其新设的企业经营资产，据此，老石航公司经重组后，其法人人格依法消灭。本案新设重组是导致老石航公司法人消灭的法定情形。本案无论采取何种重组方式，被重组的都是老石航公司，不同的是采取入资重组是重组的老石航公司的法人资产，采取新设重组重组的是老石航公司股东按份共有的股东股权。被上诉人承继老石航公司的经营范围之后，以股东出资设立的老石航公司就丧失了存在的物质基础，其法人人格依法消灭，其未经民航局批准，将已被重组的老石航公司股东股权变更登记为石林航空旅游服务有限公司的股权,重复使用老石航公司股东经营管理的国有资产,系违法行为。③一审判决对被上诉人出资人、出资方式、出资额、注册资本的认定错误。被上诉人新设重组时,其出资系由老石航公司、海南航空公司、山西航空公司以实物、现金出资,老石航公司股东股权没有被认定为出资,该部分股权被被上诉人吸收、兼并、整合为被上诉人的资产。一审对此没有认定。④一审法院认定上诉人在老石航公司仍持有22.2%的股份违法。老石航公司股份是特定的、唯一的,其已经被新设的被上诉人重组吸收兼并整合,上诉人的股权按照股权转让协议已经转让给了海南航空公司、山西航空公司,一审将同一股权认定为不同公司的股权,其认定错误。⑤一审法院对海南航空公司、山西航空公司虚假出资一方面称不作评论,另一方面又称其出资的飞机型号与重组请示中记载的老石航公司拥有的飞机型号不同,自相矛盾。⑥一审判决对老石航公司在被重组后应依法消灭却没有消灭,导致其与被上诉人法人资产、管理人员、公司员工混同、交叉的事实合法性予以认定是草率的,且违反公司法人制度。⑦一审判决对海南航空公司、山西航空公司巨额虚假出资稀释被重组的老石航公司股份的违法行为的认定及基于该基础事实重组、变更重组形式、增值、扩股行为及事实的认定不仅是错误的,且是超出上诉人起诉范围的越权司法行为。⑧一审法院将重组协议、重组方案与重组形式分离,认定上诉人主张被重组的老石航公司股权纠纷是出资纠纷错误。⑨一审对被上诉人的增资、扩股行为的评判错误,且越权。⑩一审对上诉人与海南航空公司、山西航空公司所签股权转让、股权置换协议主体资格、内容、效力的认定错误。⑪一审认定老石航公司重组没有按重组协议、重组方案施行,海南航空公司、山西航空公司将老石航公司的资产转为被告的财产不能成为原告和被告之间存在出资关系的事实依据的认定违法。⑫一审认定上诉人主张的股东权利可以另行主张违背了本案基本法律事实、法律关系,也纵容了被上诉人、第三人利用企业重组骗取上诉人在内的股东经营管理的国有资产。(4)一审判决适用法律错误。①一审认定被重组的老石航公司变更登记有效违反了《民用航空法》第92条,民航局《关于加强公共航空运输企业经营许可证管理的通知》《民用航空企业机场联合重组改制管理规定》第2条,《民用航空企业机场联合重组改制管理规定实施细则》第20条,《民法通则》第4条、第5条、第36条、第37条、第62条,《公司法》第173条、第175条等规定。②一审法院否认上诉人具有被上诉人的股东资格违反下列法律、法规，包括《中华人民共和国物权法》第7条、第56条、第68条，《公司法》第4条、第20条、第21条，《最高人民法院关于适用〈中华人民共和国公司法〉若干委托的规定（三）》第11条、第22条、第23条等规定。

被上诉人祥鹏航空公司辩称：(1) 一审法院审理程序合法，举证责任分配合理，上诉人应当承担举证不能的后果，本案中上诉人主张的事实应当由其举证证明，但上诉人并没有证据证明。(2) 上诉人是在庭审中才口头申请调取证据，根据《民事诉讼法》的规定，调取证据应该在举证期限届满前书面提出，因此，一审处理适当。(3) 上诉人提出追加的当事人与本案没有实际关系，根据《民事诉讼法》的规定，没有追加原告的说法。(4) 一审事实认定正确，本案不存在股权出资的事实。(5) 一审认定我公司注册资本金的事实清楚，并无不当，祥鹏航空公司是一家新设成立的公司，一部分出资是实物出资，另一部分是货币出资，分别由三个股东如实缴纳，因此一审认定的事实清楚，祥鹏航空公司和老石航公司是相互独立的。(6) 一审判决适用法律正确，本案审理的是股东出资法律关系，依据《公司法》判决合理，此外，中国《民用航空法》是民航总局对民航秩序管理的行政法律，不是直接调整民事主体之间法律关系的法律，因此上诉人提出的上诉主张不适当。综上，一审判决认定事实清楚，适用法律正确，程序合法，请求驳回上诉，维持原判。

原审第三人老石航公司述称：一审判决认定事实清楚，适用法律正确，程序合法。我公司是根据《公司法》成立的公司，并且一直存续，我公司与祥鹏航空公司是股东与标的公司的关系，当时祥鹏航空公司成立时，我公司是三家股东之一，后将股权转让给另外两家股东，目前已经退出公司。上诉人是老石航公司的股东，但是当时没有对股权进行过置换等行为，所以，我公司认为上诉人请求没有事实依据。

原审第三人海南航空公司述称：一审判决事实认定清楚，法律适用正确，程序合法。祥鹏航空公司是一家新设成立的公司，上诉人没有对祥鹏航空公司有任何的出资行为和出资事实。上诉人和海南航空公司之间签订的股权置换协议等协议根本没有履行，其没有通过任何方式获得过祥鹏航空公司的股权。请求驳回上诉，维持原判。

原审第三人大新华航空公司述称：一审判决事实认定清楚，法律适用正确，程序合法。祥鹏航空公司的股权变更都有相关的协议和证明，程序合法，我公司取得其股权系合法行为，因此请求驳回上诉人的上诉请求。

二审中，上诉人文联服务公司提交的证据包括：（1）2015年1月29日民航局发给文联服务公司的函件一份；（2）2010年9月25日国务院法制办公室发给文联服务公司的函件一份；（3）行政复议申请书一份。上述证据用以证明如下几个事实，（1）民用航空企业重组、变更工商登记属民用航空行政机关法定行政许可事项；（2）一审判决已认定上诉人在老石航公司的股权，但在被重组后，进行变更登记的石林航空服务公司的行为应属违法。

被上诉人祥鹏航空公司质证认为，该证据与本案无关，并且属于超过举证期限提交。对于证据不发表质证意见。原审第三人老石航公司、海南航空公司、大新华航空公司均质证认为，该证据超过举证期限提交，且与本案无关联性，不能证明上诉人的主张。

法院认为，上诉人提交的证据仅系两个针对信访的回复函件及行政复议申请，并不能证明上诉人想要证明的内容，也与本案并无关联性，故法院对其不予确认。上诉人对一审认定事实所提出的异议，也并无证据予以佐证，法院不予采信。

二审经审理确认的事实与一审认定事实一致，法院依法予以确认。

综合诉辩双方当事人的诉讼主张，本案争议的焦点为：上诉人文联服务公司是否对被上诉人祥鹏航空公司出过资，是否具有被上诉人祥鹏航空公司的股东资格？

法院认为，上诉人文联服务公司起诉的目的是要确认其是被上诉人祥鹏航空公司的股东。对此法院从以下几方面进行分析评判。

第一，虽然2003年老石航公司与海南航空公司、山西航空公司曾经达成了增资重组的协议，也经过中国民用航空总局批复同意，但是2004年中国民用航空总局再次下发民航政法函（2004）306号《关于云南石林旅游航空股份有限公司重组有关问题的批复》，在原重组方案的基础上，将对老石航公司的重组形式调整为重组设立云南石林航空有限责任公司。老石航公司的重组方式已经发生了根本性的变更，从增资重组变为了新设重组，而原来签订的重组协议、上诉人与海南航空公司、山西航空公司签订的股权置换协议及股权转让协议并没有得到实际履行。虽然新公司承继了原老石航公司的经营范围，但该经营范围的承继只表明老石航公司原有的经营许可变更由新设立的云南石林航空有限责任公司即现在的被上诉人享有，在公司法层面上并不表示老石航公司与新设立的公司之间存在任何形式的合并事实，老石航公司与新设立的石林航空有限责任公司是相互完全独立的两个法人主体，老石航公司的法人主体现仍然存续。

第二，从被上诉人祥鹏航空公司设立情况看，祥鹏航空公司是2004年5月由海南航空公司、山西航空公司、老石航公司共同作出股东会决议、签订公司章程、缴纳出资而设立的。其股东、出资人系上述三家公司，并不包含上诉人在内。海南航空公司、山西航空公司、老石航公司分别以货币和实物向被上诉人祥鹏航空公司出资。所有出资均经过验资，5100万元货币出资由三股东分别缴存入验资账户，而海南航空公司、山西航空公司作为实物出资的飞机也不是属于老石航公司或上诉人的财产。因此，上诉人并未实际向被上诉人出资入股，因此缺乏取得股权的实质要件。虽然老石航公司是被上诉人成立时的股东之一，其出资的100万元系老石航公司的法人财产，不是上诉人的财产，也不能量化为上诉人在老石航公司的股权，因此，老石航公司出资取得的股权仅属于老石航公司，并不当然及于上诉人。

第三，对于上诉人提出的老石航公司的全部财产均被吸收、兼并、整合到了新设立的被上诉人公司，因此上诉人就是新设立的被上诉人公司的股东的主张，法院认为，老石航公司所有的两架飞机、土地使用权，是有对价的出售，并非无偿转让，而相应的对价仍然属于老石航公司，因此老石航公司的财产并未因此而减损。如果确实有侵占老石航公司财产的情况存在，那么相关权利人也可以通过其他途径主张其财产权利，而不能当然获得新公司的股权。另一方面，老石航公司的财产是独立的法人财产，并不属于老石航公司的股东享有或共同享有，即使老石航公司的财产被吸收、兼并、整合进了新公司，可能成为新公司股东的也是老石航公司而非老石航公司的股东。故法院认为，上诉人的主张混淆了法人财产和股东财产是互相独立的这一基本概念，因此即使依照其申请调取了相关证据，也不能证明其主张，故法院对其调证申请和司法会计鉴定申请不予支持。

综上，上诉人文联服务公司并无任何证据证明其对被上诉人祥鹏航空公司有任何形式的出资，其自始至终只是第三人老石航公司的股东，现老石航公司仍然存续且与被上诉人祥鹏航空公司系两个独立的法人主体。上诉人也没有任何途径可以继受取得祥鹏航空公司的股权，故法院认为上诉人文联服务公司并不具有被上诉人祥鹏航空公司的股东资格。一审判决对此认定正确，法院依法予以维持。

综上所述，一审判决认定事实清楚，适用法律正确，审判程序合法，依照《民事诉讼法》第170条第1款第1项、第175条、第118条的规定，判决驳回上诉，维持原判。

【案例评析】法律职业对法律运行必不可少。为了说明这一点，本教程特选取了本案例，并不厌其烦地将两审法院及纠纷双方的观点逐一展示。本案件属于股东出资纠纷，案件涉及面广、案情复杂。如果没有专业的、有着共同知识背景的法律职业人员参与、没有专业的法官裁判，各方可能连基本的沟通也会出现问题，更不用说共同解决问题了。正是由于有了法律职业人员的加入，案件的有效解决才成为可能。各方法律职业人员不需要对共通的问题进行低效率的解释，也不需要对法律已有规范的问题进行无效的辩解，从而针对双方认同的争议焦点高效率地表达己方的观点，法官在此基础上作出各方可以理解（虽然不一定接受）的判决。从这一案例中，学生可以大致一窥法律职业的重要性。

第二节　法律职业技能与伦理

作为一个专业的法律人，其专业性主要体现在其法律素养上。而法律素养则主要由法律职业的语言、法律职业的思维、法律职业的技术、法律职业的伦理构成。也正是由于上述法律职业素养的共享，法律人通过上述内容构建共识，进而形成了法律人的共同体。

一、法律职业的语言

任何职业均有自己的话语体系。法律职业的语言，或者说法言法语，是法律实践需要的结果。通过高度概括化、专业化的法言法语，法律人可以进行高效的交流；此外，通过法言法语的运用，可以将形形色色的事实转化为法律问题，从而进行法律判断。

二、法律职业的思维

法律之所以能够成为一个独立的职业，法律思维是一个核心要素。正是由于法律思维，使得法律人与其他职业区别开来，并体现出法律人在社会中不可替代的作用。法律人需要经过严格的训练及日常潜移默化的影响，形成以权利义务为重的分析视角，重视程序正义，尊崇逻辑、克制感情的思维特点。"像法律人一样思考"，是我们培养法科学生的重要目标。

三、法律职业的知识

法律职业的知识是法律职业存在的基础，不了解法律知识，也就不可能成为一个合格的法律人。但是，对于法律知识我们不能狭义理解为法条，法律知识也不仅限于法律文本的关于法律原理的知识，甚至对于法律人来说，实践是更为重要的知识。知法、懂法不能仅满足于看过或者背下法条，更重要的是了解支撑法条的原理，唯有这样，才能真正理解法律。

四、法律职业的技术

法律职业的技术是一种专门化的技术，包括法律解释技术、法律推理技术、法律辩论技术、证据运用技术等，这种技术需要经过长期的训练和法律实践才能获得。

五、法律职业的伦理

法律职业伦理是职业道德在法律职业中的体现。作为法律人，应当具备良好的职业道德，信仰法律，公平、公正地将法律运用于具体的人和事。很多时候，人们对法律职业的误解乃至批评，常常来自于法律职业伦理，如法律人可能常常被人质疑："为什么律师会为有罪的人辩护？""为什么有罪的人会被无罪释放？"对此，我们一方面仍要坚持自己的职业道德，另一方面也要做好法律的宣传普及工作，让社会对法律职业道德有更深入的了解。

【案例】 高某某、肖某某扰乱无线电通讯管理秩序案[①]

【案情介绍】2015年11月至2016年3月间，被告人高某某、肖某某、郭某某伙同刘某某（另案处理）在天津市和平区南京路诚基中心3号楼47C01号房间内，违反国家规定擅自架设无线电设备二台并使用该二台设备发射的频率播放药品广告。经天津市无线电监测站测试，二台无线电发射设备最大信道发射功率为295.1W和285.8W；发射频率分别为95.6MHz和90.6MHz。

经群众报案，公安机关于2016年3月25日将被告人高某某、肖某某、郭某某抓获。现涉案无线电发射设备、收音机等作案工具和物证均已被扣押，药品已移送相关部门。

法院认为，被告人高某某、肖某某、郭某某违反国家规定，擅自设置无线电台，擅自使用无线电频率，干扰无线电通讯秩序，情节严重，其行为均已构成扰乱无线电通讯管理秩序罪，应予处罚。起诉书指控的事实清楚，证据充分，罪名成立，应予支持。被告人高某某、肖某某、郭某某系共同犯罪，作用相当，不分主从。被告人高某某有刑事犯罪前科，可酌情从重处罚。被告人郭某某、肖某某能够如实供述犯罪事实，依法可分别从轻处罚。被告人高某某当庭自愿认罪，可酌情从轻处罚。被告人高某某的辩护人关于被告人高某某自愿认罪的辩护意见，被告人肖某某的辩护人关于被告人肖某某能够如实供述犯罪事实的辩护意见；被告人郭某某的辩护人关于被告人郭某某能够如实供述犯罪事实，没有前科劣迹，指控本案中两台无线电设备对民航频率造成干扰证据不足的辩护意见，法院均予采纳。辩护人的其他辩护意见没有事实及法律依据，法院不予采纳。综上，根据三名被告人犯罪的事实、犯罪的性质、情节和对于社会的危害程度，依照《刑法》第288条第1款、第25条第1款、第67条第3款、第64条的规定，判决：（1）被告人高某某犯扰乱无线电通讯管理秩序罪，判处有期徒刑1年3个月，并处罚金人民币8000元；（2）被告人肖某某犯扰乱无线电通讯管理秩序罪，判处有期徒刑1年1个月，并处罚金人民币5000元；（3）被告人郭某某犯扰乱无线电通讯管理秩序罪，判处有期徒刑1年1个月，并处罚金人民币5000元。

【案例评析】本案中，被告虽然被判处有罪，但在案件审理过程中，公诉机关出示的中国民用航空华北地区空中交通管理局天津分局出具的情况说

[①] 天津市和平区人民法院（2017）津0101刑初9号刑事判决书。

明（其内容为"自2016年1月起，120.900MHz等民航专用地空通信管制频率多次受到非法广播干扰，造成转频指挥，严重危害民航飞行安全。该频率经多个航班反映收听到药品广告"），由于辩护律师提出该情况说明仅能证实民航专用通信管制频率多次受到非法广播干扰，且内容为药品广告，但因其表述不具体，不能印证其与本案涉案无线电设备的关联性，不能证明本案涉案无线电设备已经严重危害到民航飞行安全，故对上述证据应当不予采信。辩护人的该辩护意见，被法院采纳，从而为被告人的争取到更为有利的判决。这一案例清楚体现了法律职业的思维、知识、技术与职业伦理。公诉人要依据事实与法律，向法院提起公诉，要求追究被告人的法律责任；从辩护人的角度来说，就是在合法的范围内，运用自己的法律知识，维护犯罪嫌疑人的合法权益；而法官则要以事实为依据、以法律为准绳，判断案件的是非曲直，依法作出裁判。

第十三章 法律方法

法律方法是法律人认识、判断、处理和解决法律问题的专门方法，是法律职业形成的一个基本要素。本章通过分析法律职业从业人员区别于其他职业者的独特的工作方式和思维方法，阐述法律人思维的基本内容、重要形式和主要特点，从而把握法律思维的一般规律。

第一节 法律方法概说

一、法律方法的概念

（一）法律方法的概念

法律方法是法律人认识、判断、处理、解决法律问题的专门方法。法律方法是法律专业性的直接体现。

（二）法律方法的特点

（1）专业性：法律方法是法律人用于解释专门法律问题的方法，需要经过专门的法律训练才能予以掌握。

（2）法律性：法律方法所处理的是法律问题。

（3）实践性：法律方法用于法律实践的每一个环节。

二、法律方法的内容

（1）法律推理：法律人将形式推理运用于处理案件过程的思维形式。

(2) 法律发现：法律人寻找和确定所要适用的法律规定的过程。

(3) 法律解释：法律人在法律适用过程中对法律的含义所作的进一步说明。

(4) 法律论证：通过提出一定根据和理由来证明某种立法意见、法律表述、法律陈述、法律决定的正确性和正当性。

第二节 法律推理

一、法律推理的概念

法律推理是逻辑思维方法在法律领域中的运用，是法律方法一个重要的具体体现。法律推理运用于法律实践运行的全过程，法律适用过程的实质就是一个法律推理过程。

二、形式推理：运用形式逻辑进行推理

（一）演绎推理：从一般的法律规定到个别行为的推理

典型的法律适用过程就是适用演绎推理的过程，即将一般的法律规定（大前提）适用于案件具体情况（小前提），最终作出判决（结论）的过程。事实上，按照传统的法律理想，法律的运行应当是而且仅应当是演绎推理。但随着法律实践的深入，构建一个包罗万象、巨细靡遗的法律体系被证明是一个神话，因此，不可避免地会适用归纳推理和类比推理。但我们不能因此走向另一个极端，完全否认法律实践中的演绎推理，否认法律的稳定性与可预见性，从而走入法律虚无主义的误区。毕竟，演绎推理是法律适用的常规做法。

（二）归纳推理：从特殊到一般的推理

归纳推理更多运用于立法领域，立法者总结实践情况，抽象总结出一般规律，使之上升为法律。而在司法领域，归纳推理由于牵涉"法官造法"这一话题，其面目常常显得模糊不清。但是，实践中毕竟存在法律规定不清或者没有规定的情形，归纳推理也就不可避免。法官总结个案抽象

为一般规则并将其运用于个案,出入于特殊与一般之间,保证了司法功能的正常实现。

（三）类比推理：在法律没有明确的文字规定的情况下,比照相应的法律规定加以处理的推理形式

类比推理的前提是法律规定所包含的法律原则可以适用于法律所没有规定的情形。此外,需要注意的是,根据法无明文规定不为罪的基本原则,在刑法领域中不适用类比推理。①

三、辩证推理：在两个相互矛盾的、都有一定道理的陈述中选择其一的推理

适用辩证推理的情形包括以下几种。

（1）法律没有明文规定,但对如何处理存在两种对立理由。
（2）法律规定模糊,根据同一规定可提出两种对立处理意见。
（3）法律规定本身矛盾,存在两种对立规定。
（4）法律有规定,但不适应新情况,即合法与合理的冲突。

【案例】周某某与某航空股份有限公司财产损害赔偿纠纷案②

【案情介绍】 原告周某某诉称,原告是在上海某批发市场里经营水果批发生意的个体经销商,为了组织货源,2010年7月23日委托案外人彭某某在云南省某县收购红提葡萄953.10千克。同年7月25日,该批货物由彭某某委托某物流公司通过公路运输至云南某机场,后由被告某航空公司用SC某次航班空运至上海。2010年7月26日下午,被告某航空公司的货机到达上海某机场,被告上海某公司卸机向原告交货时发现其中42箱严重破损,为此,原告拒收其中40箱。

原告认为,两被告在运输和卸机过程中致货物严重受损,使其受到重大经济损失,两被告违反了安全、妥善运输、搬卸的义务,应共同赔偿原告经济损失。故起诉请求判令两被告共同赔偿原告经济损失人民币10 074.54元；判令两被告共同承担原告律师费3000元；判令两被告共同承担企业档案查询费390元；判令本案诉讼费由两被告共同承担。

---

① 我国1979年《刑法》允许类推,但1997年《刑法》修改取消了允许类推的规定。
② 上海市浦东新区人民法院（2010）浦民一民初字第29596号民事判决书。

被告某航空公司辩称，原告提供的运输单据并不是被告某航空公司出具的发货单。且原告诉状所述的 SC 某次航班并非从昆明到上海，而是从青岛到上海，且 SC 某次航班是客机，并非货机。如果是委托我方进行货运的，应该提供正规的运货单。经被告某航空公司核实，确实于 2010 年 7 月 25 日向原告出具过运货单，其中收货人是原告，但发货人并非彭某，装运的货物确实是红提，共 100 件（箱），其中 42 件破损是事实，但原告当时只拒收其中 2 箱，其余的都由原告提货提走了。根据有关规定，承运人对运输的货物造成损坏，按每件 100 元计算。事后被告某航空公司与原告进行了协商，但未成功。现只同意赔偿原告 4000 元。

被告某机场公司辩称，原告主张的承运人并非被告某机场公司，故被告某机场公司不应当承担责任。

经审理查明，原告是在上海某批发市场里经营水果批发生意的个体经销商，为了组织货源，2010 年 7 月 23 日委托案外人以每千克 16 元的价格在云南省某县收购红提葡萄 953 千克，经装箱打包后，分成 100 箱（航空公司一般称"件"）于 7 月 25 日将该批货物由案外人彭某某委托云南某物流公司通过公路运输至云南昆明机场，后由被告某航空公司用 SC 某次航班空运至上海某机场。2010 年 7 月 26 日下午，被告某航空公司的货机到达上海某机场，在机场卸机过程中，原告提货时发现其中 42 箱严重破损，为此，原告拒收破损的货物。经原告与当时卸货的机场人员交涉，确认 42 箱严重破损，被告方向原告出具了"运输事故签证"，上面明确载明其中的 42 箱严重破损，原告签收其中 2 箱。后原告与被告某航空公司交涉，某航空公司曾经同意以每件 100 元的赔偿价格赔偿原告，但遭到原告拒绝，故引发诉讼。审理中，原告表示，破损的货物为 42 箱，当时提货时确拿走了其中的 2 箱，其余 40 箱因严重损坏，故未拿走。被告某航空公司曾确认破损 42 箱，但认为 40 箱已经被原告拿走，原告只拒收 2 箱，而且当时只外箱体破损，里面的葡萄有的未损坏，故只同意赔偿原告 4000 元。

法院认为，公民、法人违反合同或者不履行其他义务的，应当承担民事责任。公民、法人由于过错侵害国家、集体的财产，侵害他人财产、人身的应当承担民事责任。本案中，原告委托被告某航空公司运输红提葡萄，造成 42 箱严重破损，有原告提供的运输事故签证单、相关的货物凭证为准，被告某航空公司也予以确认,法院对此予以确认。但是,根据原告提供的事故签证单的记载,损坏的42箱中留2箱,其余损坏的40箱应当视为原告提走较为合理,故被告某航空公司关于原告将损坏的42箱中的40箱已经拿走的抗辩,法院予以采纳。现原告主张赔偿,法院予以支持。本案损坏的42箱葡萄,包含包装箱、附件材料和箱内红提葡萄两部分。42箱包装箱全部破损,故对该42箱包装材料(保鲜纸、吸水纸)168元,商标标签21元,大串袋21元,花箱(即泡沫箱)411.6元应当全部由被告某航空公司负责赔偿。关于箱内的葡萄的损失问题,由于系争的运输货物为葡萄,虽然原告提走了损坏的40箱,但根据当时的天气情况,即使箱体不损坏,葡萄也应当有一定的损耗,被告某航空公司在运输中损坏了箱体,可能加速葡萄贬值,但也不会造成全部葡萄都变质。现被告只同意赔偿原告总计4000元,原告不同意,根据查明的相关损坏情况,该赔偿金额确实过低,故由法院根据实际情况酌情判定。原告主张搬运费、运输费、预期利润损失,因依据不足,法院不予支持。原告放弃律师费和查档费主张,应予准许。被告上海机场公司在本案中并无过错,故不应当承担民事责任。据此,依照《民法通则》第106条的规定,判决:(1)被告某航空公司应于本判决生效之日起10日内赔偿原告周某某因包装箱损坏而造成的损失包装材料(保鲜纸、吸水纸)168元、商标标签21元、大串袋21元、花箱(即泡沫箱)411.6元,总计人民币621.6元;(2)被告某航空公司应于本判决生效之日起10日内赔偿原告周某某因包装箱损坏造成的葡萄损失人民币5000元;(3)驳回原告周某某其余诉讼请求。负有金钱给付义务的当事人,如未按判决指定的期间履行给付义务,应当依照《民事诉讼法》第229条的规定,加倍支付迟延履行期间的债务利息。案件受理费人民币127元,减半收取63.50元,由被告某航空公司负担。

【案例评析】法律推理是案件处理过程中必需的环节,不同的案件情况需要运用不同的推理方法进行。一般来说,所有的案件都需要进行演绎推理。法条本身是对社会现实的抽象,而在法条适用的过程中,则需要将抽象的法条具体化为案件的实际情况,并据此作出法律上的裁断。也即经典的"三段式推理"——大前提、小前提、结论。法条是大前提,案件的实际情况是小前提,据此作出的法律判决则是结论。而在一些比较复杂的情况下,如法条并未明确规定,则可适用类比推理(需要我们注意的是,在1997年《刑法》

修改之前，我国在刑事诉讼过程中是允许使用类比推理的，但之后出于"法无明文规定不为罪"原则，废除了类比推理的规定）；而在法律规定存在矛盾的时候，则可以适用辩证推理。

第三节 法律解释

一、法律解释的概念

法律解释是指对法律的内容和含义所作的说明。事实上，由于文字总是对现象进行一定程度的抽象，因此，解释几乎存在于一切使用语言、文字的场合。

（一）法律解释的特征

(1) 法律解释的主体是享有法定法律解释权的人或组织。
(2) 法律解释的对象是具有法律效力的规范性法律文件。
(3) 法律解释的性质是创制性活动，是立法活动的继续。
(4) 法律解释在法的实施中进行。

（二）法律解释的必要性

(1) 法律是概括、抽象的，只有经过解释，才能成为具体行为的规范标准。
(2) 法律具有相对的稳定性，只有经过解释，才能适应不断变化的社会需求。
(3) 人的能力是有限的，只有经过不断地解释，法律才能趋于完善。

（三）我国法律解释权限的划分

1. 立法解释

狭义的立法解释是指国家立法机关对法律所作的解释。
广义的立法解释是指所有依法有权制定法律法规的国家机关或其授权机关，对自己制定的法律法规进行的解释。广义的立法解释主体包括：(1) 全国人大常委;(2) 国务院及其主管部门;(3) 省、自治区、直辖市和其他人大常委。

2. 行政解释

行政解释是指国家行政机关在依法行使职权时，对有关法律法规如何具体应用问题所作的解释。适用于：（1）国务院及其主管部门对不属于审判和检察工作中的法律应用的解释；（2）省、自治区、直辖市人民政府主管部门对地方性法规法律应用的解释。

3. 司法解释

司法解释是指国家最高司法机关在适用法律法规过程中，对如何具体应用法律法规的问题所作的解释。包括：（1）审判解释；（2）检察解释；（3）审判、检察联合解释。

二、法律解释的原则

（一）合法性原则

（1）应按照法定权限和程序进行，不得越权解释。

（2）低位阶不得抵触高位阶。

（3）对法律概念和规则的解释与法律原则必须保持一致。

（二）合理性原则

（1）符合社会现实和社会公理。

（2）坚持尊重公序良俗。

（3）顺应客观规律和社会发展趋势，尊重科学。

（4）以党的政策和国家政策为指导。

（三）法制统一原则

（1）将需要解释的法律条款置于相应的法律法规中理解，使解释活动从属于该法律文件的整体。

（2）将个别法律部门有关规定的解释纳入更高级的法律部门和整个法律体系全面掌握。

（3）坚持法律解释间的效力等级关系，要有全局观念、法治观念。

（4）建立和贯彻规范化的解释技术。

（四）历史与现实相统一

（1）结合法律制定时的历史背景，深入了解立法意图，把握立法原意。

（2）既考虑历史条件，又考虑社会经济政治状况的变化，立足于法律实践的现实性。

三、法律解释的方法

（一）一般解释方法

（1）语法解释：又称文法、文意、文理解释，是指根据语法规则对法律条文的含义进行分析的解释方法。

（2）逻辑解释：运用形式逻辑的方法分析法律规范的结构、内容、适用范围和所用概念之间的关系，以保持法律内部统一的解释方法。

（3）系统解释：将需要解释的法律条文与其他法律条文联系起来，从该法律条文与其他法律条文的关系、该法律条文在所属法律文件中的地位以及有关法律规范与法律制度的联系等方面入手，系统全面地分析该法律条文的含义和内容。

（4）历史解释：通过研究立法时的历史背景资料、立法机关审议情况、草案说明报告及档案资料，来说明立法当时立法者准备赋予法律的内容和含义。

（5）目的解释：从法律的目的出发对法律所作的解释。

（6）当然解释：在法律没有明文规定的情况下，根据已有的法律规定，某一行为当然应该纳入该规定的适用范围内。

（二）特殊解释方法

1. 依解释的尺度进行分类。

（1）字面解释：对法律所作的忠于法律文字含义的解释。

（2）扩充解释：当法律条文的字面含义过于狭窄，不足以表现立法意图、体现社会需要时，对法律条文所作的宽于其文字含义的解释。

（3）限制解释：法律条文的字面含义较之立法意图明显过宽时，对法律条文所作的窄于其文字含义的解释。

2. 依解释的自由度进行分类。

（1）狭义解释：严格按照法律条文的字面含义对法律条文所作的解释。

（2）广义解释：不拘泥于法律条文的文字含义，对法律条文所作的比较自由的解释。

【案例】唐某某过失致人死亡案[①]

【案情介绍】2012年11月22日7时10分许,被告人唐某某驾驶民航BA-584号宇通摆渡车在南京禄口机场29号登机口门前倒车时,因未察觉车后情况、确保安全,其驾驶的车辆后部左侧将被害人彭某某撞倒后将其卷入车底并碾压,致被害人彭某某因严重创伤而死亡。

案发后,被告人唐某某自动投案,到案后如实供述自己的犯罪事实。被告人唐某某所属的中国东方航空江苏有限公司已赔偿被害人近亲属彭某甲、林某某各项经济损失。

上述事实,被告人唐某某在开庭审理过程中亦无异议,并有证人胡某某、何某某、骆某某等人的证言、现场勘查笔录、视听资料、法医学尸体检验鉴定书、物证检验报告书、物证检验意见书、车辆技术检验报告、交通事故认定书、驾驶证、行驶证复印件、被害人死亡证明、《民用机场航空器活动区道路交通安全管理规则》、发破案及抓获经过、接处警工作登记表、公证书、中国银行网上银行电子回单、被告人的户籍证明等证据证实,足以认定相关事实。

法院认为,被告人唐某某过失致人死亡,情节较轻,其行为已构成过失致人死亡罪。被告人唐某某案发后自首,依法可从轻处罚。公诉机关指控成立,法院予以采纳。案发后,被告人唐某某所在单位已赔偿被害人近亲属经济损失,可酌情从轻处罚。为了维护社会管理秩序,保护公民的人身权利不受侵犯,依照《刑法》第233条、第67条第1款、第72条第1款及《最高人民法院关于处理自首和立功具体应用法律若干问题的解释》第1条的规定,判决被告人唐某某犯过失致人死亡罪,判处有期徒刑1年3个月,缓刑2年(缓刑考验期限从判决确定之日起计算)。

【案例评析】对于本案,可能有些人会有些疑问:驾驶机动车辆造成他人死亡为何不是交通肇事罪而是过失致人死亡罪?这关系到一个法律概念的界定。《刑法》第133条第1款规定:"违反交通运输管理法规,因而发生重大事故,致人重伤、死亡或者使公私财产遭受重大损失的,处三年以下有期徒刑或者拘役;交通运输肇事后逃逸或者有其他特别恶劣情节的,处三年以上七年以下有期徒刑;因逃逸致人死亡的,处七年以上有期徒刑。"而《中

---

① 南京市江宁区人民法院一审(2013)江宁刑初字第263号刑事判决书。

华人民共和国道路交通安全法》第 119 条第 1 款第 1 项规定："'道路'，是指公路、城市道路和虽在单位管辖范围但允许社会机动车通行的地方，包括广场、公共停车场等用于公众通行的场所。"上述案例中，事故发生在机场范围内，该区域不允许社会车辆通行，因此不属于交通运输管理法规管辖范围，从而不构成交通肇事罪，而构成过失致人死亡罪。

【案例】张某某等侵占罪案[①]

【案情介绍】被告人张某某于 2015 年 2 月 13 日上午在首都国际机场飞行区内，捡拾遗落在行车道上的北京某运通物流有限公司承运的 1 个快递包裹，并将该包裹转移。2015 年 2 月 16 日，被告人张某某找到被告人孔某某，二人拆开包裹，经商议后再次将包裹内物品（苹果牌移动电话机 23 部、苹果牌笔记本电脑 6 台，经鉴定价值共计人民币 179 600 元）转移，后私分并各自带出飞行区。被告人孔某某于 2015 年 3 月 24 日被公安机关抓获，后于当日协助公安机关将被告人张某某抓获归案。涉案物品已起获并发还，北京某运通物流有限公司对被告人张某某表示谅解。

一审法院认为，被告人张某某、孔某某以非法占有为目的，秘密窃取财物，数额巨大，二被告人的行为已触犯了刑法，构成盗窃罪，依法均应予惩处。检察院指控张某某、孔某某的犯罪事实清楚，唯定性不当，一审法院予以纠正。鉴于张某某、孔某某归案后能如实供述主要犯罪事实，全部赃物起获发还，张某某获得了被害单位的谅解，孔某某有立功情节，依法对二被告人予以从轻处罚。故依法判决被告人张某某犯盗窃罪，判处有期徒刑 3 年，罚金人民币 3000 元；被告人孔某某犯盗窃罪，判处有期徒刑 3 年，罚金人民币 3000 元。

张某某的上诉理由为一审判决认定其犯盗窃罪与事实不符，其行为不构成盗窃。张某某的辩护人的主要辩护意见为张某某的行为不构成盗窃罪，应以职务侵占罪论处；张某某系主动到案，且到案后如实供述犯罪事实，应认定为自首。孔某某的上诉理由为其行为不构成盗窃罪。

检察院的出庭意见为一审法院判决认定事实清楚，定性准确，适用法律正确，张某某得到某运通物流公司谅解，孔某某具有立功情节，一审判决量刑适当，建议二审法院依法维持原判。

[①] 北京市第三中级人民法院（2016）京 03 刑终 411 号刑事判决书。

二审法院综合评判包括以下几个方面。

第一,张某某、孔某某的行为不构成职务侵占。张某某、孔某某的职责是对飞行区机场跑道进行巡视、维保等航空安全保障,飞行区服务中心失物招领程序和首都机场出具的相关说明是针对飞行区内所有工作人员一般性、普遍性的要求,并不体现张某某、孔某某的职务特性。涉案财物遗失在机场内部的行车道上,并不影响飞行安全,张某某捡拾涉案财物的行为利用了其能够进入到机场行车道上的便利条件,该便利条件并非张某某职务上的便利,而是工作上的便利,故张某某捡拾涉案物品与张某某、孔某某的职务、职责并无直接、必然的联系。因此,张某某、孔某某的行为不构成职务侵占罪。

第二,张某某、孔某某的行为不构成盗窃罪。首先,从本案中涉案物品的权利人来看,涉案的23部手机和6台笔记本电脑由中国某航空股份有限公司CZ××××航班承运,根据在案书证、证人证言、《民用航空法》第125条的相关规定可以认定,本案涉案物品的保管、控制权应归属于中国某航空公司,并不归机场占有、保管、控制,虽然涉案货物掉落在机场飞行区内,但因涉案货物并未交由机场保管,机场对该货物并不成立当然的保管、控制权利,涉案物品的权利人仍然是负责承运的中国某航空公司。其次,从行为人取得涉案物品时的状态来看,张某某捡拾涉案物品时该物品已脱离权利人的控制。从时间上看,承运航班的降落时间为1时许,张某某捡拾涉案财物的时间为7时许,涉案物品脱离权利人控制的时间约为6个小时。从空间上,张某某捡拾涉案财物的地点在消防队门口的行车道上,该地点距离卸货区、仓库都有一定距离,既非权利人实际控制的卸货区,又非物品实际应存放的仓库周围。结合可能接触到涉案物品的人群来看,机场内部的工作人员不仅是机场工作人员,还包括航空公司、地面服务等人员,人员构成具有复杂性和多样性,进一步证明涉案物品被捡拾时处于遗失状态。再次,张某某捡拾涉案财物后对涉案财物已经实际控制、占有、支配,盗窃罪中的秘密窃取行为是指行为人实施了积极地破坏权利人对财物的占有、支配的行为,并要求行为人取得财物的行为与权利人丧失对财物的占有或支配亦具有同一性或因果性。本案中,张某某捡拾涉案财物时,涉案财物已处于遗失状态,因此张某某将涉案财物进行转移的行为不应单独评价为盗窃,而应关注张某某捡拾财物的后续行为。且机场的进出并无相关的特殊安检设施及规定,张某某将财物带离机场具有现实可能性,机场的封闭性并未达到完全控制机场所有财物的程度。

二审法院认为，上诉人张某某、孔某某在拾得他人财物后，拒不退还和交出，数额较大，其行为已构成侵占罪，依法应予惩处。检察院的出庭意见法院不予采纳。张某某到案并不具有主动性，不符合自首的构成要件，故对于张某某的辩护人的该项辩护意见，法院不予采纳。据此，法院依照《刑法》第 270 条、《中华人民共和国刑事诉讼法》第 225 条第 1 款第 2 项、《最高人民法院关于适用〈中华人民共和国刑事诉讼法〉的解释》第 1 条第 1 款、第 2 款的规定，判决：（1）撤销北京市朝阳区人民法院（2015）朝刑初字第 2736 号刑事判决书；（2）上诉人张某某犯侵占罪，判处有期徒刑 1 年 8 个月（刑期从判决执行之日起计算，判决执行以前先行羁押的，羁押一日折抵刑期一日，即自 2015 年 3 月 24 日起至 2016 年 11 月 23 日止）；（3）上诉人孔某某犯侵占罪，判处有期徒刑 1 年 8 个月（刑期从判决执行之日起计算，判决执行以前先行羁押的，羁押一日折抵刑期一日，即自 2015 年 3 月 24 日起至 2016 年 11 月 23 日止）。

本判决为终审判决。

【案例评析】本案例各方对案件事实没有争议，但对涉嫌罪名则认识不一，一审检察院起诉的罪名是职务侵占罪，一审法院判决盗窃罪，一名犯罪嫌疑人的辩护人认为构成职务侵占罪，另一名犯罪嫌疑人的辩护人则认为不构成盗窃罪，最后二审法院一锤定音：两被告构成侵占罪。

这一案例清晰地表明了法律解释存在的必要性。在案件事实没有争议的情况下，之所以会出现案件事实定性的不同，主要在于对于相关几个罪名——盗窃罪、侵占罪、职务侵占罪——的解释不同。这一案例从另一方面也说明了规范法律解释的必要性，即通过规范的法律解释，明晰法律的内涵与外延，才会在法律适用中减少争议，更为准确地适用法律，实现立法的目的。

第四节　法律论证

一、法律论证的概念

法律论证是指通过提出一定的根据和理由来证明某种立法意见、法律表述、法律陈述和法律决定的正确性和正当性。

诉讼本质上作为一种"说理"的程序，提出自己的观点并加以论证，从而说服裁判者是这一过程的核心，而这一过程必须依照一定的规则进行。作为法律人，必须熟悉法律论证的方式方法，并在实践中予以运用。

二、法律论证的方法

（一）"正确"的标准

在社会生活领域，"正确"的标准不同于自然科学。自然科学总是假定存在唯一的正确答案，而科学的任务则是发现它。法律论证的"正确"则依赖一定范围的共识，进而与民主制度相连。在现代社会中，我们假定，凡是经正当的民主程序作出的结论，就是正确的。同样，在法律领域，只要是经由正当法律程序作出的，我们都认为这是正确的法律结果，即使之后由于新的证据出现从而证明原来的结果是错误的，但错误的也是正确的。

（二）达成"正确"的方式：理性辩论

如上所述，法律领域的正确很大程度上不取决于其结果与客观事实的符合程度，而在于法律结果作出的程序是否正当。因此，程序成为法律达成正确的核心要素，而法律程序的核心在于理性辩论，法律程序即围绕理性辩论构建而来。理性辩论有两个要素，其一为"理性"，参与法律程序，各方应当秉持理性原则，审查判断证据，认清事实，避免感情用事；其二为"辩论"，各方遵循共同的辩论规则，从自身立场阐发自己主张，从而让裁判者兼听则明，最终作出"正确"的裁判。

（三）达成"正确"所需遵循的论证规则

论证规则可以分为一般规则和特殊规则。一般规则是指各种类型的法律论证都必须遵循的规则，如各方都有权为自己的主张发言，不得被禁止发表自己的主张，对方则有权进行质疑等；特殊规则则是各种类型的法律论证各自遵循的规则。如在法庭论辩过程中，作为裁判者的法官应当保持中立，不得发表倾向性的观点或者提问，辩论双方平等地发表自己的观点并有权对对方观点进行质疑等。[1] 而司法决定形成过程及表述中的论证则需要由参与司法决定的主体参与案件审理的全过程，其有权独立表达自己的意见，法律文书必须说理明确，适用法律得当。

---

[1] 我国目前的庭审辩论规则还不完善，这与我国采用职权主义的庭审模式相关。

【案例】北京外航服务公司与刘某某劳动争议案[①]

【案情介绍】 再审申请人北京外航服务公司（以下简称外航服务公司）因与被申请人刘某某劳动争议一案，不服北京市第二中级人民法院（2013）二中民终字第12167号民事判决，向法院申请再审。法院依法组成合议庭对本案进行了审查，现已审查终结。

外航服务公司申请再审称：（1）二审法院认定事实错误，适用法律错误。被申请人的诉讼请求未经劳动争议仲裁，违反劳动争议强制仲裁前置的程序。被申请人确认劳动关系的请求超过仲裁时效。（2）二审法院直接根据申请人出具的"劳动合同书"和"解除劳动合同证明"认定申请人与被申请人之间构成劳动关系，违背劳动关系的实质判断标准，且与本案事实不符。事实是被申请人与新加坡航空公司（以下简称新航）之间具有劳动关系，本案遗漏必须共同进行诉讼的当事人。请求撤销二审判决；依法改判，判决刘某某与外航服务公司于2000年12月21日至2009年12月9日期间不存在劳动关系；诉讼费用由被申请人承担。

法院认为，本案中，刘某某入职时由外航服务公司组织招聘工作并为刘某某办理出国手续等，外航服务公司虽称系新航委托其公司招聘刘某某，故刘某某与新航公司之间存在直接雇佣关系，但外航服务公司作为参与招聘工作的单位未能提交证据证明其公司曾与刘某某签订有外派劳务协议，其公司应承担不利的法律后果；其次，外航服务公司与新航签订的"聘用中国空勤乘务员合同"规定在乘务员受聘期间外航服务公司负责为乘务员保留在中国的基本养老金账户、保留工龄和人事档案，由此可知外航服务公司在一定程度上对刘某某存在与劳动关系相关的管理关系。再次，外航服务公司为刘某某提供"劳动合同书"文本的行为表明其公司具有与刘某某签订劳动合同并建立劳动关系的意向，外航服务公司虽以李某某并无其公司委托签订劳动合同的相关手续为由主张该合同无效，但外航服务公司原法定代表人陈某某和委托代理人李某某均在该"劳动合同书"加盖名章，足以使善意第三人认为李某某具备代表外航服务公司与劳动者签订劳动合同的授权，故对外航服务公司关于该"劳动合同书"系无效合同的主张，法院不予采纳。另外，航服务公司人事处为刘某某出具的"解除劳动合同证明"载明其公司自2000年

[①] 北京市高级人民法院再审（2014）高民申字第01906号民事判决书。

12月起将刘某某外派到新航工作，劳动合同于2009年12月9日解除。现外航服务公司虽主张其公司持续性向刘某某收取服务费用及刘某某与新航签订聘用协议的事实证明双方是外派劳务服务关系而非劳动关系；但根据有关规定可知外航服务公司是否向刘某某收取服务费用并非是双方劳动关系存在与否的判断标准，刘某某与新航签订的聘用协议也并未排除刘某某与外航服务公司存在劳动关系的可能性。外航服务公司虽称刘某某与新航之间具有劳动关系，但其并未提交充足的证据予以证明。外航服务公司的再审申请理由缺乏事实和法律依据，法院不予支持。

综上，外航服务公司的再审申请不符合《民事诉讼法》第200条规定的情形。依照《民事诉讼法》第204条第1款的规定，裁定驳回北京外航服务公司的再审申请。

【案例评析】法律论证是指在法律诉讼过程中诉讼主体运用证据确定案件事实得出结论的思维过程。在司法过程中，结论的得出并非自然而然。争议的双方都需要运用证据证明己方的主张，法院也需要通过论证，证明判决的合法性，因此，法律论证无处不在。上述案例中，再审申请人需要论证一审判决错误，而二审法院则通过论证，得出一审判决正确的结论。因此，法律论证是法律结论得出的关键环节。作为一门基本功，法科学生需要掌握娴熟的法律论证的方式、方法及技巧。

【案例】顾某某与中国南方航空股份有限公司拒绝交易纠纷案[①]

【案情介绍】顾某某于2013年7月24日向原审法院提起诉讼称，顾某某购买了南方航空公司2013年4月15日12:00从绵阳飞往广州CZ3400号航班的机票，在准备乘坐预订好的CZ3400号航班返回广州时，却被告知此航班已经被取消。顾某某因航班被无故取消耽误了行程，无奈转道成都，从成都乘机返回广州。南方航空公司在公共航空旅客运输市场具有支配地位，其无故取消航班的行为，滥用了市场支配地位，依法应当承担反垄断法责任及民事赔偿责任。据此，请求判令：（1）禁止南方航空公司滥用其市场支配地位，无故取消航班的行为；（2）南方航空公司赔偿顾某某因此转道成都额外花费的交通费用61元；（3）南方航空公司在《南方都市报》《广州日报》等

---

① 广东省高级人民法院（2014）粤高法民三终字第1141号民事判决书。

广州主流媒体上刊登经顾某某认可的道歉声明；(4) 判令南方航空公司承担本案全部诉讼费用。

顾某某提供以下几个证据材料，主张南方航空公司具有市场支配地位。

证据1：绵阳机场有限公司网上订票网页（打印件），该网页显示2013年7月3日，绵阳飞往广州，航班号CZ3400，拟证明绵阳到广州只有南方航空公司一家航空公司提供旅客运输服务，南方航空公司垄断从绵阳至广州的航空旅客运输市场，具备市场支配地位；证据2：民航局发展计划司《2011年民航行业发展统计公报》《2012年民航行业发展统计公报》（打印件），拟证明南方航空公司与国航、东航三家国有航空公司一起在全国航空旅客运输市场分别占据75.6%和79.2%的市场份额，具备市场支配地位；证据3：南方航空公司的网页介绍（打印件），拟证明南方航空公司的规模；证据4：南方航空公司2012年社会责任报告，拟证明南方航空公司具有市场支配地位；证据5：《2013年支线航空补贴预算方案》和《2013年民航小机场补贴方案》，拟证明政府为了社会公共利益对包括南方航空公司在内的航空公司及小型机场进行补贴，南方航空公司在有政府补贴的情况下仍然只顾自身利益，随意取消既定航班，无视社会公共利益。

南方航空公司的质证意见为：(1) 对上述证据1的真实性有异议，认为该网页的内容是2013年7月3日的。(2) 对上述证据2~5的真实性无异议，但是对关联性有异议。对于上述证据2，该证据不能证明南方航空公司在全国的航空旅客运输市场具有支配地位，因为在该公报中只显示运输量、周转量，货物运输量的数据，都是航空公司的服务内容，对各公司的市场占有率并没有明确指出，南方航空公司与东航、国航是相关市场的竞争者，南方航空公司独自一家在相关市场不具备法定的市场支配地位的条件。(3) 对上述证据2~4，该证据不能证明南航在全国的航空市场具有市场支配地位，因为该三份书面的文件对市场占有率没有明确表述，也没有关于南方航空公司居于市场支配地位的自认。(4) 对于证据5，该证据不能证明顾某某所要证明的内容，该证据中的预算方案并没有包括从绵阳到广州的航线补贴，而补贴方案可以看出国家通过财政补贴绵阳机场，而非补贴南方航空公司，绵阳机场和南方航空公司是不同的航空运输实施主体，其补贴的缘由恰恰是没有航空公司去绵阳机场从事航空运输服务，所以国家给予财政补贴，鼓励航空公司到绵阳机场服务。

南方航空公司在原审庭审中承认,在2013年4月,从绵阳至广州的航空客运航线只有该公司在经营,每天一个航班。

顾某某提供如下几个证据资料,主张南方航空公司滥用市场支配地位。证据5:顾某某为证明其购买了南方航空公司CZ3400航班的机票及被南方航空公司取消上述航班,提供了手机短信的打印件,该短信分别显示为:(1)您购买4月5日CZ3400航班,绵阳—广州,预计12:00起飞,请前往绵阳南郊机场办理乘机手续……顾某某票号7842369971383等;(2)2013年3月25日9时41分短信显示:尊敬的南航旅客,我们很抱歉地通知您原定于2013年4月5日12:00南航CZ3400绵阳飞往广州的航班现已取消,旅客为顾某某、毛某某,票号7842369971383、7842369971384等。证据6:2013年4月5日的CZ3414航班(成都至广州)的登记牌和电子客票,拟证明南方航空公司滥用其市场地位,无故取消4月5日的CZ3400航班,顾某某无奈转道成都乘机返回广州;证据7:民航局发展计划司《2011年民航行业发展统计公报》《2012年民航行业发展统计公报》(打印件),其中2011年公报的第四章"航空安全与服务质量"中"航班正常率"显示,主要航空公司航班不正常原因中,航空公司自身原因占37.1%,"旅客投诉情况"反映民航局、各地区管理局等单位共受理消费者投诉2018件,增长率为51.27%;2012年公报的第四章"航空安全与服务质量"中"航班正常率"显示,主要航空公司航班不正常原因中,航空公司自身原因占38.5%,"旅客投诉情况"反映民航局、各地区管理局等单位共受理消费者投诉1801件;证据8:南方航空公司2012年社会责任报告中的"顾客至上"章节中,反映2011年航班正常率为78.55%,2012年航班正常率为77.16%;证据9:《2012年1月至2013年6月航空运输消费者对航班问题投诉情况简表》及情况通报,拟证明从全国整个航空旅客运输业到南方航空公司,航班延误及取消问题最为严重,此问题长期得不到重视,严重损害了旅客的合法权益;证据10:美国航空数据网站FlightStats发布的2013年4月全球航班情况报告,拟证明南方航空公司航班的取消率为2.27%,准点率为59.71%,航班问题极其严重。

南方航空公司的质证意见为:(1)对于上述证据5的真实性无异议,双方确已达成从绵阳到广州的航班的客运合同,但是对其关联性有异议,证据

5 不能证明南方航空公司是无故取消航班，亦不能证明南方航空公司滥用市场支配地位；（2）对上述证据 6 的真实性无异议，从此也可看出本案的相关市场不应是绵阳到广州的航空旅客运输市场，应该是四川省内的机场到广州的航空旅客运输市场；（3）对于上述证据 7，首先，该证据不能证明南方航空公司在相关市场有大量航班取消的行为，该证据是指的全国的民用航空市场普遍存在的问题，并非是南方航空公司存在滥用市场支配地位的行为；其次，顾某某所指出的公报内容，均是国内和国际的份额或者国航集团、南航集团、东航集团的份额，而南航集团旗下有独立航空运输资格的公司达十多家，南方航空公司只是其中一家；（4）对于上述证据 8 的真实性没有异议，但对于关联性有异议，该证据恰恰证明了目前中国的航空运输航班的实际问题，其中包括航班取消、延误、拒载、超售等一系列问题，这些现象非常普遍，也是航空公司与旅客发生争议的问题的所在，是全民航业的普遍现象，并非是南方航空公司滥用市场支配地位所致的问题；（5）对于上述证据 9 的真实性无异议，但与本案无关。

南方航空公司在庭审中陈述，其取消涉案 2013 年 4 月 5 日绵阳至广州的 CZ3400 航班的原因是由于有接待外国政府首脑专机的包机业务，需要调整同机型的飞机，经该公司内部调配，提前 10 天取消了 4 月 5 日的航班，属于因运力调配的原因取消当天的航班，但南方航空公司并未提供支持其这一主张的证据。

顾某某提供以下证据材料证明其损失。证据 11：广发银行对账单，该对账单显示其于 2013 年 3 月 20 日通过支付宝（中国）网络有限公司支付 1760 元，2013 年 3 月 29 日通过支付宝（中国）网络有限公司收入款项 1760 元。顾某某拟证明其向南方航空公司支付了购票款 1760 元。南方航空公司对于该证据的真实性无异议，南方航空公司与顾某某就航空公司的航班取消进行了退票处理；证据 12：绵阳至成都双流机场的汽车客运票、保险单，拟证明顾某某因南方航空公司取消航班所造成的损失 61 元。南方航空公司认为该证据不能证明顾某某所要证明的内容，该部分支出是顾某某自主的安排。

经原审庭审，顾某某主张本案的相关市场是从绵阳到广州的旅客运输服务市场。

南方航空公司主张本案的相关市场是四川省内到广州的相关的航空客运市场；在代理词中，南方航空公司进一步主张本案相关市场是从绵阳市至广州市之间的定期航空旅客运输服务市场。

法院认为，根据顾某某的诉讼请求及其依据事实，本案系反垄断案件中的拒绝交易民事纠纷，双方当事人的争议焦点是南方航空公司在相关市场上是否具有支配地位及如果南方航空公司在本案相关市场上具有支配地位，南方航空公司取消案涉航班的行为是否属于滥用市场支配地位的行为。

关于相关市场的问题。法院认为，《中华人民共和国反垄断法》（以下简称《反垄断法》）第17条第2款规定："本法所称市场支配地位，是指经营者在相关市场内具有能够控制商品价格、数量或者其他交易条件，或者能够阻碍、影响其他经营者进入相关市场能力的市场地位。"本案首先应当界定本案所涉的相关市场。按照国务院反垄断委员会《关于相关市场界定的指南》（以下简称《指南》）第3条第1、2、3款规定："相关市场是指经营者在一定时期内就特定商品或者服务（以下统称商品）进行竞争的商品范围和地域范围……相关商品市场，是根据商品的特性、用途及价格等因素，由需求者认为具有较为紧密替代关系的一组或一类商品所构成的市场……相关地域市场，是指需求者获取具有较为紧密替代关系的商品的地理区域……"同时，按照上述《指南》第4条的规定，相关市场范围的大小主要取决于商品（地域）的可替代程度。界定相关市场主要从需求者角度进行需求替代分析，当供给替代对经营者行为产生竞争约束类似于需求替代时，也应当考虑供给替代。就本案中的相关产品市场而言，南方航空公司提供的是国内定期航空旅客运输服务，对一般消费者而言，高速铁路旅客运输服务在一定情况下对于定期航空旅客运输服务具有较强的替代关系，且就国内定期航空旅客运输服务而言，不同的航空公司提供的基本上是同质的产品。从四川省至广州之间尚未开通高速铁路，故在本案中对于定期航空旅客运输而言不存在可替代的运输服务产品，本案所涉的相关产品即定期航空旅客运输服务。关于本案的相关地域市场，由于相关的定期航空旅客运输服务与特定的机场是紧密联系在一起的，航空公司不可能脱离具体的机场为顾客提供定期航空旅客运输服务，故航空公司提供的具体定期航空旅客运输服务产品与机场的地理因素是密切联系的。在本案中，旅客为从绵阳至广州，若要选择以民用航空旅客运输的方式，一种方式是从绵阳南郊机场搭乘每天一班的南方航空公司定期航班到广州白云机场，另一种是从绵阳搭乘汽车、火车到成都，从双流机场搭乘飞机到广州白云机场。也就是说从绵阳市到广州市，存在两条航线，一是从绵阳机场到广州白云机场的航线，二是从成都双流机场到广州白云机场的航线。上述两条航线之间是否存在紧密替代关系，应当考虑的因素起码包括：（1）航线的长度。航线的起点和终点距离越远，就越有可能被其他航线所替代。（2）航线的服务频率。每一条航线服务频率越高，该航线越不易被其他航线所替代。（3）航线的起始点不同机场的距离，两个机场距离越近，服务长距离的相同目的地，两者之间越容易替代。显然，从绵阳南郊机场起飞直飞广州白云机场是从绵阳至广州最直接的航线，但是该航线只有南方航空公司提供每天一班的定期航班服务。从机场位置来看，在绵阳南郊机场附近的最大机场是成都双流机场，绵阳与成都之间的地理距离是一百多公里左右，也即从绵阳南郊机场起飞至广州白云机场与成都双流机场起飞至广州白云机场，所需的飞行距离和飞行时间是比较接近的。虽然南方航空公司对此无充分举证，但众所周知，更多的航空公司提供从成都双流机场出发至广州白云机场定期航班服务。也就是说，相对于从绵阳南郊机场至广州白云机场的每天固定时刻的一班定期航班服务，提供从成都双流机场起飞至广州白云机场的定期航班航空服务的航班更多，服务频率更高。正是由于绵阳南郊机场与成都双流机场的地理距离较近，可供选择的航班更多，甚至因此有更多的机票价格优惠，从成都双流机场乘机到达广州白云机场显然是许多从绵阳出发的航空旅客的一种可以预见的紧密替代选择。事实上，在涉案航班取消后，顾某某也是选择从成都双流机场乘机至广州。故本案的相关市场是从绵阳市至广州市的定期航空旅客运输服务航线。具体地说，涉案的相关市场由绵阳南郊机场至广州白云机场的定期航空旅客运输航线以及成都双流机场至广州白云机场的定期航空旅客运输航线组成。

关于南方航空公司在相关市场上是否具有支配地位的问题。法院认为，最高人民法院《关于审理因垄断行为引发的民事纠纷案件应用法律若干问题的规定》第8条第1款的规定，顾某某应当对南方航空公司在相关市场内具有支配地位和其滥用市场支配地位承担举证责任。《反垄断法》第18条亦规定了认定经营者具有市场支配地位应当考虑的因素。如前述分析，本案相关市场包括了由绵阳南郊机场至广州白云机场的定期航空旅客运输航线以及由成都双流机场至广州白云机场的定期航空旅客运输航线。顾某某提出的证据中虽然包括了《2011年民航行业发展统计公报》《2012年民航行业发展统计公报》，但该公报中相关统计数据是与南航集团有关而并非南方航空公司，且顾某某所提供的证据中并无本案所涉相关市场的经济分析或市场调查资料，并不能证明南方航空公司在本案相关市场上具有支配地位。顾某某认为南方航空公司在本案相关市场具有支配地位，证据不充分，法院不予采信。

对于如果南方航空公司在本案相关市场具有支配地位，南方航空公司取消涉案航班的行为是否属于滥用市场支配地位的问题。法院认为，《反垄断法》第6条规定："具有市场支配地位的经营者，不得滥用市场支配地位，排除、限制竞争。"虽然有关法律法规对于滥用市场支配地位没有明确的文字定义，而是采用列举的方式，但也可看出滥用市场支配地位行为的不法性并为反垄断法所禁止，是由于该行为是一种排除、限制竞争并损害市场公平竞争的秩序的行为。虽然顾某某不能举证南方航空公司在本案相关市场具有支配地位，但即使南方航空公司在本案相关市场上具有支配地位，其取消涉案航班的行为也不属于滥用市场支配地位的行为。从本案的现有证据与事实来看，顾某某向南方航空公司订购了2013年4月5日12:00从绵阳飞往广州的机票（航班号CZ3400），其是作为一名普通消费者的身份与南方航空公司订立了航空旅客运输合同，南方航空公司在2013年3月25日短信通知其取消上述航班。根据顾某某的诉状，其所称的南方航空公司滥用市场支配地位拒绝交易的行为具体为南方航空公司没有正当理由擅自取消上述CZ3400航班的行为。依照我国的《民用航空法》关于公共航空运输的相关规定，只有公共航空运输企业才能提供公共航空运输服务，顾芳为自然人，其与南方航空公司之间显然不存在市场竞争关系或潜在的市场竞争关系。依照民航局的《中国民用航空旅客、行李国内运输规则》第19条第1款规定："航班取消、提前、延误、航程改变或不能提供原定座位时，承运人应当优先安排旅客乘坐后续航班或签转其他承运人的航班。"第57条规定："由于机务维护、航班调配、商务、机组等原因，造成航班在始发地延误或取消，承运人应当向旅客提供餐食或住宿等服务。"第60条规定："航班延误或取消时，承运人应迅速及时将航班延误或取消等信息通知旅客，做好解释工作。"由此可见，我国的相关法律法规并不禁止取消航班的行为，并明确了在一定情况下航班取消，航空公司作为承运人应当承担的责任。从顾某某提交的美国航空数据网站FlightStats发布的2013年4月全球航班情况报告的内容来看，包括南方航空公司在内的亚洲各航空公司均在不同程度上存在取消航班的行为。南方航空公司取消航班的行为与南方航空公司是否存在滥用市场支配地位之间并无必然因果关系。即在通常情况下而言，航空公司由于其自身原因而取消航班的行为并非《反垄断法》中所规定的拒绝交易行为。虽然《反垄断法》与相关行政法规、规章对于具有市场支配地位的经营者拒绝、拖延或中断与普通消费者的现有交易的行为性质没有作出明确的界定，但从《反垄断法》第1条的立法宗旨来看，如果在相关市场上具有支配地位的公共服务企业面向具体的普通消费者拒绝交易，而该具体的消费者在相关市场中无法获得或难以获得在一般情况下可以获得的正常服务，该公共服务企业的拒绝交易行为亦可能属于滥用市场支配地位的行为。从本案事实来看，顾某某也没有证据证明其在此之前曾经被南方航空公司拒绝订立航空旅客运输合同，也没有证据证明在涉案航班取消后，南方航空公司依然拒绝与其订立航空旅客运输合同。事实上，在涉案航班取消后，顾某某依然与南方航空公司订立了航空旅客运输合同，从成都搭乘南方航空公司的其他航班飞往广州。由此可见，南方航空公司取消航班的行为并非针对顾某某个人，也不具有排除、限制竞争的目的。南方航空公司取消航班的行为并非属于反垄断法意义上的滥用市场支配地位的行为。至于南方航空公司是否应就其取消航班的行为承担其他法律、法规、规章所规定的法律责任，并非本案审查范围，原审法院在本案中不予审查处理，顾某某可另寻法律途径解决。顾某某基于《反垄断法》要求南方航空公司停止滥用市场支配地位并要求赔偿损失和登报道歉，依据不足法院不予支持。

综上所述，原审法院依照《反垄断法》第6条、第17条第2款、第18条、《最高人民法院关于审理因垄断行为引发的民事纠纷案件应用法律若干问题的规定》第8条第1款、《民事诉讼法》第152条的规定，判决驳回顾某某的全部诉讼请求。一审案件受理费50元，由顾某某负担。

【案例评析】本案例中事实部分较为简单，但涉及法律问题则较为复杂。因此，本案例中列举了原被告双方于法院的主张及其论证。学生可以结合课本内容，仔细研读本案例，看看原被告双方及法院如何围绕本案焦点——南方航空公司在相关市场上是否具有支配地位及如果南方航空公司在本案相关市场上具有支配地位，南方航空公司取消涉案航班的行为是否属于滥用市场支配地位的行为——来论证自己主张。